18.83
DM 12.10

métro 4

Rouge

for AQA

Anneli McLachlan

Heinemann

Heinemann is an imprint of Pearson Education Limited, a company incorporated
in England and Wales, having its registered office at Edinburgh Gate, Harlow, Essex,
CM20 2JE. Registered company number: 872828
Heinemann is a registered trademark of Pearson Education Limited

First published 2001

09
15

A catalogue record is available for this book from the British Library on request

ISBN: 978 0 435372 89 7

Produced by Ken Vail Graphic Design
Original illustrations © Heinemann Educational Publishers 2001

Illustrations by Celia Hart, Sylvie Poggio Artists Agency (James Arnold, Nick Duffy, Belinda Evans,
Roger Haigh, Rosalind Hudson, Simon Jacob, Paul McCaffrey), Chris Smedley

Cover design by Miller, Craig and Cocking

Cover photograph by Arcaid/Paul Raferty

Printed and bound in China (CTPS/15)

Acknowledgements

The author would like to thank Diane Collett, Colin Christie, Sharon Churm, Nicole Couchouron,
Ann Harries, Diana Hornsby, Stéphanie Maigné, Eleanor Mayes, Françoise Ranty, Gill Ramage,
Leanda Reed, Fodé Sarr, Helen Singh, Marcus Waltl and the students of Elliott school, Putney,
Gaëlle Amiot-Cadey; Nathalie Barrabé and the students of the Association Cours D'Art Dramatique,
Rouen; François Casays at Accès Digital and the staff and students of the Collège Roquecoquille,
Chateaurenard for their help in the making of this course.

The author and publishers would also like to thank the following for permission to reproduce
copyright material: Popperfoto/Reuters p. 20 (The Simpsons), p. 149 (Fabien Barthez); Fleurus Presse,
L'Hebdo des juniors p. 45 (Musique, Incas, Animations, Athlétisme, Guitare), p. 187 (Antoine de
Caunes); © Michelin Travel Publications 2001, from Green Guide midi-Pyrénées, Authorisation No.
0108273 p. 81 (extracts on Argelès-Gazost, Auch, La Bigorre, Toulouse as well as text from the front
cover); Printemps p. 96 (Printemps renseignements pratiques); Midi Libre p. 112, (Météo France –
21/08/00), p 118 (Voyages – 21/08/00); Bayard Jeunesse 2000, Okapi no. 667/671 p. 135 (À toi de noter
…), no. 662 p. 194 (Les films d'horreur …), no. 671 p. 194 (Youssou N'Dour); Yahoo France p. 154
(Accueil>Santé); L'environnement Canada p. 154 (Priorité environnementale – Reproduced with the
permission of the Minister of Public Works and Government Services Canada, 2001).

Photographs were provided by The Kobal Collection/Danjaq LLC/Keith Hamshere p. 43 (The World
is not Enough); Corbis p. 79 (Christmas market), p. 79 (Easter in the Caribbean); Ancient Art &
Architecture Collection Ltd/R Sheridan p. 115 (Carnac Standing Stones). All other photos are
provided by Martin Soukias and Heinemann Educational Publishers.

Every effort has been made to contact copyright holders of material reproduced in this book. Any
omissions will be rectified in subsequent printings if notice is given to the publishers.

Tel: 01865 888058   www.heinemann.co.uk

Table des matières

MODULE 1 — ÉTUDES

	Déjà vu		6
Unité 1	*Mon collège*	*Describing your school*	10
Unité 2	*Les préférences*	*Talking about your timetable*	12
Unité 3	*Le règlement*	*Talking about rules and regulations*	14
Unité 4	*Le collège – beurk!*	*The difficulties of school*	16
Unité 5	*Après le collège*	*Talking about further education plans*	18
	Entraînez-vous		20
	Mots		22

MODULE 2 — CHEZ MOI

	Déjà vu		24
Unité 1	*Comment êtes-vous?*	*Describing personality*	28
Unité 2	*Les problèmes*	*Talking about relationships*	30
Unité 3	*Les qualités*	*Talking about friends*	32
Unité 4	*Aider à la maison*	*Talking about helping at home*	34
	Entraînez-vous		36
	Mots		38

MODULE 3 — TEMPS LIBRE

	Déjà vu		40
Unité 1	*Les opinions*	*Saying what you like or don't like doing*	44
Unité 2	*Les prix et les heures*	*Finding out about times and prices*	46
Unité 3	*On prend rendez-vous*	*Making arrangements*	48
Unité 4	*Les rencontres*	*Going out on a date*	50
Unité 5	*Le week-end dernier*	*What you did last weekend*	52
	Entraînez-vous		54
	Mots		56

MODULE 4 — AU BOULOT

	Déjà vu		58
Unité 1	*Avez-vous un job?*	*Talking about part time jobs and work experience*	62
Unité 2	*La communication*	*Using the phone, fax and e-mail*	64
Unité 3	*Qu'est-ce que vous voulez faire dans la vie?*	*Talking about your future career*	66
Unité 4	*Les différents emplois*	*Talking about different kinds of work*	68
Unité 5	*Le monde du travail*	*Taking a year out and issues to do with the world of work*	70
	Entraînez-vous		72
	Mots		74

MODULE 5 — MA VILLE

	Déjà vu		76
Unité 1	Voici ma ville	Describing a town and understanding a brochure	80
Unité 2	La ville et la campagne	Talking about the town versus the countryside	82
Unité 3	Les pays francophones	The French-speaking world	84
Unité 4	L'environnement	Discussing environmental issues	86
	Entraînez-vous		88
	Mots		90

MODULE 6 — AUX MAGASINS

	Déjà vu		92
Unité 1	On fait des achats	Going shopping	96
Unité 2	Les fringues	Shopping for clothes	98
Unité 3	L'argent de poche	Spending your pocket money	100
Unité 4	À la poste et à la banque	Sending letters and making calls	102
Unité 5	Je suis perdue!	Reporting a loss	104
	Entraînez-vous		106
	Mots		108

MODULE 7 — EN VACANCES

	Déjà vu		110
Unité 1	Souvenirs de vacances	Past holidays	114
Unité 2	Au syndicat d'initiative	Getting information at a tourist office	116
Unité 3	Découverte vacances	Different types of holidays	118
Unité 4	L'hébergement	Talking about places to stay	120
Unité 5	Les problèmes	Accommodation problems	122
	Entraînez-vous		124
	Mots		126

MODULE 8 — BIENVENUE EN FRANCE!

	Déjà vu		128
Unité 1	Voici ma maison	Describing a house and its rooms	132
Unité 2	Les médias	Discussing music, books, magazines and films with your penfriend	134
Unité 3	La télé et la publicité	Discussing TV and advertising	136
Unité 4	On sort manger	Going out with your friend to a restaurant	138
Unité 5	On se plaint	Complaining at a restaurant	140
	Entraînez-vous		142
	Mots		144

	Déjà vu		*146*
Unité 1	*La cuisine et les habitudes*	Food likes and dislikes	*150*
Unité 2	*Avez-vous la pêche?*	Healthy eating	*152*
Unité 3	*Vivre sainement*	Healthy lifestyles	*154*
Unité 4	*Ça ne va pas*	Dealing with illness and accidents	*156*
Unité 5	*La dépendance*	Discussing addiction	*158*
	Entraînez-vous		*160*
	Mots		*162*
	Déjà vu		*164*
Unité 1	*Pardon, madame …*	Asking about journeys and modes of transport	*168*
Unité 2	*À la gare et ailleurs*	Buying tickets and getting around at the station	*170*
Unité 3	*Les problèmes*	Driving, breakdowns and accidents	*172*
Unité 4	*Trop de voitures?*	Transport and environmental issues	*174*
	Entraînez-vous		*176*
	Mots		*178*
Module 1	*Études*	*À toi!*	*180*
Module 2	*Chez moi*	*À toi!*	*182*
Module 3	*Temps libre*	*À toi!*	*184*
Module 4	*Au boulot*	*À toi!*	*186*
Module 5	*Ma ville*	*À toi!*	*188*
Module 6	*Aux magasins*	*À toi!*	*190*
Module 7	*En vacances*	*À toi!*	*192*
Module 8	*Bienvenue en France!*	*À toi!*	*194*
Module 9	*En bonne forme*	*À toi!*	*196*
Module 10	*Le transport*	*À toi!*	*198*
Grammaire			*200*
Vocabulaire anglais-français			*223*
Vocabulaire français-anglais			*225*
Les instructions			*234*

MODULE I

Études

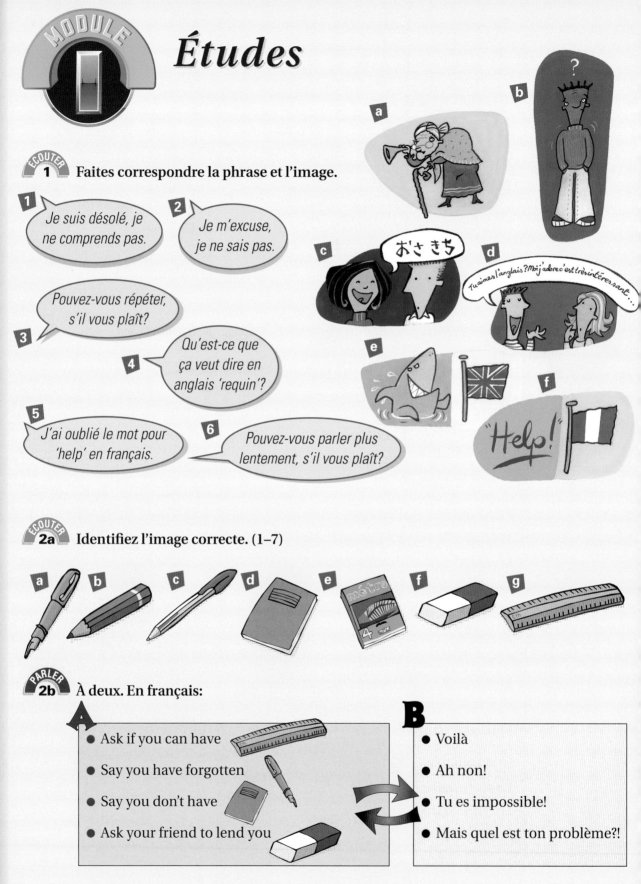

ÉCOUTER

1 Faites correspondre la phrase et l'image.

1. Je suis désolé, je ne comprends pas.

2. Je m'excuse, je ne sais pas.

3. Pouvez-vous répéter, s'il vous plaît?

4. Qu'est-ce que ça veut dire en anglais 'requin'?

5. J'ai oublié le mot pour 'help' en français.

6. Pouvez-vous parler plus lentement, s'il vous plaît?

ÉCOUTER

2a Identifiez l'image correcte. (1–7)

PARLER

2b À deux. En français:

A
- Ask if you can have
- Say you have forgotten
- Say you don't have
- Ask your friend to lend you

B
- Voilà
- Ah non!
- Tu es impossible!
- Mais quel est ton problème?!

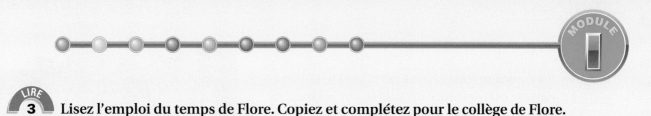
LIRE

3 Lisez l'emploi du temps de Flore. Copiez et complétez pour le collège de Flore.

C.E.S. JULES VERNE

	lundi	mardi	mercredi	jeudi	vendredi	samedi
8h	chimie	anglais		français	français	
9h	espagnol	maths		maths	maths	EPS
10h	récréation					
10h15	biologie	français		anglais	anglais	EPS
11h15	biologie	études		histoire-géo	histoire-géo	physique
12h15	pause de midi					
14h	maths	espagnol		physique	espagnol	
15h	français	musique		dessin	technologie	
16h	histoire-géo	chimie		dessin	technologie	

EPS *Éducation physique et sportive*

1 Mon collège s'appelle ▰▰▰.
2 Normalement, le collège commence à ▰▰▰ et finit à ▰▰▰.
3 Il y a une récréation à ▰▰▰.
4 La pause de midi est à ▰▰▰.
5 D'habitude, on a ▰▰▰ cours le matin et ▰▰▰ cours l'après-midi.
6 Un cours dure ▰▰▰ minutes.
7 On va au collège tous les jours sauf le ▰▰▰.
8 Comme matières, j'ai ▰▰▰ …

sauf *except for*

ÉCOUTER

4a Écoutez l'interview sur un autre collège en France. Complétez les mêmes 8 phrases en français.

PARLER

4b À deux. En français:

A
- Ask what time school starts
- Ask when break is
- Say lunch is at 13.05. Ask what subjects they do
- Say lessons last 50 minutes

B
- Say school starts at 8.50
- Say break is at 11.10. Ask when lunch is
- Say what subjects you do. Ask how long lessons last

ÉCRIRE

4c Écrivez une description de votre collège suivant le modèle de l'activité 3.

ÉCOUTER

5a Copiez et complétez la grille en français. (1–8)

	☺	☹	Raisons
1	anglais, dessin	technologie	ennuyeux
2			

5b Pourquoi préférez-vous certaines matières?
Faites correspondre les raisons et les images.

1 C'est facile.
2 C'est difficile.
3 C'est ennuyeux.
4 C'est intéressant.
5 Je suis fort en … .
6 Je suis faible en … .
7 Le prof est sympa.
8 Le prof est trop sévère.
9 C'est très utile.
10 J'ai trop de devoirs.

5c À deux. Posez une question et donnez une réponse à votre partenaire pour chaque image.

Exemple:

● *Tu aimes le français?*
● *Oui, j'adore le français.*
● *J'ai du français trois fois par semaine. C'est intéressant.*

> Always put **l', le, la,** or **les** in front of the school subject when talking about likes/dislikes.

5d Écrivez la langue et depuis quand ils l'apprennent. (1–5)

Exemple:

1 anglais – 5 ans

5e À deux. Vous apprenez ces matières depuis quand?

Exemple:

J'apprends le français depuis 4 ans.

Le détective

J'apprends le français depuis 4 ans =
I have been learning French for 4 years.

Pour en savoir plus ➡ page 210, pt 3.14

6 **Lisez, puis répondez aux questions sur le système scolaire en France.**

1 Les élèves vont à l'école maternelle à partir de quel âge en France?
2 Les élèves vont à l'école primaire à partir de quel âge en France?
3 Les élèves vont au collège à partir de quel âge en France?
4 Les élèves vont au lycée à partir de quel âge en France?
5 Ils préparent quel examen au lycée général?

---

* examen général qui correspond à nos A-levels
** examens qui correspondent à nos GNVQ

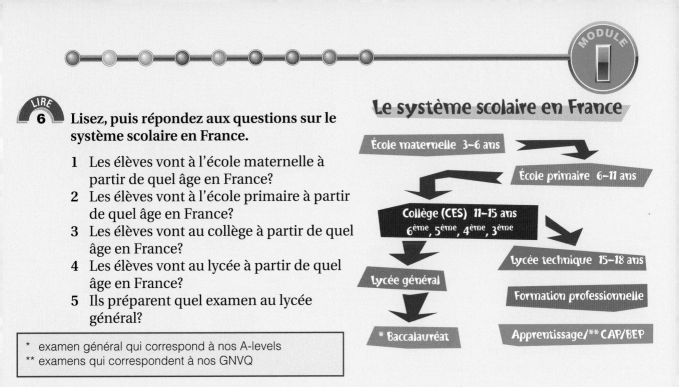

Le système scolaire en France

École maternelle 3–6 ans

École primaire 6–11 ans

Collège (CES) 11–15 ans
6ème, 5ème, 4ème, 3ème

Lycée technique 15–18 ans

Lycée général

Formation professionnelle

* Baccalauréat

Apprentissage/** CAP/BEP

7a **Lisez l'article et choisissez les bonnes réponses.**

Salut, je me présente. Je m'appelle Julien et j'ai 15 ans. Je suis en seconde et je vais au lycée technique de Sarreguemines. C'est pas mal comme lycée, mais je n'aime pas trop les profs. Ils ne sont pas très compréhensifs. Je prépare mon bac et l'année prochaine, je vais passer mon bac de français. Je n'aime pas les examens, il faut que je travaille cette année et pour les 2 années à venir.

J'apprends l'anglais depuis 5 ans, mais je me débrouille mal. Chez nous le collège commence tôt, à huit heures du matin. Ça finit tard aussi, à cinq heures des fois, mais je ne vais pas au lycée le mercredi après-midi. Par contre, le samedi on n'est pas libre en France. Il faut aller en classe …

Ciao!

1 Julien est
   a en terminale
   b en seconde
   c en première
2 Il prépare
   a le brevet d'études professionnelles
   b le baccalauréat
   c le certificat d'aptitude professionnelle
3 Il parle
   a bien l'anglais
   b un peu l'anglais
   c peu l'anglais
4 Le lycée commence
   a tard
   b de bonne heure
   c l'après-midi
5 Il est libre
   a le samedi matin
   b le mercredi matin
   c le mercredi après-midi

7b **Suivant le modèle de Julien, écrivez 75 mots sur votre collège.**

1 *Mon collège*

Describing your school

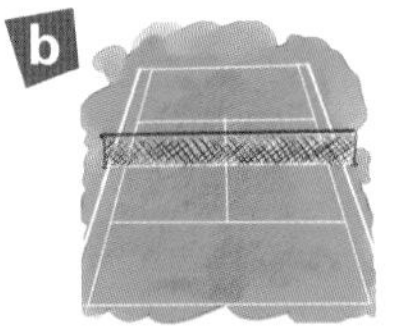

● ● ● ● ● ● ● ● ● ● ● ●

LIRE
1a Faites correspondre les symboles
et les phrases correctes.

1 Le collège se trouve près du centre de Paris.
2 C'est un collège mixte.
3 C'est très moderne.
4 Il y a quatre-vingts professeurs.
5 Il y a environ mille élèves.
6 C'est très animé.
7 Il y a beaucoup d'arbres.
8 On a des courts de tennis.
9 C'est un vieux bâtiment, gris, à quatre étages.

ECOUTER
1b Regardez ces 3 images et écrivez le numéro de la description qui
correspond à chaque image. (1–3)

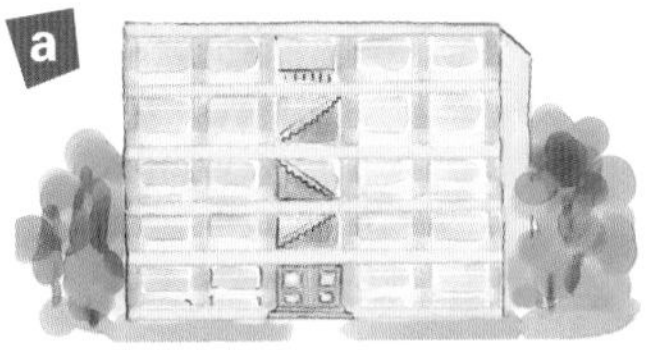

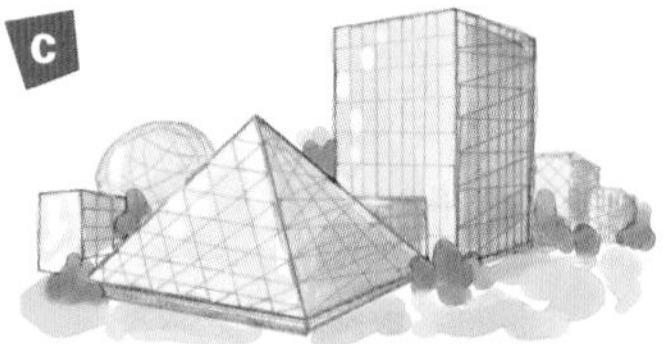

PARLER
1c Avec un(e) partenaire, adaptez les phrases
de l'exercice **1a** pour parler de votre collège.

Alors, mon collège se trouve près de …
C'est un collège pour garçons/filles

> Try to vary the structures you use.
> Don't just say il y a all the time. Try chez
> nous … , on a … , nous avons …

LIRE
2a Regardez ces 2 plans et lisez la description. Quel est le plan correct?

L'intérieur du collège c'est normal
quoi. Il y a la cantine au premier étage
ainsi que les labos et les toilettes et les
salles de classe en-dessous. Au rez-de-
chaussée on a tous les bureaux: celui du
secrétariat, la salle des profs et cetera.
La bibliothèque est bien: nous on
appelle ça le CDI (centre de
documentation et d'information). Il y a
beaucoup d'ordinateurs, on peut surfer
l'internet et c'est gratuit: ça m'intéresse!

a les toilettes
la cantine
les salles
de classe
les labos
la salle
des profs
la bibliothèque   le secrétariat

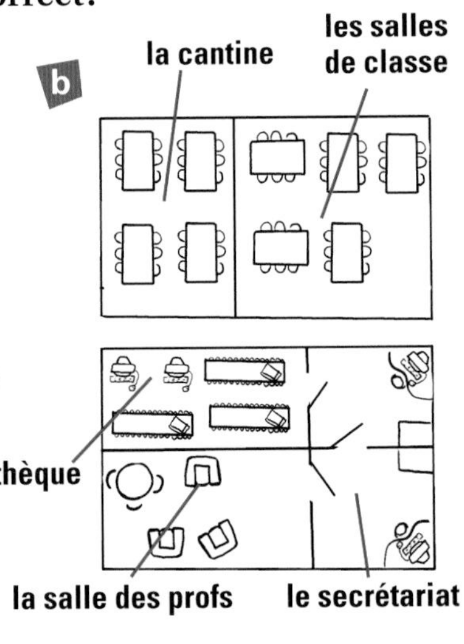

b la cantine   les salles
de classe
la bibliothèque
la salle des profs   le secrétariat

ECRIRE
2b Maintenant, en regardant les plans ci-dessus, décrivez l'autre collège.

PARLER 3 À deux.
En français:

A
- Say your school is mixed
- Say there are two thousand pupils. Ask how many teachers there are in his/her school

B
- Say your school is mixed too. Ask how many pupils there are in his/her school
- Say there are 90 teachers.

Il y a combien de … ? *How many … ?*

ÉCOUTER 4a Écoutez ces jeunes qui parlent de leur club préféré.
Copiez et remplissez la grille en français. (1–5)

	Club	Détails
1		
2		
3		
4		
5		

Tu fais partie d'un club?	
Je fais partie d'un club de/d'	photographie informatique échecs danse gymnastique musique
Je fais partie de	l'orchestre l'équipe de foot/volley/ hockey
Je vais au club de	théâtre

CONSERVATOIRE NATIONAL DE DANSE AVIGNON

PARLER 4b Avec votre partenaire faites une liste des différents clubs dans votre collège.

Exemple:

Le jeudi après le collège il y a le club de danse.

> Enrich your answers by adding as many time indicators as possible.
> **Exemple**: **Le jeudi après le collège** je vais au club de photographie … **ensuite** je rentre chez moi …

PARLER 4c À deux. En français:

A
- Ask if your partner is a member of any clubs
- Ask when they go to the club
- Say you are in the drama club

B
- Say you are a member of the football team
- Say you play on Fridays after school Ask if s/he is a member of a club
- Say you are also in the drama club

2 *Les préférences*

Talking about your timetable

● ● ● ● ● ● ● ● ● ● ● ● ● ● ● ●

1 Pourquoi préférez-vous certaines matières? Trouvez les contraires de ces expressions.

1 C'est facile.
2 C'est intéressant.
3 Je suis fort(e) en …
4 Le prof est sympa.
5 C'est très utile.
6 On ne me donne pas assez de devoirs.

a C'est ennuyeux.
b Le prof est trop sévère.
c C'est difficile.
d J'ai trop de devoirs.
e Je suis faible en …
f C'est sans intérêt.

2a Flore parle de ses matières. Copiez et complétez la grille en français.

Matière	Opinion + raisons

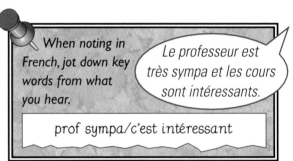

When noting in French, jot down key words from what you hear.

Le professeur est très sympa et les cours sont intéressants.

prof sympa/c'est intéressant

2b Écrivez ces phrases en français.

Exemple: **a** *J'aime les maths car le prof est sympa et c'est intéressant.*

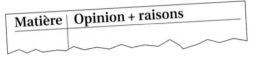

Car and **parce que** both mean "because". Give more than one reason if you can.

3a Écoutez bien et complétez les phrases. (1–8)

1 La physique est assez difficile   a le prof va trop vite je n'aime pas ça   b c'est compliqué

2 J'aime l'informatique   c c'est les travaux manuels   d il nous aide beaucoup

3 Je n'aime pas du tout la géographie   e j'ai horreur de ça et aussi le prof me fait peur

4 Je pense que le dessin est inutile   f En plus, le prof est nul   g je trouve ça compliqué

5 Moi, je n'aime pas les sciences   h mais je pense que c'est très important pour l'avenir

6 L'histoire-géo   i je trouve ça pénible   j le prof est super sympa

7 Je trouve le théâtre passionnant   k Monter une pièce   l c'est sensass

8 Ma matière préférée   m c'est génial   n mais le prof est compréhensif

PARLER 3b Que dites-vous? Faites des phrases en utilisant les images.

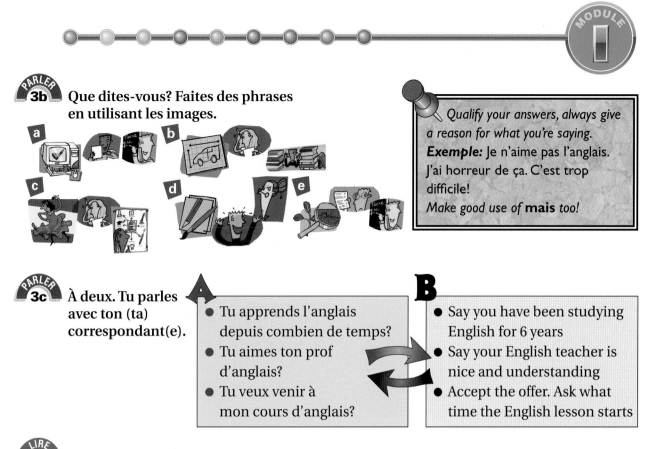

Qualify your answers, always give a reason for what you're saying.
Exemple: Je n'aime pas l'anglais. J'ai horreur de ça. C'est trop difficile!
Make good use of **mais** *too!*

PARLER 3c À deux. Tu parles avec ton (ta) correspondant(e).

A
- Tu apprends l'anglais depuis combien de temps?
- Tu aimes ton prof d'anglais?
- Tu veux venir à mon cours d'anglais?

B
- Say you have been studying English for 6 years
- Say your English teacher is nice and understanding
- Accept the offer. Ask what time the English lesson starts

LIRE 4a Lisez l'e-mail de Mario et notez les phrases correctes.

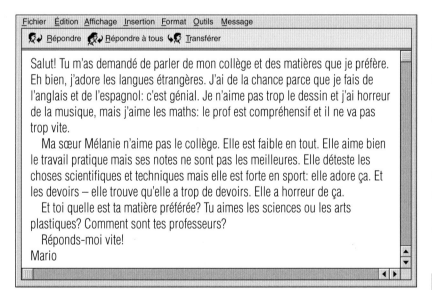

Fichier Édition Affichage Insertion Format Outils Message

Répondre   Répondre à tous   Transférer

Salut! Tu m'as demandé de parler de mon collège et des matières que je préfère. Eh bien, j'adore les langues étrangères. J'ai de la chance parce que je fais de l'anglais et de l'espagnol: c'est génial. Je n'aime pas trop le dessin et j'ai horreur de la musique, mais j'aime les maths: le prof est compréhensif et il ne va pas trop vite.

Ma sœur Mélanie n'aime pas le collège. Elle est faible en tout. Elle aime bien le travail pratique mais ses notes ne sont pas les meilleures. Elle déteste les choses scientifiques et techniques mais elle est forte en sport: elle adore ça. Et les devoirs – elle trouve qu'elle a trop de devoirs. Elle a horreur de ça.

Et toi quelle est ta matière préférée? Tu aimes les sciences ou les arts plastiques? Comment sont tes professeurs?

Réponds-moi vite!
Mario

1 Mélanie est forte en EPS.
2 Mélanie est faible en sciences.
3 Mélanie déteste le travail pratique.
4 Mélanie aime les choses scientifiques et techniques.
5 Mélanie est forte en EMT.
6 Mélanie a une opinion favorable du collège.
7 Mélanie pense qu'il n'y a pas assez de devoirs.

EMT *technology*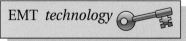

LIRE 4b Que dit Mélanie au sujet:

1 des sciences?   a Je déteste ça!
2 du sport?   b C'est affreux!
3 des devoirs?   c   Ça va!
4 des travaux manuels? d C'est bien, ça.

ÉCRIRE 4c Écrivez une réponse aux questions de Mario.

3 *Le règlement*

Talking about rules and regulations

● ● ● ● ● ● ● ● ● ● ● ● ● ● ● ● ● ● ● ●

LIRE
1a Trouvez les bonnes images. Ces phrases
sont-elles (P) positives ou (N) négatives?

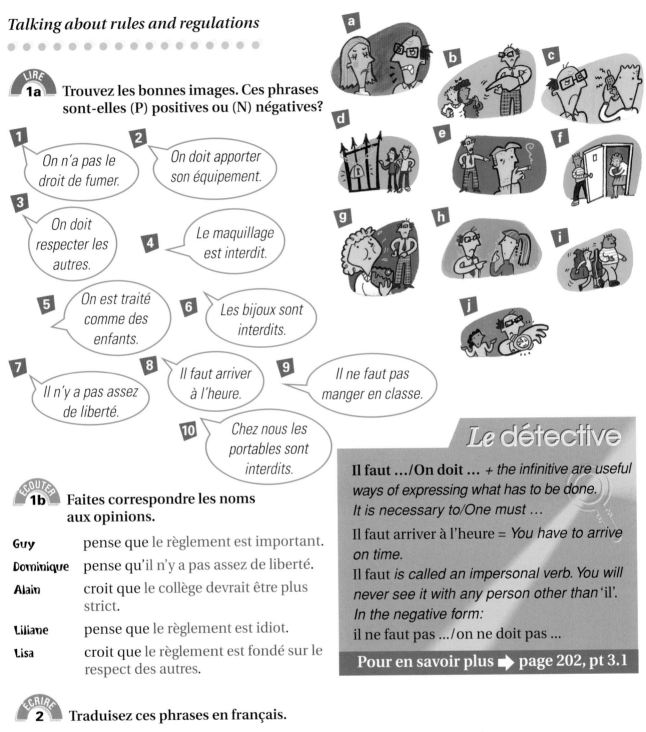

1 *On n'a pas le droit de fumer.*

2 *On doit apporter son équipement.*

3 *On doit respecter les autres.*

4 *Le maquillage est interdit.*

5 *On est traité comme des enfants.*

6 *Les bijoux sont interdits.*

7 *Il n'y a pas assez de liberté.*

8 *Il faut arriver à l'heure.*

9 *Il ne faut pas manger en classe.*

10 *Chez nous les portables sont interdits.*

ÉCOUTER
1b Faites correspondre les noms
aux opinions.

Guy pense que le règlement est important.

Dominique pense qu'il n'y a pas assez de liberté.

Alain croit que le collège devrait être plus strict.

Liliane pense que le règlement est idiot.

Lisa croit que le règlement est fondé sur le respect des autres.

Le détective

Il faut …/On doit … + *the infinitive are useful ways of expressing what has to be done. It is necessary to/One must …*

Il faut arriver à l'heure = *You have to arrive on time.*

Il faut *is called an impersonal verb. You will never see it with any person other than* 'il'.

In the negative form:

il ne faut pas …/on ne doit pas …

Pour en savoir plus ➡ page 202, pt 3.1

ÉCRIRE
2 Traduisez ces phrases en français.

1 We must respect others.
2 We must arrive at eight thirty.
3 We must not drink in class.
4 We must listen to the teachers.
5 Mobiles are forbidden.
6 We must wear a uniform.

ÉCOUTER
3a Écoutez ces jeunes qui parlent de l'uniforme.
Décidez s'ils sont pour ou contre. (1–5)

ÉCOUTER

3b Écoutez une deuxième fois, copiez et remplissez la grille en français. (1–5)

	Avantages	Inconvénients
1	C'est pratique, c'est pas cher on sait quoi mettre.	
2		
3		
4		
5		

PARLER

3c Vous êtes pour ou contre l'uniforme? Faites ce sondage auprès de vos camarades de classe. Posez la question suivante:

Qu'est-ce que tu penses de l'uniforme?

Voici les réponses possibles. Moi, je pense que l'uniforme …

… c'est pratique.

… c'est une bonne chose parce qu'on sait toujours quoi mettre.

… c'est ridicule de nos jours.

… ce n'est pas bien parce qu'on ne peut pas montrer son individualité, quand on porte un uniforme.

… n'est pas bien puisque tout le monde se ressemble.

… fait qu'il n'y a pas de différences entre les classes sociales.

Puis commentez les résultats.
Exemple:

'X' pour cent des élèves pensent que l'uniforme est …

LIRE

4a Lisez la lettre. Est-ce que les phrases sont vraies ou fausses?

On dit qu'en France on n'a pas d'uniforme. Eh bien voilà c'est faux. Non, on n'est pas obligé de porter une cravate et une veste comme en Grande-Bretagne, mais quand même on a tendance à adopter un uniforme. C'est-à-dire que les jeunes s'habillent comme ils veulent, mais il y a du conformisme. Celui qui ne porte pas de baskets est l'exception. Celle qui n'a pas de jean est en général un prof! On prétend qu'il y a de l'originalité, mais en réalité c'est une course aux marques Quicksilver ou Diesel.

En vérité l'uniformité règne. *Hervé*

1 En France, en général, on n'est pas obligé de porter l'uniforme au collège.
2 Tous les jeunes sont vêtus différemment.
3 Si on met des baskets, on est exceptionnel.
4 Tout le monde est en jean.
5 Ce sont les grandes marques qui en profitent.

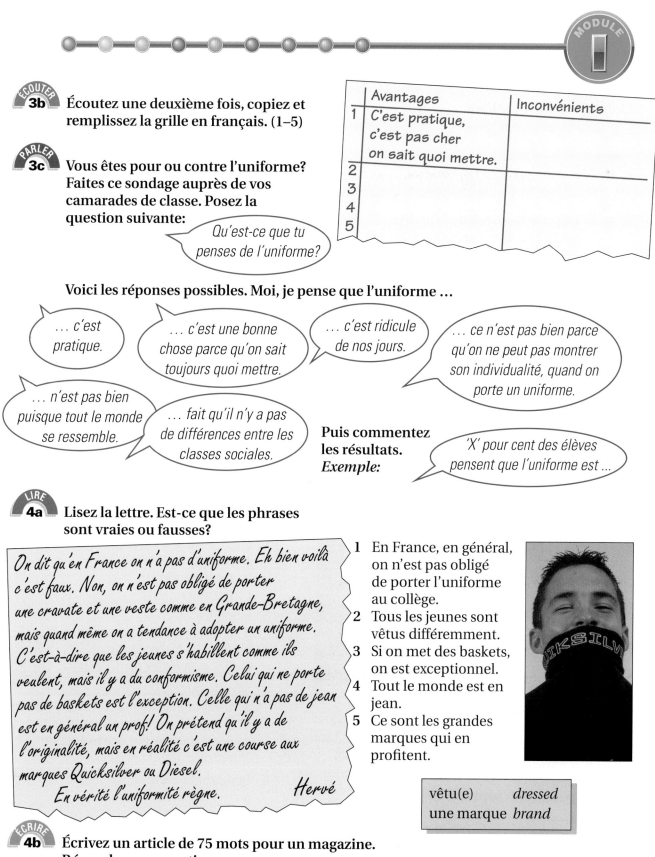

vêtu(e)	*dressed*
une marque	*brand*

ÉCRIRE

4b Écrivez un article de 75 mots pour un magazine. Répondez aux questions:

1 Qu'est-ce que vous portez au collège?
2 Qu'est-ce que vous pensez de l'uniforme?
3 Les professeurs sont-ils sympas?
4 Décrivez le règlement dans votre collège. Donnez cinq exemples.
5 Que pensez-vous du règlement?

4 *Le collège – beurk!*

The difficulties of school

● ● ● ● ● ● ● ● ● ● ● ● ●

1a Écoutez et lisez la chanson.

1b Écrivez 'Le chant de la liberté': la vie après le collège, suivant ce modèle:

Quand on quitte le collège, la vie commence
on ne doit plus …
on peut …
il n'y a pas de…
C'est la vraie vie, ah oui!

2a Lisez l'article et complétez les phrases.

Je pense qu'on devrait changer le système scolaire français. Les programmes sont trop chargés et il y a beaucoup de choses à faire. À mon avis, les cours sont trop longs. Les élèves sont stressés et il y a trop de devoirs. C'est impossible. Je sais que l'éducation est importante, mais on nous fait souffrir. Je comprends que l'éducation est essentielle pour trouver un bon emploi. Si on n'a pas le bac, on a du mal à trouver du travail, mais je résiste!

Moi, j'aime bien les pauses! Pendant la récré, je discute avec mes copains ou bien on va aux magasins. Des fois on joue au foot.

Le chant du lycéen

Quand on étudie, on n'a plus de vie!
On ne peut pas sortir.
On doit réviser …
    écouter …
    travailler …
    bachoter …
Quand on étudie, on n'a plus de vie!
on a trop de stress …
    trop de pression …
    trop de devoirs …
    pas assez de temps …
Mais quand on a fini, la vie recommence!

Le détective

Expressions of quantity

trop de   beaucoup de   assez de
These take **de** *not* du/de la/des
Find as many as you can in the song above.

Pour en savoir plus ➡ page 201, pt 2.4

---

1 À son avis, les cours
  a sont intéressants
  b sont trop courts
  c ne sont pas assez courts

2 Il pense que les élèves sont
  a malchanceux
  b malheureux
  c heureux

3 Selon lui
  a il n'y a pas assez de devoirs
  b il y a très peu de devoirs
  c il y a un excès de devoirs

4 Sans le bac
  a il est facile de trouver un emploi
  b il est difficile de trouver un emploi
  c il est impossible de trouver un emploi

5 Pendant la récré …
  a il parle avec ses amis
  b il se dispute
  c il fait ses devoirs

6 Il aimerait
  a travailler plus
  b travailler moins
  c étudier plus

| malchanceux/-euse | *unlucky* |

LIRE
2b Copiez et complétez avec le mot qui correspond.

Le programme scolaire est ▬▬▬▬. On suit ▬▬▬▬ de cours. En plus, les ▬▬▬▬ durent trop ▬▬▬▬. Le ▬▬▬▬ est important pour trouver un ▬▬▬▬. La récréation est très importante aussi! On peut se ▬▬▬▬ et discuter avec des amis.

trop · reposer · surchargé · bac · cours · longtemps · court · travail · parler

ÉCRIRE
2c Écrivez les 6 phrases de l'exercice **2a** avec les détails qui vous correspondent.

Exemple:

1 À mon avis, les cours sont intéressants, mais un peu trop longs.

> At higher level listening and reading answers often hinge on small words which can change the sense of a phrase. Make sure you are familiar with the following:
> mal – *badly*
> un peu – *a little*
> peu – *not much/not very*
> sans – *without*

ÉCOUTER
3 Écoutez l'opinion de ces jeunes sur l'éducation.
Qui parle? Identifiez les opinions pour chaque personne.

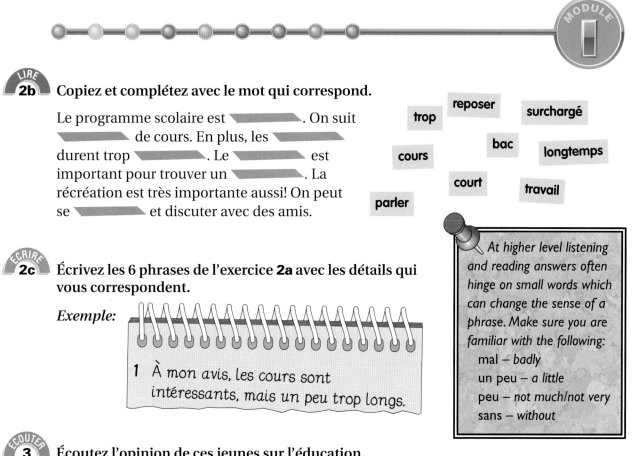

Education is important for the future. — **Mathieu**

If you work hard, you'll be successful. — **Yannick**

Studying's a waste of time. — **Annie**

PARLER
4 À deux. Vous n'avez pas fait vos devoirs. Improvisez!

Exemple: Je n'ai pas fait mes devoirs parce que/qu' …

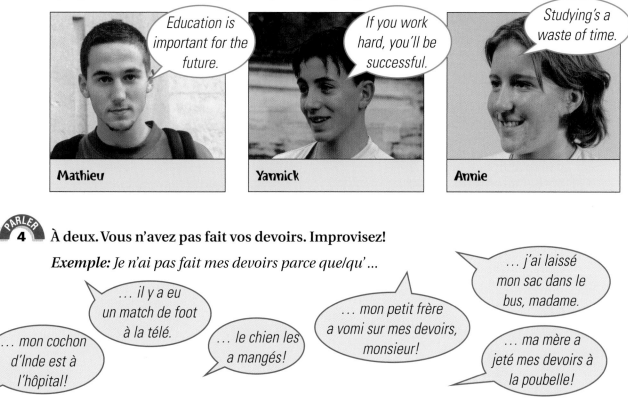

… il y a eu un match de foot à la télé.

… mon cochon d'Inde est à l'hôpital!

… le chien les a mangés!

… mon petit frère a vomi sur mes devoirs, monsieur!

… j'ai laissé mon sac dans le bus, madame.

… ma mère a jeté mes devoirs à la poubelle!

Inventez 5 excuses et votez pour la meilleure de la classe!

5 *Après le collège*

Talking about further education plans

● ● ● ● ● ● ● ● ● ● ● ● ● ● ● ● ● ●

1a Qu'est-ce qu'ils vont faire après le collège? (1–5)

1b Lisez la lettre de Flore. Remplissez les blancs avec un de ces verbes.

> L'année prochaine, je vais ▬▬▬ mes examens en juin. Puis je vais ▬▬▬ le collège. Après les vacances, je vais ▬▬▬ mes études au lycée. Je vais ▬▬▬ six matières. Au bout de trois ans, je vais ▬▬▬ mon bac. Si possible, je vais ▬▬▬ à l'université parce que j'espère ▬▬▬ ingénieur.

Le détective

To say what is going to happen in the future, use **aller** + **infinitive**.

Exemple: je vais **faire** un apprentissage
elle va **aller** au lycée technique

je vais	nous allons
tu vas	vous allez
il/elle/on va	ils/elles vont

Pour en savoir plus ➡ page 206, pt 3.6

passer	étudier
aller	être
continuer	quitter

1c Écrivez en français:

1. She is going to leave school.
2. He is going to continue his studies.
3. She is going to be a teacher.
4. I am going to sit my exams next year.
5. I am going to stay at my school.

1d Préparez 2 ou 3 phrases sur ce que vous allez faire l'année prochaine. Joignez vos phrases avec:

d'abord (first of all ...)
après (afterwards ...)
ensuite (then ...)

> **si – if**
> Starting your sentence with **si** makes it more complex, therefore you get more marks.
> **Exemple:**
> Si possible, je vais aller à l'université.
> Si j'ai de bonnes notes, je vais passer mon bac.
> Si mes résultats sont excellents, je vais étudier les langues et les maths.

2a Qu'est-ce que Marc va faire? Écoutez bien et mettez ces images dans le bon ordre.

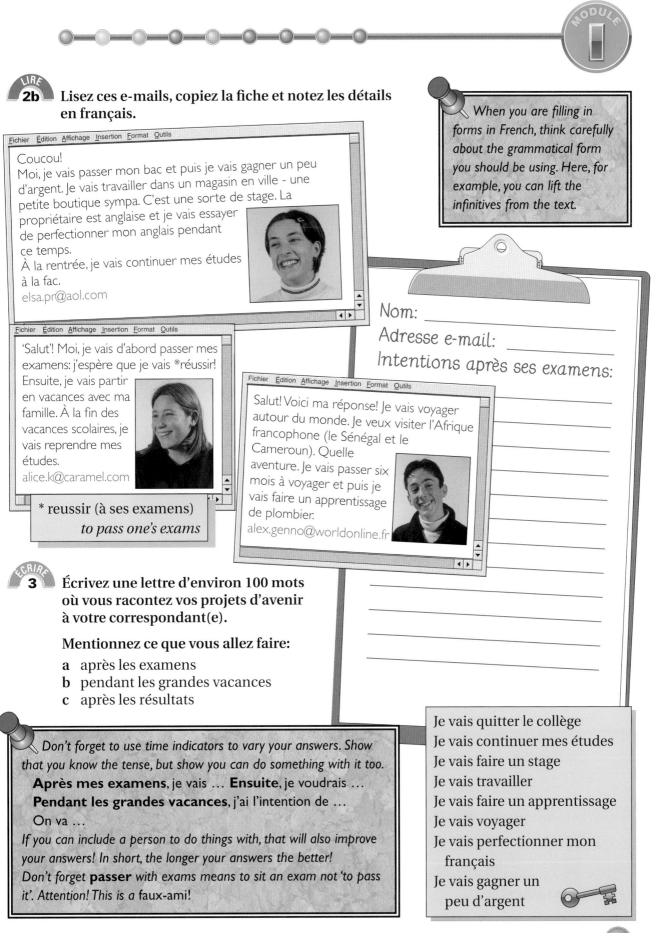

LIRE

2b Lisez ces e-mails, copiez la fiche et notez les détails en français.

Fichier Édition Affichage Insertion Format Outils

Coucou!
Moi, je vais passer mon bac et puis je vais gagner un peu d'argent. Je vais travailler dans un magasin en ville - une petite boutique sympa. C'est une sorte de stage. La propriétaire est anglaise et je vais essayer de perfectionner mon anglais pendant ce temps.
À la rentrée, je vais continuer mes études à la fac.
elsa.pr@aol.com

Fichier Édition Affichage Insertion Format Outils

'Salut'! Moi, je vais d'abord passer mes examens: j'espère que je vais *réussir! Ensuite, je vais partir en vacances avec ma famille. À la fin des vacances scolaires, je vais reprendre mes études.
alice.k@caramel.com

* reussir (à ses examens)
to pass one's exams

Fichier Édition Affichage Insertion Format Outils

Salut! Voici ma réponse! Je vais voyager autour du monde. Je veux visiter l'Afrique francophone (le Sénégal et le Cameroun). Quelle aventure. Je vais passer six mois à voyager et puis je vais faire un apprentissage de plombier.
alex.genno@worldonline.fr

When you are filling in forms in French, think carefully about the grammatical form you should be using. Here, for example, you can lift the infinitives from the text.

Nom: _____
Adresse e-mail: _____
Intentions après ses examens:
_____
_____
_____
_____
_____
_____
_____

ÉCRIRE

3 Écrivez une lettre d'environ 100 mots où vous racontez vos projets d'avenir à votre correspondant(e).

Mentionnez ce que vous allez faire:
  a après les examens
  b pendant les grandes vacances
  c après les résultats

Don't forget to use time indicators to vary your answers. Show that you know the tense, but show you can do something with it too.
  Après mes examens, je vais … **Ensuite**, je voudrais …
  Pendant les grandes vacances, j'ai l'intention de …
  On va …
If you can include a person to do things with, that will also improve your answers! In short, the longer your answers the better!
*Don't forget **passer** with exams means to sit an exam not 'to pass it'. Attention! This is a faux-ami!*

Je vais quitter le collège
Je vais continuer mes études
Je vais faire un stage
Je vais travailler
Je vais faire un apprentissage
Je vais voyager
Je vais perfectionner mon français
Je vais gagner un peu d'argent

À L'ORAL

Jeux de rôle

1 You are talking to your French friend about school. Your partner will play the part of your friend and will begin the conversation.

A
- Il y a une matière que tu n'aimes pas?
- Qu'est-ce qu'on va faire ce soir?
- Tu as beaucoup de devoirs?
- Comment sont les profs dans ton collège?

B
- Matière détestée et raison.
- Ce soir (2 activités).
- !
- Les profs.

When you see ! *you will have to respond to something for which you have not prepared. Make a list of the types of question that might come up throughout the topics.*

2 Prepare a one-minute speech called 'L'éducation'. Make yourself a cue card to help you remember what to say and include as many symbols as you want.

Exemple:

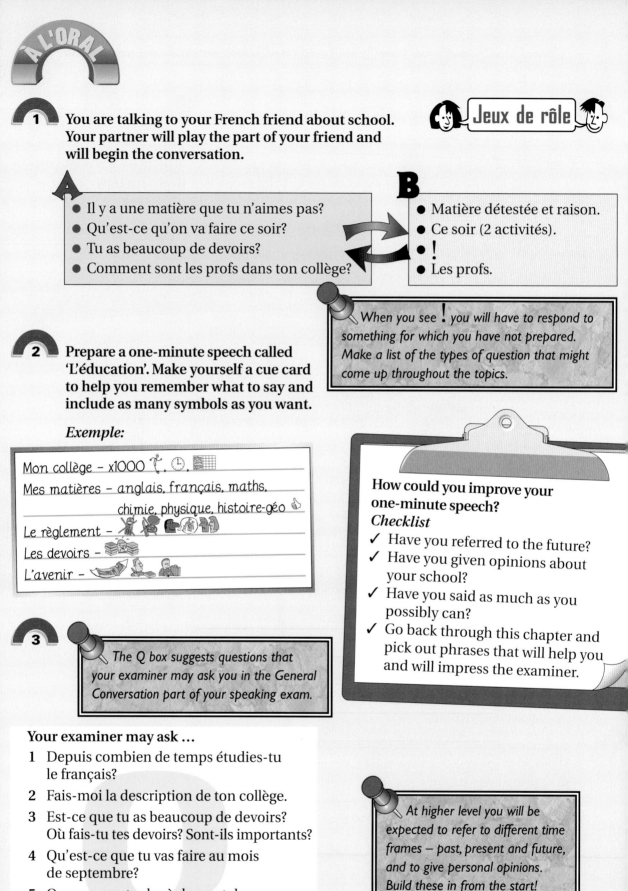

Mon collège – x1000   ,   ,
Mes matières – anglais, français, maths,
         chimie, physique, histoire-géo
Le règlement –
Les devoirs –
L'avenir –

How could you improve your one-minute speech?
Checklist
✓ Have you referred to the future?
✓ Have you given opinions about your school?
✓ Have you said as much as you possibly can?
✓ Go back through this chapter and pick out phrases that will help you and will impress the examiner.

3

The Q box suggests questions that your examiner may ask you in the General Conversation part of your speaking exam.

Your examiner may ask …
1 Depuis combien de temps étudies-tu le français?
2 Fais-moi la description de ton collège.
3 Est-ce que tu as beaucoup de devoirs? Où fais-tu tes devoirs? Sont-ils importants?
4 Qu'est-ce que tu vas faire au mois de septembre?
5 Que penses-tu du règlement de ton collège?

At higher level you will be expected to refer to different time frames – past, present and future, and to give personal opinions. Build these in from the start!

1 Advertising your school. Your task is to promote your school. You could prepare:

- a web page or prospectus
- a PowerPoint presentation
- a written description in the form of a magazine article.

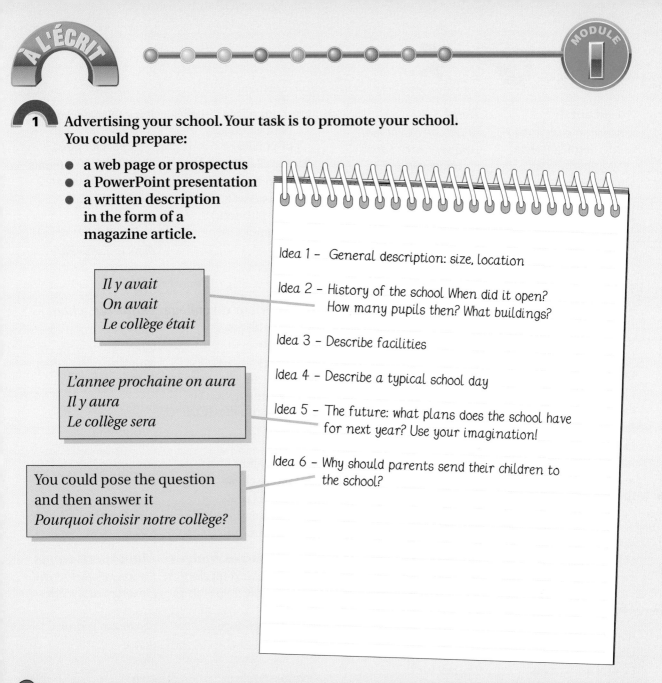

Il y avait
On avait
Le collège était

L'annee prochaine on aura
Il y aura
Le collège sera

You could pose the question and then answer it
Pourquoi choisir notre collège?

Idea 1 – General description: size, location

Idea 2 – History of the school When did it open? How many pupils then? What buildings?

Idea 3 – Describe facilities

Idea 4 – Describe a typical school day

Idea 5 – The future: what plans does the school have for next year? Use your imagination!

Idea 6 – Why should parents send their children to the school?

All source material should be treated with caution. Use it for ideas, but you won't get marks if you copy it completely!

To get higher marks when you're preparing pieces of coursework, you should:
- *include factual information*
- *narrate events*
- *express and justify your ideas and points of view*
- *use a range of vocabulary, structures and tenses*
- *show off by using longer sentences*
- *provide an extended response.*

You must refer to different time frames to gain a grade C or above, so you should aim to use the past, present and the future in all pieces of work.

Preparation is the key to success in coursework. You should:
- *revise all vocabulary relating to your topic – from this chapter and other sources*
- *make judicious use of your dictionary*
- *prepare a list of complex phrases and linking words that you want to use to impress*
- *consider using ICT to present your work well.*

Mots

Au secours! — *Help!*

Pouvez-vous répéter?	*Could you repeat that?*
Je suis désolé(e), je ne comprends pas.	*I am very sorry, I don't understand.*
Qu'est-ce que ça veut dire en anglais 'requin'?	*What does 'requin' mean in English?*
J'ai oublié le mot pour 'help' en français.	*I've forgotten the word for 'help' in French.*
Pouvez-vous parler plus lentement?	*Could you speak more slowly?*

Les sujets — *Subjects*

la chimie	*Chemistry*
l'espagnol	*Spanish*
la biologie	*Biology*
les maths	*Maths*
le français	*French*
l'histoire-géo	*History/Geography*
l'anglais	*English*
les études *(fpl)*	*Study time*
la musique	*Music*
la physique	*Physics*
le dessin	*Art*
la technologie	*Technology*
l'EPS	*Sport*
la récréation	*break*
la pause de midi	*lunch break*
Le collège commence à (8h) et finit à (17h).	*School starts at (8am) and finishes at (5pm).*
Comme matières, j'ai …	*The subjects I have are …*
Je suis (fort(e)/faible) en …	*I am (good/bad) at …*
C'est (utile/intéressant).	*It is (useful/interesting).*
Le prof est (sympa/sévère).	*The teacher is (nice/strict).*
C'est (facile/difficile).	*It is (easy/difficult).*
J'apprends (le français) depuis 4 ans.	*I have been learning (French) for 4 years.*
Je suis en (terminale/première/seconde).	*I am in the (Upper Sixth/Lower Sixth/Year 11).*

Mon collège — *My school*

C'est très animé.	*It is very busy.*
C'est un vieux bâtiment …	*It is an old building …*
… à (deux/trois/quatre) étages.	*… on (2/3/4) floors.*
On a des courts de tennis.	*We have tennis courts.*

C'est un collège (mixte/pour garçons/pour filles).	*It is a (mixed school/school for boys/school for girls).*
Il y a (mille) élèves.	*There are (1000) pupils.*
Le collège se trouve …	*The school is situated …*
moderne/vieux	*modern/old*
un(e) prof(esseur)	*teacher*
chez nous	*at our school*
il y a …	*there is …/there are …*
nous avons …	*we have …*
on a …	*we have …*

À l'intérieur du collège — *Inside the school*

la bibliothèque	*library*
le bureau	*office*
la cantine	*canteen*
le centre de documentation et d'information (CDI)	*learning centre*
la cour	*playground*
les labos	*labs*
un ordinateur	*computer*
la salle de classe	*classroom*
la salle des profs	*staffroom*
le secrétariat	*secretary's office*
les toilettes *(fpl)*	*toilets*

Les clubs/Les équipes — *Clubs/sports teams*

Tu fais partie d'un club?	*Do you belong to a club?*
Je fais partie d'un club (de/d') …	*I belong to a … club*
Je vais au club de …	*I go to the … club.*
danse	*dance*
d'échecs *(mpl)*	*chess*
gymnastique	*gym*
informatique	*computer*
musique	*music*
photographie	*photography*
Je fais partie de …	*I belong to …*
l'équipe de foot	*the football team*
l'équipe de hockey	*the hockey team*
l'équipe de volley	*the volleyball team*
l'orchestre	*the orchestra*

Les préférences — *Preferences*

J'adore ça!	*I love it!*
J'aime …	*I like/enjoy …*
Je n'aime pas …	*I don't like/don't enjoy …*
J'ai horreur de …	*I hate …*

Je déteste ça!	*I hate it!*
Je pense que …	*I think that …*
Je trouve que …	*I think that …*
Ça va.	*It's all right.*
C'est affreux!	*It's awful!*
C'est bien, ça.	*It's good./I enjoy it.*
Ma matière préférée, c'est …	*My favourite subject is …*
C'est …	*It is …*
compliqué(e)	*complicated*
difficile	*difficult*
ennuyeux/euse	*boring*
facile	*easy*
génial(e)	*enjoyable/good fun*
intéressant(e)	*interesting*
passionnant(e)	*fascinating*
pénible	*difficult/hard work*
sans intérêt	*dull/boring*
sensass	*fantastic*
Je suis …	*I am …*
faible/fort(e) en …	*weak/good at …*
nul(le)	*useless/no good*

Le règlement — *School rules*

(Le maquillage) est interdit.	*(Make-up) is forbidden.*
Il ne faut pas (manger en classe).	*You mustn't (eat in class).*
Il faut (arriver à l'heure).	*You must (arrive on time).*
Il n'y a pas assez de liberté.	*There isn't enough freedom.*
On doit (respecter les autres).	*You must (respect other people).*
Chez nous (les portables) sont interdits.	*At our school (mobile phones) are forbidden.*
les bijoux *(mpl)*	*jewellery*
l'équipement	*equipment/school things*
le maquillage	*make-up*
l'uniforme	*uniform*
fumer	*to smoke*

L'uniforme scolaire — *School uniform*

Qu'est-ce que tu penses de l'uniforme?	*What do you think of school uniform?*
Je suis pour/contre …	*I'm for/against …*
C'est une bonne chose.	*It's a good thing.*
C'est ridicule.	*It's stupid/silly.*
On sait quoi mettre.	*You know what to put on.*

C'est (pas cher/pratique).	*It is (cheap/practical).*
les baskets *(fpl)*	*trainers*
le jean	*jeans*
Tout le monde se ressemble.	*Everyone looks the same.*
On ne peut pas montrer son individualité.	*You cannot show your individuality.*

Les difficultés du système scolaire — *Difficulties of the school system*

(pas) assez de …	*(not) enough …*
beaucoup de …	*a lot of …*
trop de …	*too much …/too many …*
trop …	*too …*
écouter	*to listen*
réviser	*to revise*
sortir	*to go out*
travailler	*to work*
long(ue)	*long (in duration)*
stressé(e)	*stressed out*
Le programme scolaire est (chargé/ surchargé).	*The school syllabus is (busy/overloaded).*
les devoirs *(mpl)*	*homework*
la pression	*pressure*
le programme	*syllabus*
le stress	*stress*
le temps	*time*

Après le collège — *After school*

d'abord	*first of all*
après	*afterwards*
ensuite	*then*
si (possible)	*if (possible)*
Je vais (faire/aller) …	*I'm going (to do/go to) …*
aller (à l'université/ en faculté)	*to go (to university)*
continuer (mes études)	*to continue (my studies)*
étudier	*to study*
faire un apprentissage	*to do an apprenticeship*
faire un stage	*to do a training course*
gagner de l'argent	*to earn money*
passer un examen	*to take an exam*
perfectionner (mon français)	*to perfect (my French)*
travailler	*to work*
quitter (le collège)	*to leave (school)*
reprendre mes études	*to start studying again*
voyager	*to travel*

MODULE 2

Chez moi

1a Lisez la lettre. Copiez et complétez la fiche en français.

Je m'appelle Adrien Beregi. J'ai seize ans et je suis Poissons. Mon anniversaire c'est le 21 février. Dans ma famille, il y a sept personnes. J'ai deux sœurs, qui s'appellent Juliette et Elsa. Juliette a neuf ans et Elsa a dix-huit ans.

Mon frère, qui s'appelle Manu, est tout petit. Il est âgé de trois mois. Mon père s'appelle Michel et ma mère s'appelle Édith. Ils ne dorment pas beaucoup à cause du bébé. Moi, il ne me réveille jamais.

Ma grand-mère habite chez nous aussi et elle s'appelle Marthe. Je trouve que c'est bien que ma grand-mère habite avec nous.

Je n'ai pas d'animal à la maison, notre appartement est trop petit, mais j'aimerais avoir un rat quand même.

```
Nom: ...........................................
Prénom: .......................................
Parents: ......................................
Grand(s)-parent(s): .....................
.....................................................
Frère(s): ....................................
.....................................................
Sœur(s): .....................................
.....................................................
Animaux: ....................................
.....................................................
.....................................................
```

Poissons   *Pisces*

1b Écrivez la même lettre pour votre famille.

2 Notez la date de l'anniversaire et l'âge de ces personnes. (1–8)

Le détective

How to say my/your/his/her. These are called **possessive adjectives**, *and the noun you are describing determines which one you use.*

Exemple:	Masculine	Feminine	Plural
my	**mon** père	**ma** mère	**mes** sœurs
your	**ton** père	**ta** mère	**tes** frères
his/her	**son** père	**sa** mère	**ses** parents

Attention! If a feminine noun begins with a vowel, instead of using **ma***, use* **mon** *to make pronunciation easier.*

Pour en savoir plus ➡ page 214, pt 6.7

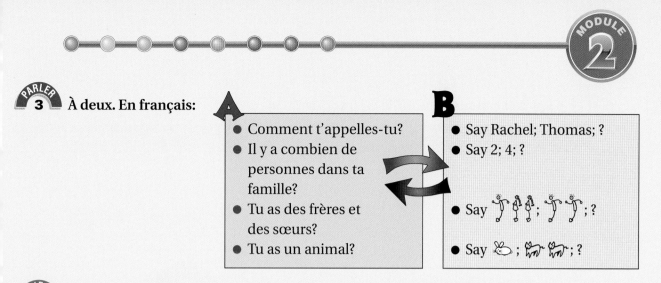

PARLER

3 À deux. En français:

A

- Comment t'appelles-tu?
- Il y a combien de personnes dans ta famille?
- Tu as des frères et des sœurs?
- Tu as un animal?

B

- Say Rachel; Thomas; ?
- Say 2; 4; ?
- Say 🏃🏃🏃; 🏃🏃; ?
- Say 🐭; 🐈🐈; ?

LIRE

4a Vincent présente sa famille. Répondez aux questions ci-dessous.

Salut! Je m'appelle Vincent Goubin, et j'ai 14 ans. Je suis assez grand pour mon âge - je mesure 1m67! J'ai les yeux bleus et les cheveux bruns, et je suis très mince. On dit que je ressemble à Zinédine Zidane, mais je ne le pense pas.

Voici ma maman. Elle s'appelle Sylvie. Elle est assez petite mais mince comme moi. Elle a 39 ans. Elle a les cheveux blonds et courts et les yeux bleus. Elle porte des lunettes ou des lentilles de contact.

Mes parents sont divorcés depuis 5 ans, et mon père habite en Belgique. Voici mon beau-père, Christian. Il est assez petit (il mesure 1m55) et un peu gros (il pèse 87 kilos!) … Il a les cheveux courts et bouclés, et les yeux verts. Il a une barbe. Il est marrant. Je l'aime bien.

Ma belle-sœur s'appelle Magali et elle a 20 ans. Elle est grande et mince. Elle a les cheveux longs et noirs et les yeux verts, comme son père. Elle est assez mignonne. C'est l'aînée de la famille.

Pierre est né au mois de janvier. C'est le cadet de la famille. On a choisi ce prénom parce que c'est aussi le prénom de mon grand-père. Il est super-mignon … mais parfois il hurle!

| le cadet/la cadette | *the youngest* |

1 Décrivez Vincent.
2 Décrivez sa mère.
3 Où est le père de Vincent?
4 Qui est Christian?
5 Comment est-il?
6 À qui ressemble Magali?
7 Décrivez Pierre.

4b Copiez et complétez la grille en français. (1–4)

	Prénom	Qui?	Âge	Anniversaire	Cheveux	Yeux	Taille	Autres détails
1								
2								
3								
4								

5a Qui parle? (1–5)

Je m'appelle Il/elle s'appelle		et	j'ai ... ans il/elle a ... ans				
J'ai Tu as Il/Elle a	les cheveux	courts longs	et	blancs gris bruns noirs blonds roux	et	les yeux des lunettes une barbe	bleus verts marron
Je suis Tu es Il/Elle est	petit(e) grand(e) mince gros(se)						
Je porte Tu portes Il/Elle porte	des lunettes						

5b À deux. Choisissez une personne dans la classe/un professeur. Décrivez la personne à votre partenaire. C'est qui?

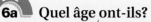

LIRE

6a Quel âge ont-ils?

16 **17** **18** **19**

Jeanne est plus âgée que Roxane qui est la cadette de la famille. Arnaud est plus âgé que Jeanne. Il est l'aîné. Je m'appelle Pascal. Roxane et Jeanne sont plus jeunes que moi, toutes les deux. Bien sûr, Arnaud est plus âgé que moi, puisque c'est l'aîné. Et mes parents sont tout le temps fatigués!

Le détective

Avoir/Être
If you are not 100% sure of all parts of **avoir** *and* **être** *learn them now before it's too late!*

avoir = *to have*	être = *to be*
j'ai	je suis
tu as	tu es
il/elle/on a	il/elle/on est
nous avons	nous sommes
vous avez	vous êtes
ils/elles ont	ils/elles sont

Pour en savoir plus ➡ **page 204, pt 3.3**

LIRE

6b C'est quel membre de la famille? Choisissez la bonne réponse.

1 C'est la sœur de votre mère.　　　　votre oncle/tante/nièce
2 C'est la fille de votre papa et de votre maman. votre sœur/frère/cousin
3 C'est le fils de votre belle-mère.　　votre demi-sœur/beau-frère/beau-père
4 C'est le mari de votre tante.　　　　votre oncle/neveu/demi-frère
5 C'est le fils de votre oncle.　　　　votre cousin/cousine/papa
6 C'est la femme de votre grand-père.　votre tante/mère/grand-mère

ÉCRIRE

6c Choisissez 2 membres de votre famille. Pour chaque personne, écrivez une description.

Whenever you have to describe somebody, think: **facts** *then* **physical: hair** *and* **eyes**, **height** *and* **size**.

LIRE

7 Copiez et écrivez le nom correct.

　　　　est mariée　　　　　　　est célibataire
　　　　est séparé　　　　　　　est divorcée

J'ai jamais pensé à me marier.

Je ne suis plus mariée depuis un an.

Alain

Je n'habite plus avec ma femme.

Anne

Mon mari s'appelle Saïd.

Michel

Marion

1 *Comment êtes-vous?*

Describing personality

● ● ● ● ● ● ● ● ● ● ● ● ●

 1a Nicolas décrit la personnalité des membres de sa famille. Notez les adjectifs en français. (1–6)

 1b Regardez les mots à côté. Faites 2 listes: adjectifs positifs/adjectifs négatifs.

aimable · idiot · travailleur · amusant · bête · impatient · cool · sérieux · casse-pieds · poli · sage · formidable · calme · plein de vie · méchant · charmant · drôle · sympathique · paresseux · content · équilibré · timide · sévère · dynamique · gentil · intelligent · bavard · égoïste · triste

2a Notez les caractéristiques et si ces jeunes pensent qu'elles sont bonnes ou mauvaises, ou s'ils ne peuvent pas se mettre d'accord.

agréable	créatif	ouvert
antipathique	désagréable	patient
antisocial	embêtant	pénible
arrogant	ennuyeux	rigolo
artistique	extraverti	sensible
autoritaire	généreux	sociable
bruyant	indépendant	strict
compréhensif	modeste	

Le détective

*You need to add endings on to **adjectives** in French, depending on the gender of who or what you are describing:*

mon père est amusant
ma mère est amusant**e**
mes frères sont amusant**s**
mes sœurs sont amusant**es**
Watch out for exceptions though!

Pour en savoir plus ➡ page 212, pt 6

2b Qui est-ce? Écoutez les descriptions et décidez! (1–5)

2c Copiez ce modèle et insérez les adjectifs qui vous correspondent.

1 En général je suis ⬛⬛⬛⬛.
2 Je pense que je suis assez ⬛⬛⬛⬛, mais un peu ⬛⬛⬛⬛.
3 De temps en temps je peux être ⬛⬛⬛⬛.
4 Je ne suis jamais ⬛⬛⬛⬛.
5 Je suis toujours ⬛⬛⬛⬛.

Make your comments more interesting by using:
un peu *(a little bit)* assez *(quite)* très *(very)*
vraiment/extrêmement *(really)*

2d Donnez votre opinion sur 3 personnes célèbres. Adaptez ce modèle:

> Je pense qu'il/elle est assez …, mais un peu …
> Il/elle n'est jamais …
> Il/elle est toujours …

2e Écrivez une annonce où vous cherchez une petite(e) ami(e). Utilisez la formule qui suit:

> Garçon de 18 ans beau et assez amusant, cherche fille de 19 ans. Doit être compréhensive et patiente.

3 Écoutez et lisez le texte. Est-ce que les phrases sont vraies ou fausses?
Si la phrase est fausse, écrivez une phrase correcte.

Je me présente …

Je m'appelle Djamel et j'ai quinze ans. J'aime bien avoir quinze ans, c'est cool. Mes parents sont divorcés. Normalement, j'habite avec ma mère, mais si jamais elle doit partir en voyage d'affaires* je vais chez papa. Je m'entends bien avec ma belle-mère qui a deux enfants – j'ai donc une sœur, une demi-sœur et un demi-frère. Je suis l'aîné en tout cas. Je suis donc plus responsable que les petits. La plupart du temps, ils sont sages et assez amusants, mais des fois ils sont embêtants.

On dit que je ressemble à ma mère mais que j'ai les yeux de papa. Mon demi-frère est tout petit et il ressemble à ma belle-mère. Il a les cheveux tout frisés – qu'est-ce qu'il est mignon!

En ce qui concerne mon caractère, je suis un peu comme ma mère, mais charmant comme mon père.

Ma mère s'approche du troisième âge*: je dis ça pour la faire marcher! Elle a l'esprit jeune. On se respecte, c'est bien.

Mon grand père paternel est décédé, mais mon grand-père maternel nous rend visite de temps en temps. Il est calme et intelligent, il me raconte plein d'histoires sur sa vie; c'est mieux que de faire mes devoirs alors je l'écoute.

Mon meilleur ami Rachid est fils unique, il n'y a que lui!

| *partir en voyage d'affaires | *to go away on business* |
| *troisième âge | *old age/retirement age* |

1 Djamel aime avoir quinze ans.
2 Il habite avec son père tout le temps.
3 Il a deux demi-frères.
4 En général il s'entend bien avec ses frères et sœurs.
5 Il pense que son demi-frère est beau.
6 Il s'entend bien avec sa mère.
7 Il voit souvent son grand-père paternel.
8 Son grand-père maternel vient quelquefois leur rendre visite.
9 Djamel aimerait mieux faire ses devoirs que d'écouter son grand-père.
10 Son ami Rachid a une grande famille.

2 *Les problèmes*

Talking about relationships

Chère Tante Monique

Chère Tante Monique,

Je vous écris parce que j'ai un problème avec ma famille. En général, **je m'entends bien** avec mon père, qui a le sens de l'humour. **C'est ma mère qui m'énerve. Elle me critique tout le temps,** elle refuse de me donner la permission de sortir avec mes copains pendant la semaine et elle n'aime pas mon petit ami. Pour moi, c'est l'amour, mais elle dit que je suis trop jeune pour ça. J'ai 15 ans et **j'en ai marre de ces disputes.** J'ai envie de quitter la maison et d'aller habiter chez mon petit copain. Qu'est-ce que vous en pensez?

Sabrina

Chère Tante Monique,

J'ai un problème qui me gêne beaucoup. Mes parents sont trop gentils. Ils sont trop libéraux et quand je discute avec des copains, **je me rends compte que ce** n'est pas du tout une situation normale et ça m'inquiète. Tante Monique, **je peux sortir quand je veux et je peux fumer dans ma chambre. Je peux regarder la télé quand je veux. Je peux parler à mes parents comme à des amis!**

Bref, **j'ai le droit de faire ce que je veux!** J'ai le droit de rentrer après 11 heures du soir et j'ai le droit de boire de l'alcool avec modération. J'ai même le droit de partir en vacances avec des amis si je veux. Ce n'est pas normal! Je voudrais avoir des problèmes à la maison comme d'autres adolescents. S'il vous plaît, aidez-moi! Je suis désespéré!

Éric

Chère Tante Monique,

Voici ma situation qui est un peu délicate. Je m'entends bien avec mon père. Il est un peu protecteur, mais **en général**, il est libéral et cool. Ma mère est plutôt sévère et un peu démodée, on se dispute souvent. **J'ai de meilleurs rapports avec ma belle-mère** qui s'appelle Cécile. Dans le passé je l'ai trouvée un peu sérieuse, mais en fait, ce n'est pas du tout le cas: elle aime bien rire et s'amuser.

Mon père m'aide à faire mes devoirs et j'apprécie. **Je ne veux pas qu'on me traite comme un enfant** ou bien comme si j'avais six ans, mais je veux qu'on s'intéresse à moi.

Mais ma mère me critique toujours et elle est jalouse de ma belle-mère. Maman a oublié sa jeunesse; c'est triste.

Cécile me respecte et me parle comme si j'étais adulte. On a beaucoup de choses en commun, on se respecte tous les deux. Je trouve ça génial.

Qu'est-ce que je devrais faire? Je ne veux pas faire de mal à ma mère, mais je trouve qu'elle est trop mûre!

Sébastien

Chère Tante Monique,

Vous devez en avoir marre des problèmes, alors je vous écris pour vous dire que chez moi, **on s'entend bien!** On discute ensemble, en fait, on discute beaucoup à la maison.

On se dispute très rarement. Je m'entends bien avec mon père parce qu'il est compréhensif et il a le sens de l'humour. Il m'aide à faire mes devoirs aussi. Ma maman est plus sérieuse, mais **elle me respecte et je la respecte** aussi. Je sais que j'ai de la chance et je voulais juste vous montrer que des fois, c'est possible de s'entendre avec ses parents.

Juliette

 1 Décidez si la personne est heureuse 🙂 ou malheureuse ☹, et pourquoi. (1–5)

 2a Écoutez et lisez ces lettres et cherchez le sens des phrases en caractères colorés dans un dictionnaire.

 2b Complétez les phrases sur la lettre de Sébastien.

1 Sébastien s'entend mal avec · **a** son père · **b** sa mère · **c** Cécile
2 Il trouve sa mère · **a** vieux jeu · **b** à la mode · **c** moderne
3 En réalité Cécile est · **a** grave · **b** pénible · **c** marrante
4 Sébastien ne veut pas être traité · **a** comme un adulte · **b** comme un enfant · **c** comme un imbécile

 2c Écrivez une lettre à Tante Monique.

 3a On s'entend bien à la maison? Écoutez ces jeunes qui parlent de leur famille. (1–6) Prenez des notes en français.

	Rapports faciles	Rapports difficiles	Choses positives	Choses négatives
1	oui		a le droit de boire de l'alcool peut se confier à ses parents	doit rentrer avant 11h

Je m'entends bien avec …
J'en ai marre de …

Ma mère	m'énerve me respecte me critique
On	discute se dispute s'entend bien/mal
Je peux	sortir me confier faire ce que je veux
J'ai le droit de	sortir/fumer

3b À deux. Tu t'entends bien …? Posez une question et répondez en français.

Exemple:
● Tu t'entends bien avec ton père?
● Oui, je peux faire ce que je veux./ Non, il est autoritaire. Je ne peux pas fumer dans ma chambre …
● Et ta mère?
● Je ne m'entends pas bien avec elle. Elle me critique tout le temps./ Oui, je m'entends bien avec elle. Je peux me confier à ma mère.
● Et …?

Le détective

Direct object pronouns
je **le** respecte · *I respect him*
je **la** respecte · *I respect her*
je **les** respecte · *I respect them*

Je **ne** le respecte **pas**

Pour en savoir plus ➡ page 215, pt 7.2

2

3 Les qualités

Talking about friends

● ● ● ● ● ● ● ● ● ● ●

 1a Écrivez la lettre qui correspond à chaque définition.

1 Il a le sens de l'humour
2 Il a beaucoup d'imagination
3 Il a le sens pratique
4 Il a mauvais caractère
5 Il a beaucoup d'initiative

a Il est antipathique
b Il est créatif
c Il est rigolo
d Il est logique
e Il est indépendant

> On sort ensemble
> On discute
> On fait tout ensemble
> On rigole
> On a beaucoup de choses
> en commun

 1b Copiez et complétez les phrases avec les détails qui manquent.

1 Jérémy est ▰▰▰▰. Il ne se prend pas trop au ▰▰▰▰, il a ▰▰▰▰.
2 Chloé est ▰▰▰▰. Elle a ▰▰▰▰. On a ▰▰▰▰.
3 Aline est très ▰▰▰▰. Elle a ▰▰▰▰ et elle a ▰▰▰▰.
4 Ce garçon a ▰▰▰▰. Il peut être ▰▰▰▰.

 2a Lisez le texte suivant et corrigez les détails qui ne sont pas corrects.

La plupart de mes amis eh bien, ils sont cool. Je trouve que c'est bien de se disputer avec ses amis. Chacun devrait faire un effort pour se disputer. Mes parents me critiquent rarement, mais en général je m'entends bien avec eux. Par contre, je me dispute souvent avec ma meilleure copine vraiment pour rien. La plupart du temps elle est sage, mais des fois elle m'énerve, qu'est-ce qu'elle m'énerve. Je la connais depuis douze ans et je sors avec elle depuis quatre mois. J'ai de bons rapports avec son père. Mais en gros, ça va. Mon meilleur ami s'appelle Younus. Il est toujours là quand j'ai besoin de quelqu'un. On a peu de choses en commun et on se marre bien ensemble. C'est important pour l'amitié ça.

Rachid

2b Indiquez la bonne réponse.

1 Rachid pense que c'est important
   a de se disputer avec ses amis
   b de bien s'entendre avec ses amis
   c de discuter avec ses amis

2 Avec ses parents, il s'entend
   a plutôt bien
   b plutôt mal
   c très mal

3 Il trouve sa petite amie
   a adorable
   b embêtante
   c antipathique

4 Ses rapports avec le père de sa petite amie so
   a sans problèmes
   b problématiques
   c faciles

LIRE

2c Répondez à ces questions en français.

1 Comment sont les relations entre Rachid et sa famille?
2 Décrivez la petite amie de Rachid.
3 Qu'est-ce qu'il fait avec Younus?
4 Donnez trois adjectifs pour décrire Rachid.

ÉCOUTER

3 Marianne, Juliette et Régis parlent du mariage. Que pensent-ils? Et toi, que penses-tu du mariage? Copiez la grille et remplissez-la en français.

Marianne	
Juliette	
Régis	
Moi	

ÉCRIRE

4 Vous avez vu cet extrait dans un magazine et vous décidez d'y répondre.

Bien s'entendre avec des copains, c'est parfois difficile. Comment retrouver l'harmonie?
Écris-nous! Dis-nous:

- Quelle sorte de personne es-tu?
- Est-ce que tu t'entends bien avec tes copains? Pourquoi/Pourquoi pas?
- Avec qui as-tu de bonnes relations? Pourquoi?
- As-tu un petit ami ou une petite amie? Comment est-il/elle?
- Qu'est-ce que tu fais avec tes copains?

Exemple:

Je m'appelle …

Je suis …

Mon meilleur ami/ Ma meilleure amie s'appelle …

Il/elle est (description physique) …

En général il/elle est … mais quelquefois il/elle est …

Il/Elle a …

On …

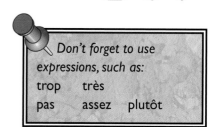

Don't forget to use expressions, such as:
trop   très
pas   assez   plutôt

4 Aider à la maison

Talking about helping at home

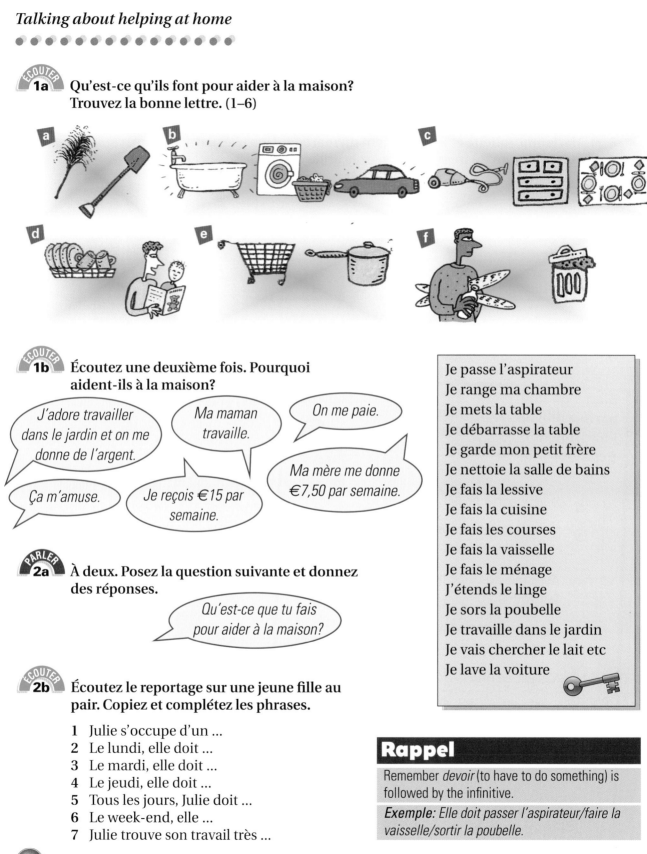

1a Qu'est-ce qu'ils font pour aider à la maison?
Trouvez la bonne lettre. (1–6)

1b Écoutez une deuxième fois. Pourquoi aident-ils à la maison?

J'adore travailler dans le jardin et on me donne de l'argent.

Ma maman travaille.

On me paie.

Ça m'amuse.

Je reçois €15 par semaine.

Ma mère me donne €7,50 par semaine.

2a À deux. Posez la question suivante et donnez des réponses.

Qu'est-ce que tu fais pour aider à la maison?

Je passe l'aspirateur
Je range ma chambre
Je mets la table
Je débarrasse la table
Je garde mon petit frère
Je nettoie la salle de bains
Je fais la lessive
Je fais la cuisine
Je fais les courses
Je fais la vaisselle
Je fais le ménage
J'étends le linge
Je sors la poubelle
Je travaille dans le jardin
Je vais chercher le lait etc
Je lave la voiture

2b Écoutez le reportage sur une jeune fille au pair. Copiez et complétez les phrases.

1 Julie s'occupe d'un ...
2 Le lundi, elle doit ...
3 Le mardi, elle doit ...
4 Le jeudi, elle doit ...
5 Tous les jours, Julie doit ...
6 Le week-end, elle ...
7 Julie trouve son travail très ...

Rappel

Remember *devoir* (to have to do something) is followed by the infinitive.

Exemple: Elle doit passer l'aspirateur/faire la vaisselle/sortir la poubelle.

2c Lisez le texte. Puis copiez et remplissez la grille.

Aide un peu	
Aide quand il veut	
Aide beaucoup	
N'aide jamais	

Ma sœur aînée Nina aide énormément ma mère. Elle est très responsable et bien aimable. Elle fait la cuisine et les achats. Ma sœur Martine aide quelquefois. Elle doit mettre la table par exemple.

Michel ne fait rien: il est paresseux. Des fois il lave la voiture, mais seulement s'il fait beau. Il est vraiment casse-pieds!

Mon frère Antoine ne fait jamais rien non plus: il passe tout son temps à faire ses devoirs. Ma mère ne le gronde pas parce qu'elle veut qu'il réussisse!

PARLER

3 Voici Polly Polie! Elle est TRÈS polie!! Que dit-elle à sa correspondante?

Exemple: 1a

Est-ce que je peux faire la vaisselle?

You must give opinions to get a good grade at GCSE. Get marks by throwing in 'mais' and 'aussi' to create longer sentences. Use a mixture of tenses and verb constructions. Try this answer for size:

J'aide beaucoup à la maison. Je dois ranger ma chambre tous les jours. Je sors la poubelle et je mets aussi la table tous les soirs. Hier, j'ai gardé mon frère. La semaine dernière, j'ai lavé la voiture de papa parce qu'il me donne €15 si je le fais mais j'aime bien le faire.

ÉCRIRE

4 Vous avez fait la fête! La fête était superbe mais la maison est maintenant en désordre. Qu'est-ce que vous devez faire pour ranger?

Exemple: Je dois ranger ma chambre. Ensuite …

ensuite	puis
après	le lendemain
une heure plus tard	
en plus	
je dois/on doit/nous devons + *infinitive*	

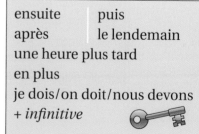

PARLER

5 Qui est le plus paresseux? Demandez auprès de vos amis pour savoir qui aide le moins à la maison.

Exemple:

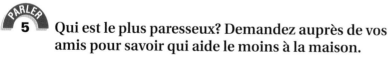

Qu'est-ce que tu fais pour aider à la maison? Combien de fois est-ce que tu … par semaine?

You can use adverbs to lengthen your answers:
tous les jours … tous les soirs … une fois par semaine … deux fois par semaine … totalement … complètement

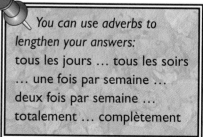

1 You are talking to a French friend. Your partner will play the part of your friend and will begin the conversation.

A

- Tu fais beaucoup pour aider à la maison?
- Moi, j'essuie la vaisselle. Qu'est-ce que tu as fait pour aider la semaine dernière, par exemple?
- Comment est ta chambre?
- Qu'est-ce que tu as fait hier soir?

B

- 2 choses que tu fais pour aider à la maison.
- La semaine dernière.
- ! (3 détails).
- Hier soir.

*Make sure you know whether you're using **tu** or **vous**. If you're with a penfriend, it'll be **tu**. If you're in a hotel or a shop, or applying for a job, it'll be **vous**.*

2 Prepare a one-minute speech called 'Ma famille et moi'.

Ma famille
Ma mère
Mon frère/Ma sœur
Mon/Ma meilleur(e) ami(e)
Les rapports
Mes animaux

You can prepare yourself really well for the oral so that you're not surprised by what is asked. Use revision cards to write out answers to these questions. Get your teacher to check them and show you how you can improve your answers. Store them in a safe place and look at them at least once a week!

3 Your examiner may ask …

1 Parle-moi un peu de ta famille.
2 Qu'est-ce que tu as fait hier soir pour aider tes parents?
3 Fais-moi la description d'une personne dans ta famille. Quelles sont ses qualités? Quels sont ses défauts?

Remember to keep some good points up your sleeve for the subsequent discussion which might be about family relationships on TV, for example.
Comment sont les personnages du point de vue du caractère?
Comment sont les rapports entre les personnages?

Jeux de rôle

1 Letter to a problem page. Your task is to write a letter to a problem page about a relationship or other problem at home:

- it could be very funny
- it could be deadly serious.

Plan your letter
First of all decide which problem you're going to deal with:
Is it to do with family relations?
Does it concern the amount of housework you're expected to do?
Have you fallen out with your best friend?
Let's take family relations and imagine you are not getting on with a member of your family, in this case – your dad.

Introduction
Start by introducing yourself and saying what sort of person you are.
Why are you not getting on with your father?

Idea 1
Describe his personality:
Is he the same all the time?
How does he behave towards you? (Include an example of something that happenend in the past.)

Idea 2
What are you allowed to do at home?
What rights do you have?
Which things annoy you?

Idea 3
Do you have a better relationship with someone else?
Why is that relationship better?

Idea 4
What are you going to do to try to improve the situation?

It does not need to be true! Use your imagination. Remember that you need to impress the examiner.

Je suis dans une situation difficile …
La situation est un peu délicate …
J'ai besoin de votre aide …
Je vous écris pour avoir des conseils …
Ce qui m'embête, c'est …
Je ne peux pas supporter …

Est-ce que je devrais essayer de lui parler?
Je vais essayer de …

Opinions are immensely important for your coursework. Here are a few suggestions.

To express agreement:
Je suis d'accord.
Je suis du même avis.

To express uncertainty:
Je ne sais pas.
Ça dépend.
Je ne suis pas entièrement d'accord.
Il y a du pour et du contre.

To express disagreement:
Ce n'est pas mon avis.
Je ne suis pas du tout d'accord.

To qualify remarks:
Ça c'est très important.
Ça m'intéresse beaucoup.
J'ai horreur de ça.
Ça m'est égal.

Go back through the chapter and pick out phrases that might be useful for you. Try to use longer sentences and always qualify your remarks. Keep a list of phrases that you want to use to show off in your coursework.
Go to page 125 to check letter-writing formalities.

Mots

Personnalité	**Personality**
Je suis ...	*I am ...*
Il/Elle est ...	*He/She is ...*
agréable	*pleasant*
aimable	*nice/kind*
amusant(e)	*funny*
antipathique	*unpleasant*
antisocial(e)	*antisocial*
arrogant(e)	*arrogant*
artistique	*artistic*
autoritaire	*strict*
bavard(e)	*talkative*
bête	*stupid*
bruyant(e)	*noisy*
calme	*calm*
casse-pieds	*annoying*
charmant(e)	*charming*
compréhensif/ive	*understanding*
content(e)	*happy*
cool	*cool*
créatif/-ive	*creative*
désagréable	*unpleasant*
drôle	*funny*
dynamique	*dynamic*
égoïste	*selfish*
embêtant(e)	*annoying*
ennuyeux/euse	*dull/boring*
équilibré(e)	*balanced*
extraverti(e)	*extrovert*
formidable	*great*
généreux/euse	*generous*
gentil(le)	*kind*
idiot(e)	*silly*
impatient(e)	*impatient*
indépendant(e)	*independent*
intelligent(e)	*intelligent*
logique	*logical*
méchant(e)	*horrible*
modest(e)	*modest*
ouvert(e)	*open*
paresseux/euse	*lazy*
patient(e)	*patient*
pénible	*exasperating*
plein(e) de vie	*full of life*
poli(e)	*polite*
rigolo(te)	*funny*
sage	*sensible*

sensible	*sensitive*
sérieux/euse	*serious*
sévère	*severe*
sociable	*sociable*
strict(e)	*strict*
sympathique	*nice/likeable*
timide	*shy*
travailleur/euse	*hard-working*
triste	*sad*
assez	*fairly*
pas	*not*
un peu	*a little bit*
plutôt	*rather/quite*
totalement/complètement	*completely*
très	*very*
trop	*too*
vraiment/extrêmement	*really*
en général	*in general*
de temps en temps	*from time to time*
ne ... jamais	*never*
toujours	*always*

Qualités	**Qualities**
Il/Elle a beaucoup d'imagination.	*He/She has a good imagination.*
Il/Elle a beaucoup d'initiative.	*He/She has a lot of initiative.*
Il/Elle a (le sens de l'humour/le sens pratique).	*He/She (has a sense of humour/is practical).*
Il/Elle a mauvais caractère.	*He/She is bad-tempered/ unpleasant.*

Les rapports — *Relationships*

Je m'entends bien avec …	*I get on well with …*
J'en ai marre de …	*I am fed up with …*
(Ma mère) m'énerve.	*(My mother) annoys me.*
(Ma mère) me respecte.	*(My mother) respects me.*
(Ma mère) me critique (tout le temps).	*(My mother) criticises me (all the time).*
(Mon père) est autoritaire.	*(My father) is stern.*
On discute.	*We talk.*
On se dispute.	*We argue.*
On s'entend (bien/mal).	*We get on (well/badly).*
Je peux me confier à (ma mère).	*I can confide in (my mother).*
Je peux faire ce que je veux.	*I can do what I like.*
J'ai le droit de (sortir/ fumer).	*I am allowed to (go out/ smoke).*
J'ai de meilleurs rapports avec …	*I get on better with …*
Je me rends compte que …	*I realise that …*
Je ne veux pas qu'on me traite comme un enfant.	*I don't want to be treated like a child.*
Nous avons des choses en commun.	*We have things in common.*

l'alcool	*alcohol*
avoir le droit	*to be allowed to*
boire avec modération	*to drink in moderation*
un copain *(m)*	*male friend*
une copine *(f)*	*female friend*
un petit ami	*boyfriend*
une petite amie	*girlfriend*
délicat(e)	*awkward/tricky*
libéral	*liberal*
protecteur/protectrice	*protective*
donner la permission (à)	*to give permission (to)*
énerver	*to annoy*
gêner	*to bother*
refuser	*to refuse*

Aider à la maison — *Helping around the house*

Qu'est-ce que tu fais pour aider à la maison?	*What do you do to help at home?*
J'étends le linge.	*I put the washing out.*
Je débarrasse la table.	*I clear the table.*
Je fais la cuisine.	*I do the cooking.*
Je fais les courses.	*I do the shopping.*
Je fais la lessive.	*I do the washing.*
Je fais le ménage.	*I do the housework.*
Je fais la vaisselle.	*I do the washing-up.*
Je garde mon petit frère.	*I look after my little brother.*
Je lave la voiture.	*I wash the car.*
Je mets la table.	*I lay the table.*
Je nettoie la salle de bains.	*I clean the bathroom.*
Je passe l'aspirateur.	*I hoover.*
Je range ma chambre.	*I tidy my room.*
Je sors la poubelle.	*I put the rubbish out.*
Je travaille dans le jardin.	*I work in the garden.*
Je vais chercher le lait.	*I go and get the milk.*

Quand? — *When?*

après	*after*
ensuite	*next*
le lendemain	*the following day*
puis	*and then*
Combien de fois est-ce que (tu passes l'aspirateur) par semaine?	*How many times a week do you (hoover)?*
tous les jours/soirs	*every day/evening*
une/deux/trois fois par semaine	*once/twice/three times a week*
une/deux heure(s) plus tard	*an hour/two hours later*
Je dois/tu dois/nous devons + infinitive	*I/you/we must …*

MODULE 3

Temps libre

LIRE

1a Faites correspondre l'activité et l'image.

Exemple: Je fais du vélo = **f**

Qu'est-ce que tu fais comme passe-temps?

Je lis
Je nage
Je joue à l'ordinateur
Je vais à la pêche

Je fais	du sport
	du vélo
	de la musculation
	du ski nautique
	du surf
	du skate
	du roller
	du théâtre
	de la gymnastique
	de la danse 🔑
	de la natation

Rappel

Remember, *le*, *la* and *les* change when they follow *de* or *à*.

masculine	*du*	*au*
feminine	*de la*	*à la*
nouns beginning with a vowel	*de l'*	*à l'*
plural	*des*	*aux*

ÉCRIRE

1b Remplacez les symboles avec les mots corrects.

Normalement le week-end je [TV] et j' [danse] Le samedi matin, je [hockey]

Je [basket] et je [foot] Quelquefois je [vélo] avec mes copains ou je [volley] .

Le dimanche, je [natation] à la piscine, et je [lire] des magazines.

Souvent je [TV] ou je [ordinateur] .

ÉCOUTER

1c Notez l'activité et l'opinion en français. (1–8)

	Activité	☺	☺	☹
1				

C'est …/Je trouve ça …

affreux	passionnant
amusant	pas mal
chouette	pénible
génial	super 🔑

PARLER
1d
À deux. Faites des phrases.

Exemple:

> *Je joue au foot le lundi soir. C'est …*

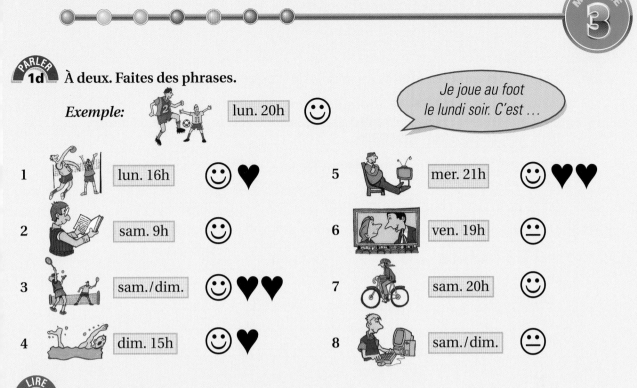

lun. 20h 🙂

1   lun. 16h   🙂 ♥

2   sam. 9h   🙂

3   sam./dim.   🙂 ♥♥

4   dim. 15h   🙂 ♥

5   mer. 21h   🙂 ♥♥

6   ven. 19h   😐

7   sam. 20h   🙂

8   sam./dim.   😐

LIRE
2
Indiquez si les phrases sont vraies ou fausses.

1   Le ski nautique est le sport le moins populaire.

2   Le tennis est plus populaire que le handball, mais moins populaire que le foot.

3   Le hockey est aussi populaire que le cyclisme.

4   Les jeunes préfèrent le patin à roulettes au rugby.

5   Les activités les plus populaires sont la natation, le football et le volley.

6   La gymnastique est plus populaire que la planche à voile.

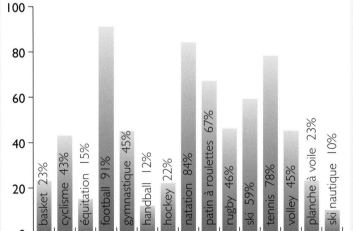

basket 23%   cyclisme 43%   équitation 15%   football 91%   gymnastique 45%   handball 12%   hockey 22%   natation 84%   patin à roulettes 67%   rugby 46%   ski 59%   tennis 78%   volley 45%   planche à voile 23%   ski nautique 10%

Le détective

To say something is more or less popular, use *plus* or *moins*. If you want to say something is more popular 'than' something else, the word that you need for *than* is *que*.

Exemple: Le tennis est **plus** populaire **que** le handball.

Pour en savoir plus ➡ page 213, pt 6.5

PARLER
3a
À deux. En français:

A
- Ask your partner if they play basketball
- Say no, you don't go horse-riding, it's awful. Ask your partner what they do at the weekend
- Say you go to the cinema on Saturday afternoon

B
- Say you play basketball on Mondays, it's great. Ask your partner if they go horse-riding*
- Say you go fishing on Sunday morning. In the afternoon, you listen to music

*faire de l'équitation   *to go horse-riding*

3b Copiez et complétez. Mettez les détails qui vous correspondent.

Le week-end, je ▰▰▰▰▰. Comme sports, j'aime ▰▰▰▰▰, c'est ▰▰▰▰▰, mais je n'aime pas ▰▰▰▰▰ *(write in the sports with le or la in front)*, c'est ▰▰▰▰▰.

Je joue ▰▰▰▰▰, c'est ▰▰▰▰▰ et je fais ▰▰▰▰▰, c'est ▰▰▰▰▰ *(write in the sports you do, and when you do them with au, à la, du, de la)*.

4a Des amis parlent des clubs qu'ils aiment. Remplissez la grille en français. (1–4)

	Activité	Opinion
Lise		
Cédric		
Éric		
Maude		

4b Écoutez une deuxième fois et indiquez si les phrases sont vraies ou fausses.

1 Lise est favorable aux clubs.
2 Cédric participe, mais sans le vouloir.
3 Éric est plutôt contre les clubs.
4 Maude est plutôt pour les clubs.

5 C'est où? Notez P(piscine), CS(centre sportif), C(cinéma) ou F(festival).

PISCINE MUNICIPALE
Ouvert tous les jours (sauf le mardi) de 7h30 à 21h
Prix d'entrée adultes €1,90, enfants (moins de 12 ans) €1,30

CINÉMA LE VOX
Séances à 13h, 15h30, 18h et 20h30. Prix d'entrée €6,40 par adulte, €1,90 par enfant, réductions le lundi après-midi.

CENTRE SPORTIF 6 courts de tennis (dont 2 à l'intérieur), terrain de jeux illuminé, 2 courts de squash, gymnase, piste de ski artificielle, cours de danse, d'aérobic et arts martiaux. Ouvert du lundi au samedi de 6h30 à 22h, dimanche et jours fériés ouvert de 8h30 à 19h. Prix selon l'activité choisie.

FESTIVAL DE LA BANDE DESSINÉE
À partir du 2 juillet, grand festival de la bande dessinée, Hôtel de Ville. Heures d'ouverture : de 9h à 19h, fermé le dimanche. Gratuit. Animations aussi le soir, place du marché jusqu'au 20 juillet.

1 On peut y faire du ski.
2 Il y a des réductions le lundi.
3 Ça commence le 2 juillet.
4 Il y a 4 séances par jour.
5 Un enfant de 10 ans paie €1,30.
6 C'est fermé le dimanche.
7 Un adulte paie €6,40.
8 Ça ferme à 21h.
9 Ça ne coûte rien.
10 On peut y apprendre à danser.
11 Ça a lieu à l'hôtel de ville.
12 Ça ouvre à 8h30 le 14 juillet.

6 Répondez aux questions en français.

1 Qu'est-ce qu'on passe au cinéma ce soir?

2 C'est quelle sorte de film?

3 Le film dure combien de temps?

4 La dernière séance commence à quelle heure?

5 Quels acteurs jouent dans le film?

6 Quelle est la mission de James Bond dans le film?

7 Combien de films de James Bond est-ce qu'il y a au total?

8 Comment sont les effets spéciaux?

LE MONDE NE SUFFIT PAS (2h08)

Séances à 14h, 16h45, 19h30, 22h15
Film d'aventures avec:
Pierce Brosnan, Robert Carlyle, Sophie Marceau

James Bond a pour mission de protéger King, un grand industriel. Mais l'homme est assassiné par une mystérieuse tueuse. Sa fille, Elektra King, rejette la faute sur James Bond et veut venger son père.

Pour ce 19ème épisode, James Bond fait le tour du monde. Il est toujours entouré des plus belles filles du globe et les effets spéciaux sont formidables.

Le détective

Les questions

On peut poser une question avec sa voix:

Tu veux aller au cinéma?

On peut inverser le verbe et le sujet:

Veux-tu aller au cinéma?

On peut ajouter 'est-ce que ...'

Est-ce que tu veux aller au cinéma?

Pour en savoir plus ➡ page 211, pt 4.2

7 Copiez et complétez la grille en anglais.

	When?	Where?
1		
2		

1 Rendez-vous demain matin chez moi.

2 Rendez-vous chez Anne-Claire jeudi prochain à midi.

3 On se retrouve aujourd'hui dans deux heures à la piscine?

6 On se rencontre à dix-neuf heures en face de la gare.

4 On se rencontre devant le cinéma après-demain à 20h.

5 Rendez-vous chez toi ce soir vers 19h.

7 Viens me voir vers dix heures à côté du gymnase.

1 *Les opinions*

Saying what you like or don't like doing

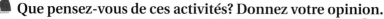

1a Décidez si les gens aiment ou n'aiment pas.
Faites deux listes des adjectifs:
positifs/négatifs. (1–8)

affreux	dangereux	magnifique
agréable	ennuyeux	nul
barbant	extraordinaire	pas mal
choquant	génial	passionnant
chouette	impressionant	
cool	intéressant	

1b Que pensez-vous de ces activités? Donnez votre opinion.

Exemple:

> Le tir à l'arc – c'est passionnant, mais c'est dangereux.

> *Don't forget:* très … trop … assez … un peu … extrêmement

le tir à l'arc
le snowboard
les arts martiaux
la musculation
faire des randonnées
le rallye

2a Répondez à ces questions en anglais.

1. Why might people decide to take up martial arts? *(2)*
2. What things influence people's choice of hobby? *(4)*
3. What do the following people do and why?
   - Annick *(5)*
   - Rahel *(3)*
   - Charles *(3)*

Rappel

pour + infinitive = in order to

2b À deux, faites des phrases.

> S'il fait beau on fait du surf, c'est fantastique.

Exemple: 1

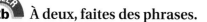

1. sunny – surf – fantastic
2. snows – winter sports – great
3. rains – read – interesting
4. cold – ice skating – exciting
5. rains – training – good for health
6. hot – roller blading – not too expensive

Rappel

Je m'intéresse à is a very useful phrase:
je m'intéresse à la politique
je m'intéresse à la cuisine
je m'intéresse aux arts martiaux
je m'intéresse à l'informatique

3a Trouvez la bonne lettre.

1 Je fais du tricot. Je sais que c'est un peu exceptionnel, mais j'adore faire ça.

2 J'adore faire de l'escalade. On dit que c'est dangereux, mais moi je trouve ça génial.

3 Je m'intéresse à la philosophie. On arrive à comprendre des concepts fantastiques si on s'y met.

4 Je collectionne des timbres. Mes amis se moquent de moi en me disant que c'est nul, mais si on arrive à trouver un timbre rare, ça peut être très avantageux.

5 Moi, je fais du surf. C'est impressionnant quand on est seule avec les vagues.

6 J'aime regarder des feuilletons moi. S'il y a un feuilleton à la télé je reste cloué devant l'écran.

> *Look at the sentences in the reading exercise above. Many of them use the formula — je ... mais ... this makes for a good answer, use it yourself.*

3b Le tricot ou le parachutisme, que préférez-vous?
Écrivez un article de 50 mots pour un magazine.
Répondez à ces questions:

Quel genre de sport préférez-vous? Donnez des raisons.
Pourquoi est-ce qu'on aime les sports dangereux?
N'oubliez pas de donner des opinions!

4 Lisez le texte et indiquez si ces phrases sont vraies ou fausses.

1 Les loisirs seront plus importants dans le futur.

2 En général, on veut oublier le travail.

3 Les jeunes veulent plus de devoirs.

4 Les choses dangereuses sont populaires.

5 Le danger est une grande attraction.

Le vingt-et-unième siècle royaume des loisirs

Oubliez la semaine des trente-cinq heures! À la fin de ce siècle les loisirs joueront un rôle encore plus important dans notre société. Pourquoi jouent-ils un rôle si important à présent? Les loisirs sont importants pour tout le monde. Chacun a besoin de se détendre.

On entreprend des activités différentes pour oublier le travail, pour échapper à la vie de tous les jours. Les jeunes choisissent leurs passe-temps pour échapper aux devoirs.

De nos jours, il y a beaucoup de possibilités, on peut faire des choses dangereuses – tout est possible. On peut frôler la mort. Les sports comme la parapente – c'est dangereux, mais on s'y intéresse. C'est le goût du risque qui attire les gens.

2 *Les prix et les heures*

Finding out about times and prices

 1a Pour chaque conversation, notez les détails qui manquent. (1–4)

Allô, ici a .
Bonjour, madame/monsieur. Vous ouvrez à quelle heure, aujourd'hui?
À b .
Et vous fermez à quelle heure?
À c .
Merci. C'est combien par personne?

C'est d pour les adultes, et e pour les enfants.
Est-ce qu'il y a une réduction pour les étudiants?
f .
Merci beaucoup. Au revoir, madame/monsieur.

1b À deux. Répétez la conversation pour ces distractions.

Swimming pool
Opening hours 7.30am to 9pm.
Price £2.50 for adults,
£1.50 for children,
students £2.20.

Museum
Open 9am–5pm.
Free entry.

Musée du Petit Palais
Ville d'Avignon
Peinture italienne du XIIIe au XVe siècle
Peinture et sculpture d'Avignon du XIIe au XVe siècle

Sports Centre
Opening hours 8.30am to 10pm.
Price £3.00 adults,
£2.20 children and students.

 1c À deux. En français. Puis changez les détails.

Je voudrais <u>deux</u> billets pour <u>Napoléon</u>.
Ça fait <u>€7,70</u>. Voilà.
<u>La première séance</u> commence à quelle heure?
À <u>20h30</u>.
Je peux avoir deux places <u>près de l'écran</u>?
La rangée B vous convient?
Oui. Merci madame/monsieur.

près de	l'écran
loin de	
au balcon	
à l'orchestre	

ÉCOUTER

2 Faites correspondre les symboles aux bonnes heures.

9h	14h
12h	20h
10h	8h30

LIRE

3a Regardez ce programme. Choisissez une activité pour ces personnes.

1 Tamir s'intéresse à l'antiquité.
2 Justine s'intéresse à la musique africaine.
3 Haroun fait beaucoup de randonnées et de courses.

4 Christine joue de la clarinette et de la guitare.
5 Yolande aimerait passer tout son temps à la plage.

DU 3 AU 8 Juillet **a**
Musique: 'Les tombées de la nuit' à Rennes. Youssou N'Dour, marins bretons, tambours sénégalais … Gratuit.

À PARTIR DU 4 JUILLET **b**
Incas: Pérou millénaire', trois mille ans d'art. Expo à Biarritz. €1,52 pour les moins de 14 ans.

À PARTIR DU 5 JUILLET **c**
Animations: 'Défis Nesquick' sur toutes les plages. Nombreuses activités et jeux pour les moins de 12 ans.

7 JUILLET **d**
Athlétisme: Meeting de Paris (Golden League), un rendez-vous de haute volée. Et aussi une répétition générale avant les jeux Olympiques de Sydney (Australie), en septembre.

7–9 JUILLET **e**
'Pamparina', un festival spécial guitare, à Thiers. Concerts gratuits (Wriggles, Jean-Félix Lalanne, etc.).

ÉCOUTER

3b Copiez cette grille et remplissez les détails. (1–6)

Activité	Dates	Prix	Autres détails
festival de rock à Évreux	30/6, 1/7	€14,50–€24,50	Massilia

ÉCOUTER

3c Écoutez ce programme de cinéma. Copiez la grille et remplissez les détails qui manquent en français.

Nom du film	Séances	Prix	Autres détails

ÉCRIRE

4 Choisissez deux distractions. Inventez un programme pour chacune.

3 On prend rendez-vous

Making arrangements

● ● ● ● ● ● ● ● ● ● ● ●

1a Faites 3 conversations en suivant ces modèles.

Tu veux aller au cinéma ce soir?
Qu'est-ce qu'on joue?
'La neige tombait sur les cèdres',
c'est une histoire d'amour.
Ça commence à quelle heure?
À 20h10.
Et ça finit à quelle heure?
Vers 23 heures.
Un ticket d'entrée c'est combien?
€5,35.
D'accord, on se voit où et à
quelle heure?
19h45 chez moi.

Tu veux aller au concert ce soir?
Qu'est-ce que c'est comme concert?
C'est NTM, c'est du rap.
Ça commence à quelle heure?
À 21h.
Et ça finit à quelle heure?
Je ne sais pas, vers minuit.
Un billet d'entrée c'est combien?
€30,50.
Oui, je veux bien, on se voit
où et à quelle heure?
À 20h devant la station
de métro.

1 cinéma – 'Le journal d'Anne Frank' dessin animé
   sur la guerre – 20h30 – 22h10 – €6,80 – devant
   le cinéma – 20h15
2 concert – Les Ejectés du ragga – 20h30 – 23h –
   €22,90 – devant le théâtre – 20h
3 cinéma – 'Les rois du désert' film de guerre –
   18h30 – 20h45 – €6,10 – au café du lycée – 18h.

1b Écrivez les 3 conversations ci-dessus.

* après-demain	*the day after tomorrow*
vers	*at about*

2 Écrivez ces invitations en français. Commencez comme ceci: On se rencontre …

1 … at my house at about `03:00`

2 … in front of the
   stadium tomorrow at `02:30`

3 … lun. mar. mer.* at Benjamin's house.

4 … in one hour at the 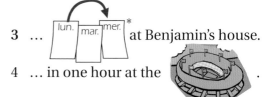 .

3 Faites correspondre le problème au bon symbole.

1 *On ne peut pas aller
à la piscine à 21h. Elle
ferme à 20h.*

2 *Finalement, ce n'est
pas possible ce soir, la
boîte est fermée.*

3 *Je ne veux pas aller au
cirque ce soir, je préférerais
aller en ville.*

4 *Je veux bien aller au
cinéma, mais mon père
me le défend.*

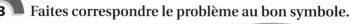

Invitations

J'aimerais	
On pourrait	
Tu voudrais/Tu veux	
On se retrouve plus tard pour	*+ infinitive*
Tu as envie de … ?	
Ça te dirait de … ?	
Si on sortait/allait …	
Qu'est-ce qu'on fait cet après-midi?	

4 **Traduisez ces phrases en français.**

1 Do you want to play cards?
2 Would you like to go swimming?
3 We could listen to some music.
4 Do you want to come to my house?
5 Would you like to eat with us later?

5a **Pour chaque conversation, notez l'invitation. Combien de personnes acceptent l'invitation? (1–8)**

5b **Écoutez une deuxième fois et notez les excuses.**

6 **Est-ce qu'on vous a déjà posé un lapin? Pensez à la pire excuse qu'on puisse inventer.**

Réactions

On accepte:	D'accord, bien sûr, je veux bien, bonne idée, avec plaisir
On s'excuse:	Je suis désolé(e), je regrette, je m'excuse, c'est dommage je dois *+ infinitive*
On refuse:	Je ne peux pas, ça ne me dit rien, je ne suis pas libre

Le détective

Modal verbs *are very useful indeed in all sorts of different tenses. They are:*

devoir	*to have to*	
vouloir	*to want to*	*+ infinitive*
pouvoir	*to be able to*	
savoir	*to know how to*	

As the translation suggests, they are followed by the infinitive form of the second verb.
Look at pages 221–2 to see all the forms of these verbs. In the context of going out, we are particularly interested in:

On pourrait …	*We could …*
Tu voudrais …?	*Would you like to …?*
Tu veux …?	*Do you want to …?*
Je dois …	*I have to …*

Pour en savoir plus ➡ **page 202, pt 3.1**

Exemple:

Je dois laver le chien.

Je dois repasser les chemisiers de ma sœur.

Je dois nettoyer les W-C.

4 *Les rencontres*

Going out on a date

● ● ● ● ● ● ● ● ● ● ●

LIRE

1 Lisez l'article et répondez aux questions en anglais.

1 What three suggestions are given for outings if you are rather shy? *(3)*

2 Why are these places a good idea? *(1)*

3 What three places are suggested for chatting and dancing? *(3)*

4 Why is a day out in town or the country a good idea? *(2)*

5 What awaits you if you get a positive reaction? *(2)*

6 What should you do if you get a negative reaction? *(2)*

7 What excuse does the last speech bubble give? *(1)*

8 Which English proverb is the equivalent of "Un(e) de perdu(e), dix de retrouvé(e)s"? *(1)*

9 Which four details should you make sure you sort out for your date? *(4)*

10 What do the last two words of the article say? *(1)*

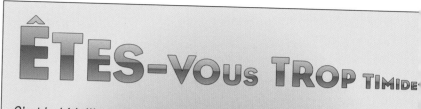

ÊTES-VOUS TROP TIMIDE

C'est le 14 juillet, et on fait la fête. Vous rencontrez le garçon/la fille de vos rêves ... mais avez-vous le courage de lui demander de sortir avec vous?

1 INVITATIONS

Vous pouvez lui proposer:

? d'aller à un concert ou au théâtre, ou aller voir un film: idéal si vous êtes un peu timide, parce qu'on ne peut pas parler pendant le spectacle ou le film ...

? d'aller à une boum, à un club de salsa ou en boîte: vous avez l'occasion de bavarder ensemble mais aussi de danser tout près l'un de l'autre ...

? de sortir ensemble en ville ou faire une randonnée à la campagne: il y a beaucoup à voir et à faire pendant la journée, et, si tout va bien, vous pouvez continuer la soirée ensemble ...

2 RÉACTIONS

Quelle est la réaction à votre invitation?

! *Ah oui, je veux bien, on se rencontre où?*

Félicitations! Vous avez bien joué! L'amitié, ou même l'amour, vous attend peut-être ...

! *Ah, quel dommage, je suis désolé mais je ne peux pas.*

Ne soyez pas trop triste. Posez la question 'Pourquoi pas?'. Si l'excuse est bonne, essayez une autre date ou une autre heure.

! *Sortir avec toi? Ah non merci, je regrette mais je dois me laver les cheveux ...*

Vous perdez votre temps ... tant pis, un(e) de perdu(e), dix de retrouvé(e)s!

3 DÉTAILS

Si vous avez du succès, n'oubliez pas de fixer: l'heure et la date du rendez-vous; le lieu du rendez-vous; et comment vous allez rentrer chez vous après!

Bonne chance!

LIRE
2a Faites correspondre la bulle et l'image.

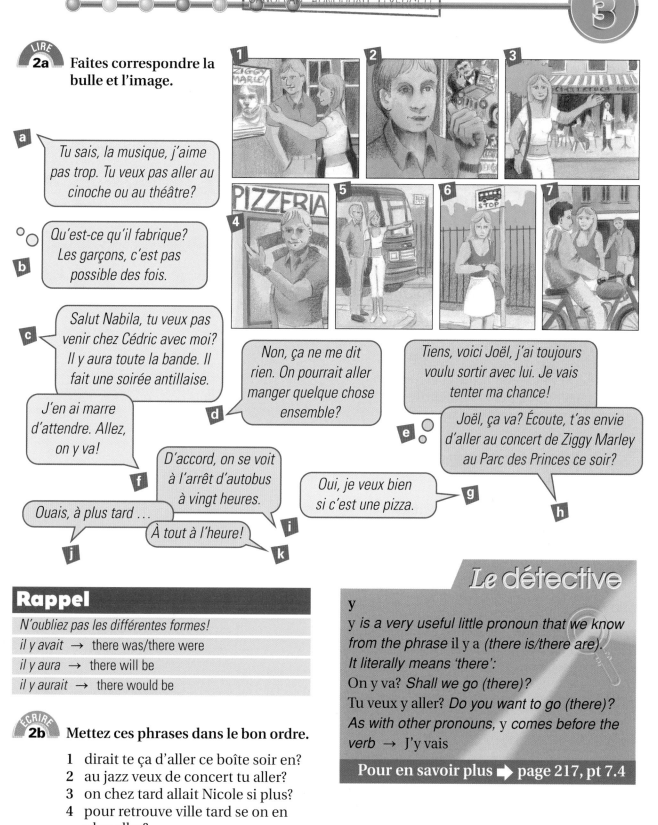

a Tu sais, la musique, j'aime pas trop. Tu veux pas aller au cinoche ou au théâtre?

b Qu'est-ce qu'il fabrique? Les garçons, c'est pas possible des fois.

c Salut Nabila, tu veux pas venir chez Cédric avec moi? Il y aura toute la bande. Il fait une soirée antillaise.

J'en ai marre d'attendre. Allez, on y va!

d Non, ça ne me dit rien. On pourrait aller manger quelque chose ensemble?

Tiens, voici Joël, j'ai toujours voulu sortir avec lui. Je vais tenter ma chance!

e Joël, ça va? Écoute, t'as envie d'aller au concert de Ziggy Marley au Parc des Princes ce soir?

f D'accord, on se voit à l'arrêt d'autobus à vingt heures.

g Oui, je veux bien si c'est une pizza.

h

j Ouais, à plus tard …

i

k À tout à l'heure!

Rappel

N'oubliez pas les différentes formes!

il y avait →	there was/there were
il y aura →	there will be
il y aurait →	there would be

ÉCRIRE
2b Mettez ces phrases dans le bon ordre.

1 dirait te ça d'aller ce boîte soir en?
2 au jazz veux de concert tu aller?
3 on chez tard allait Nicole si plus?
4 pour retrouve ville tard se on en plus aller?
5 au ne pas veux avec tu venir cinéma moi?
6 sortait ce si soir on?

Le détective

y

y is a very useful little pronoun that we know from the phrase il y a *(there is/there are).*
It literally means 'there':
On y va? *Shall we go (there)?*
Tu veux y aller? *Do you want to go (there)?*
As with other pronouns, y *comes before the verb* → J'y vais

Pour en savoir plus ➡ page 217, pt 7.4

PARLER
2c À deux. Proposez 10 activités. Vous avez 60 secondes.

5 *Le week-end dernier*

What you did last weekend

1 Qu'est-ce qu'il a fait le week-end dernier? Mettez les images dans le bon ordre.

2a Un week-end bizarre! Faites deux colonnes: normalement/le week-end dernier, et catégorisez ces phrases.

Il a regardé un concours de ménage.
Il va au club de basket.
Il mange un hamburger.
Il boit un coca.
Il a promené son éléphant à la campagne.
Il regarde le foot au stade.
Il a bu du jus de chaussettes.
Il est allé au club de saut à l'élastique.
Il fait ses devoirs de maths.
Il a lu l'annuaire téléphonique.
Il a fait ses devoirs de jardinage.
Il promène son chien à la campagne.
Il a mangé un aspirateur.
Il lit des magazines d'ordinateur.

Je suis allé(e)
Je suis parti(e)

J'ai regardé
J'ai joué
J'ai mangé
J'ai écouté
J'ai passé
J'ai surfé sur Internet

J'ai fait
J'ai lu
J'ai vu

Je me suis reposé(e)
Je me suis bien amusé(e)

2b Écrivez au moins six phrases comme ceci:

> Normalement, je ... mais le week-end dernier, ...

Le détective

The **perfect tense** is made up of two parts:

The first is taken from the verb **avoir** or **être**.

  J'ai vu/**J'ai** passé/**Je suis** allé(e)

The second is the past participle of the required verb.

  J'ai **vu**/J'ai **passé**/Je suis **allé(e)**

Pour en savoir plus ➡ page 204, pt 3.3

Le week-end dernier

3a **LIRE**

Trouvez un(e) correspondant(e) pour les personnes ci-dessous.

1 Didier est aventurier. Il aime faire des promenades.
2 Doushan cherche une fille qui n'a pas peur de la technologie.
3 Sandrine est folle de foot. Elle aime garder la forme.
4 Chantal s'intéresse à toutes sortes de musique. Son auteur préféré est JK Rowling.

3b **PARLER**

À deux. Faites une description pour votre partenaire. C'est qui?

Exemple:
- *Elle est membre d'un orchestre, elle a joué de la guitare, …*
- *C'est Fabienne!*

3c **LIRE**

Relevez tous les verbes qui sont au passé composé et traduisez-les en anglais.

3d **PARLER**

À deux. Faites la conversation suivant les modèles. Écrivez une description.

Exemple:
- *Qu'est-ce que tu as fait pendant le week-end?*
- *Je suis allé(e) au cinéma …*

Il/Elle est allé(e) au cinéma …

4 **ÉCOUTER**

Écoutez attentivement, lisez ce texte et corrigez les détails qui ne sont pas corrects.

Alors le week-end dernier, je suis allée au cinéma. On jouait 'La fille de D'Artagnan' – je l'ai trouvé génial. Le dimanche, j'ai passé une journée tranquille chez moi. J'ai écouté des cassettes et des CD – j'adore tout ce qui est rap, funk, jazz, techno et reggae. Ensuite, j'ai surfé un peu sur internet afin de trouver des sites sympa. Avant de me coucher, j'ai joué aux jeux vidéo avec mon frère. Je gagne toujours – ça l'énerve.

Stéphanie

Moi j'ai passé un week-end plutôt actif. C'était super. Je suis parti avec les scouts et on a fait des randonnées, de l'escalade et du VTT. Le dimanche on a même pu faire de la moto. On s'est très bien amusé! Le soir on a  discuté – c'était un week-end idéal, mais maintenant, j'ai vraiment envie de me reposer!

Gilles

 Je fais partie d'une équipe de foot et la semaine dernière je me suis entraîné avec eux. On a fait de la musculation et des arts martiaux. J'étais crevé à la fin. Je trouve ça très important de faire du sport. C'est bien de faire partie d'un club. Mon ambition c'est de faire du parapente. J'ai hâte d'en faire.

Nourdine

Le week-end dernier, j'ai fait un stage de musique. Je suis membre d'un orchestre et il y avait un peu de tout. J'ai joué de la guitare, de la musique classique et pop. On a répété puis on a  dansé. J'ai eu des moments libres où j'ai fait de la lecture ou bien on s'est baladé. J'adore lire des romans – ça me passionne. Je suis allée en ville aussi pour faire du lèche-vitrines et des achats.

Fabienne

These are very useful phrases:
On s'est amusé – *we had a good time*
On s'est bien amusé – *we had a very good time*
Je me suis amusé(e) – *I had a good time!*

Le week-end prochain j'ai participé à un festival de rock à Marciac. Mon lycée a préparé toute une équipe pour y aller. On a dansé sur la place principale avec un groupe portugais. J'ai trouvé leur musique formidable. Plus tard on a grimpé sur la tribune. On a été logé chez des religieux – ils étaient très sympas. On a passé un très bon moment là-bas. C'était super!

1 You are arranging to go out with your French friend. Your partner will play the part of the friend and will start the conversation.

Jeux de rôle

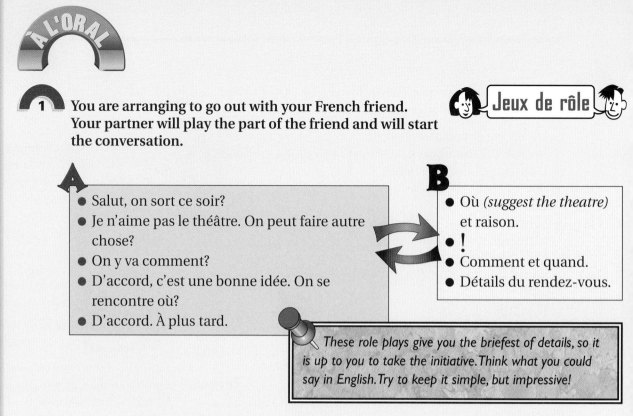

A

- Salut, on sort ce soir?
- Je n'aime pas le théâtre. On peut faire autre chose?
- On y va comment?
- D'accord, c'est une bonne idée. On se rencontre où?
- D'accord. À plus tard.

B

- Où (suggest the theatre) et raison.
- !
- Comment et quand.
- Détails du rendez-vous.

These role plays give you the briefest of details, so it is up to you to take the initiative. Think what you could say in English. Try to keep it simple, but impressive!

2 Prepare a one-minute speech called 'Mes loisirs'.

You must be able to show that you can talk in different tenses in the oral exam. In the conversation, watch out for key words which flag up the perfect tense, e.g. Tu es …?

Ce que je fais comme loisirs

Où

Quand

Avec qui

C'est comment

S'il fait beau … S'il pleut …

Les loisirs (ne) sont (pas) importants parce que …

Le week-end dernier, j'ai …

Le week-end prochain je vais …

3

Your examiner may ask …

1 Qu'est-ce que tu vas faire ce soir?

2 Est-ce que tu fais partie d'un club?

3 Tu sors le week-end avec tes amis? Qu'est-ce que tu fais?

4 Tu es sorti(e) samedi soir? Qu'est-ce que tu as fait?

5 Tu es déjà allé(e) en France?

6 Qu'est-ce que tu as fait pendant ton séjour?

It is a good idea to write out your general questions on revision cards, to check them regularly and to update them when you have learnt new vocabulary and structures.

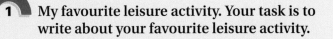
1 My favourite leisure activity. Your task is to write about your favourite leisure activity.

Considérez les questions suivantes:

Quel est votre passe-temps préféré?

Quand avez-vous commencé cette activité?

Quand entreprenez-vous cette activité?

Où et avec qui?

Est-ce que ça coûte cher? Qu'est-ce qu'il vous faut pour faire cette activité? (Équipement, etc.)

Pourquoi aimez-vous cette activité?

Pourquoi est-ce que d'autres gens devraient faire cette activité?

Quels gens célèbres aiment bien ce genre de loisirs?

Pourquoi les loisirs sont-ils importants pour vous?

You could illustrate your account with captioned photos.
You could also make up vox pops – pretend to be a roving reporter gathering views and opinions about a leisure activity – and include these in your coursework.

Make sure you are using those little words that qualify something:

trop   très   un peu   peut-être

Use a variety of time phrases:

'On Monday … in the week … at the weekend …'

Here are five points to help you in using time frames.

1 *Say what you usually do to prove your mastery of the present.*

2 *Give an exception to show off your perfect tense.*

3 *But, next week … to show off the future.*

4 *Perhaps sometimes you … and present tense again.*

5 *You do different things at different times – le matin …, le soir …, l'après-midi …*
Tous les jours …, mais un jour … – change the routine!

Don't forget to give opinions on all activities mentioned – where you do them and who with. You've got a lot to say!

Some useful adverbs

quelquefois/des fois	*sometimes*
souvent	*often*
de temps en temps	*from time to time*
en général	*in general*
la plupart du temps	*most of the time*
pour la plupart	*for the most part*
de moins en moins	*less and less*
en fait	*in fact*
un soir	*one evening*
de plus en plus	*more and more*
toujours	*always*
cette fois	*this time*
au moins	*at least*
d'habitude	*usually*
d'abord	*first(ly)*

Mots

Activités — *Activities*

1) Les sports — *Sports*

Qu'est-ce que tu fais comme passe-temps? — *What hobbies do you have?*

Je fais … — *I do …*

des arts martiaux *(mpl)* — *martial arts*
de la danse — *dancing*
de la gymnastique — *gymnastics*
de la musculation — *weightlifting*
de la natation — *swimming*
de la moto — *motorcycling*
du patinage — *ice-skating*
du roller — *rollerblading*
du skate — *skate-boarding*
du ski nautique — *water-skiing*
du snowboard — *snowboarding*
du surf — *surfing*
du théâtre — *drama*
du tir à l'arc — *archery*
du vélo — *cycling*

Je joue au foot. — *I play football.*

2) Les passe-temps — *Leisure activities*

Je fais (de la cuisine). — *I do (cooking).*
Je fais de l'informatique. — *I do computing.*
Je fais des randonnées. — *I go walking.*
Je vais (au cinéma). — *I go (to the cinema).*
Je joue avec l'ordinateur. — *I play on the computer.*
Je m'intéresse (au théâtre). — *I am interested (in drama).*

Les opinions — *Opinions*

C'est … — *It is …*
affreux — *awful*
agréable — *pleasant*
barbant — *boring*
bon pour la santé — *good for your health*
choquant — *shocking*
chouette — *great*
cool — *cool*
dangereux — *dangerous*
ennuyeux — *boring*
extraordinaire — *extraordinary*
fantastique — *fantastic*
génial — *great*
impressionant — *impressive*
intéressant — *interesting*
magnifique — *great*
marrant — *funny*

nul — *rubbish*
pas mal — *not bad*
passionant — *exciting*
pas trop cher — *not too expensive*

Les invitations — *Invitations*

1) Inviter — *Inviting*

Ça te dirait de …? — *How about …?*
On pourrait … — *We could …*
Si on allait … ? — *How about going …?*
Si on sortait ensemble … ? — *How about going together to …?*

Tu as envie de … — *Do you want to …*
Tu veux (aller au cinéma ce soir)? — *Do you want to (go to the cinema tonight)?*
Tu voudrais … ? — *Would you like to …?*
Qu'est-ce qu'on fait cet après-midi? — *What shall we do this afternoon?*
Si on sortait … ? — *Shall we go to …?*

2) Accepter — *Accepting*

J'aimerais … — *I would like to …*
d'accord — *OK/fine*
avec plaisir — *with pleasure*
bien sûr — *of course*
bonne idée — *good idea*
Je veux bien. — *I'd love to.*
Ça commence/finit à quelle heure? — *At what time does it start/finish?*
On se voit où et à quelle heure? — *Where shall we meet and at what time?*
Un billet d'entrée, c'est combien? — *How much is a ticket?*
Vous ouvrez à quelle heure? — *What time do you open?*
Est-ce qu'il y a une réduction pour les étudiants? — *Is there a reduction for students?*

3) S'excuser — *Making excuses*

C'est dommage … — *It's a shame …*
Je m'excuse./ Je regrette./ Je suis désolé(e). — *I'm sorry.*

4) Refuser — *Saying no*

Ça ne me dit rien. — *I don't want to./ I don't feel like it.*

Je dois … — *I have to …*
Je ne peux pas. — *I can't.*
Je ne suis pas libre. — *I'm busy.*

Réserver	*Booking*
(La première séance) commence à quelle heure?	*What time does (the first showing) start?*
(loin de/près de) l'écran	*(far from/near to) the screen*
La rangée B vous convient?	*Does row B suit you?*
Combien de temps dure (la pièce)?	*How long does (the play) last?*
Ça (commence/finit) à quelle heure?	*What time does it (start/finish)?*
un billet/ticket d'entrée	*a ticket*
C'est combien?	*How much is it?*
au balcon	*in the circle*
à l'orchestre	*in the stalls*
une séance	*a performance/showing*

Quand?/Où?	***When and where?***
a côté de	*near/next to*
chez (moi/toi)	*at (my/your) house*
chez (Nathalie)	*at (Nathalie's) house*
devant (le théâtre)	*in front of (the theatre)*
près (du stade)	*near (the sports centre)*

le lendemain	*the following day*
(lundi/jeudi) prochain	*next (Monday/Thursday)*
(samedi) après-midi	*(Saturday) afternoon*
la semaine prochaine	*next week*
ce soir	*this evening*

Le week-end dernier	*Last weekend*
Je suis allé(e)/parti(e) …	*I went to …*
Il/Elle est allé(e)/ parti(e) …	*He/She went to …*
J'ai bu.	*I drank.*
J'ai dansé.	*I danced.*
J'ai écouté …	*I listened …*
J'ai fait …	*I did …*
J'ai joué …	*I played …*
J'ai lu …	*I read …*
J'ai passé …	*I spent (time) …*
J'ai répété …	*I rehearsed …*
J'ai surfé sur Internet.	*I surfed on the Internet.*
J'ai vu …	*I saw …*
Je me suis bien amusé(e).	*I had a good time.*
Je me suis reposé(e).	*I had a rest.*
Je me suis entraîné(e).	*I trained/practised.*
Il/Elle s'est entraîné(e).	*He/She trained/practised.*

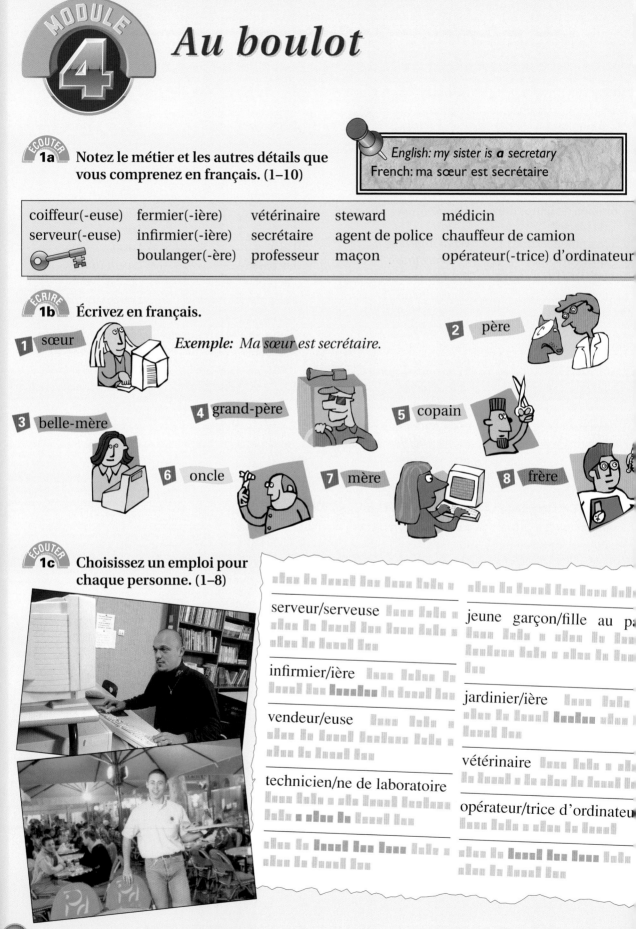

Au boulot

MODULE 4

ÉCOUTER

1a Notez le métier et les autres détails que vous comprenez en français. (1–10)

English: my sister is **a** secretary
French: ma sœur est secrétaire

coiffeur(-euse)	fermier(-ière)	vétérinaire	steward	médicin
serveur(-euse)	infirmier(-ière)	secrétaire	agent de police	chauffeur de camion
	boulanger(-ère)	professeur	maçon	opérateur(-trice) d'ordinateur

ÉCRIRE

1b Écrivez en français.

1 sœur

Exemple: Ma sœur est secrétaire.

2 père

3 belle-mère

4 grand-père

5 copain

6 oncle

7 mère

8 frère

ÉCOUTER

1c Choisissez un emploi pour chaque personne. (1–8)

serveur/serveuse

jeune garçon/fille au p...

infirmier/ière

vendeur/euse

jardinier/ière

technicien/ne de laboratoire

vétérinaire

opérateur/trice d'ordinateu...

ÉCRIRE

2a Faites une lettre de demande d'emploi pour l'un des postes dans cet hôtel en utilisant la lettre d'Alice comme modèle. Vous devez changer les mots en caractères colorés.

HÔTEL FORMULE 444

Nouvel hôtel ✳✳
(ouverture dans 6 mois)
à **Surgères en France.**

Nous recherchons le personnel suivant pour notre équipe:

chefs de cuisine   **serveurs**

réceptionnistes

femmes/hommes de chambre

Veuillez écrire (avec CV) à Adeline Giraud,
Hôtel Formule 444, 17700 Surgères, FRANCE.

HOTEL FORMULE 444

le 3 octobre

Madame,

J'ai vu votre annonce dans le journal aujourd'hui, et je vous écris pour vous demander un poste dans votre hôtel. Je voudrais un poste comme serveuse, parce que j'aime travailler avec les gens.

J'ai déjà travaillé dans un restaurant pendant mon stage en industrie, et j'ai un petit boulot dans un café de la région le week-end.

Je suis travailleuse et sérieuse, mais j'ai aussi un bon sens de l'humour et je m'entends bien avec mes collègues et mon patron.

Veuillez trouver ci-joint mon CV.

J'habite en Grande-Bretagne, mais j'apprends le français depuis 4 ans et je parle bien français.

Amicalement,

Alice Smith

LIRE
2b Copiez cette fiche et mettez les détails au bon endroit.

6 rue des lilas, Angoulême
stage dans une école primaire
Paris
Lycée de l'Image et du Son d'Angoulême
Franck
Théâtre/cinéma
Provost
3/07/1983
français, histoire, géographie, maths, anglais, sciences, théâtre

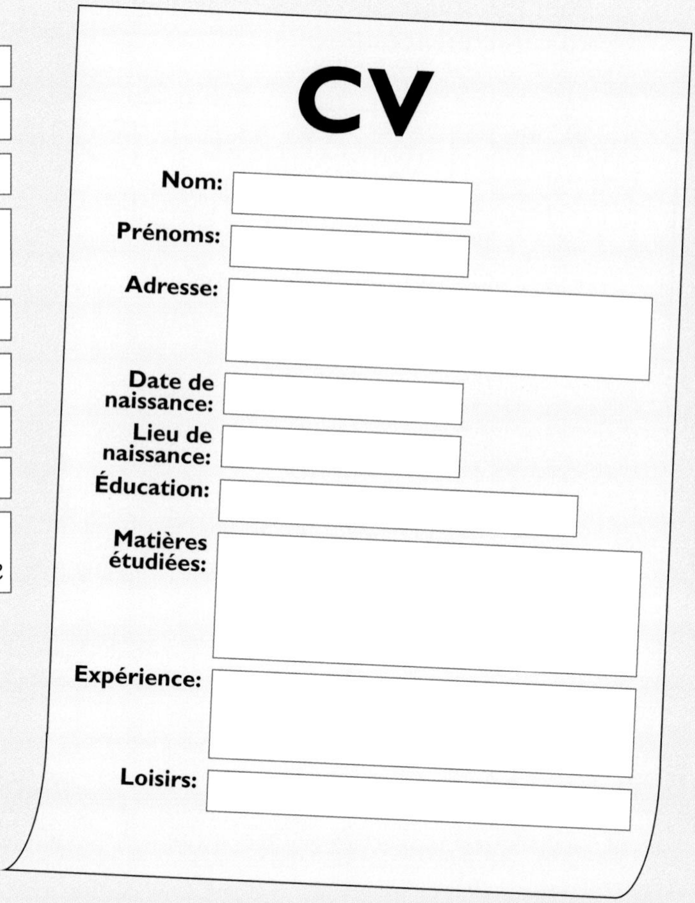

CV

Nom:

Prénoms:

Adresse:

Date de naissance:

Lieu de naissance:

Éducation:

Matières étudiées:

Expérience:

Loisirs:

ÉCOUTER
2c Écoutez l'entretien avec Alice. Puis complétez son CV en utilisant le CV ci-dessus.

ÉCRIRE
2d Écrivez un CV pour vous-même suivant le modèle.

LIRE
3 Remplissez les blancs.

1 Comme je suis sociable, je voudrais être _____.

3 Moi, j'aime les sciences, je voudrais être _____.

2 Puisque je suis pratique, je voudrais être _____.

4 J'adore le sport, je voudrais être _____.

entraîneur

hôtesse de l'air

maçon

prof de sciences

LIRE 4a Faites correspondre les questions aux réponses correctes.

1 À quelle heure est-ce que tu commences?

2 À quelle heure est-ce que tu finis?

3 Tu as combien de temps pour déjeuner?

4 Est-ce que tu travailles tous les jours?

5 Tu travailles combien d'heures par semaine?

6 Tu gagnes combien d'argent?

7 Est-ce que tu penses que c'est bien payé?

8 Tu aimes ton travail?

9 Comment vas-tu au travail?

a Normalement, je finis à trois heures.

b Oui, assez bien.

c Je travaille cinq heures par semaine.

d J'ai une heure pour déjeuner.

e Je commence à neuf heures.

f En général, je travaille le week-end.

g Oui, mais quelquefois je m'ennuie.

h J'y vais à pied.

i Je gagne 3 livres 50 de l'heure.

LIRE 4b Lisez ce texte. Copiez la lettre et remplissez les blancs avec les mots à côté.

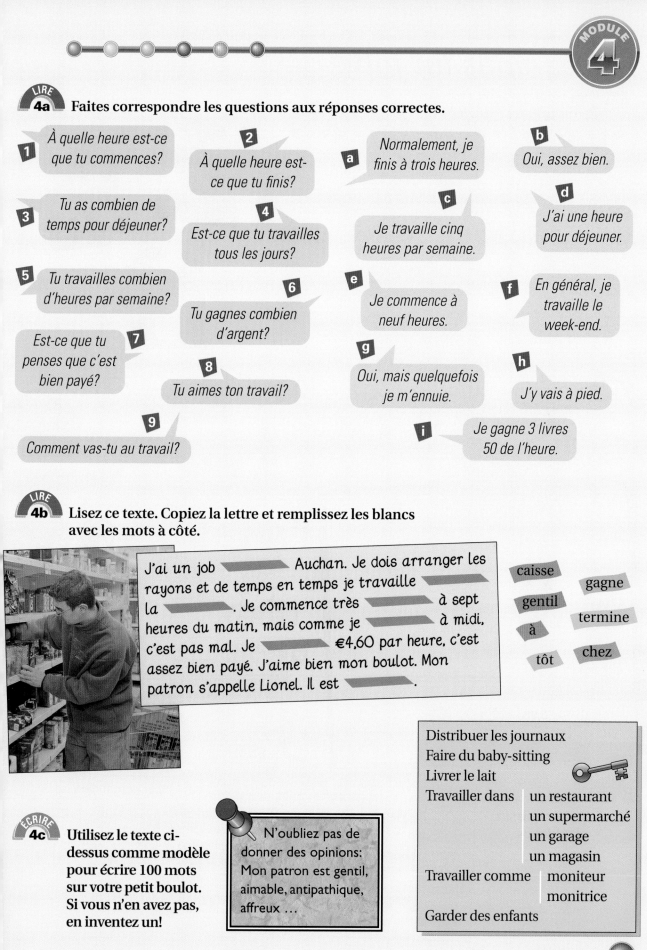

J'ai un job ______ Auchan. Je dois arranger les rayons et de temps en temps je travaille ______ la ______. Je commence très ______ à sept heures du matin, mais comme je ______ à midi, c'est pas mal. Je ______ €4,60 par heure, c'est assez bien payé. J'aime bien mon boulot. Mon patron s'appelle Lionel. Il est ______.

caisse
gagne
gentil
termine
à
tôt
chez

Distribuer les journaux
Faire du baby-sitting
Livrer le lait
Travailler dans | un restaurant / un supermarché / un garage / un magasin
Travailler comme | moniteur / monitrice
Garder des enfants

ÉCRIRE 4c Utilisez le texte ci-dessus comme modèle pour écrire 100 mots sur votre petit boulot. Si vous n'en avez pas, en inventez un!

N'oubliez pas de donner des opinions: Mon patron est gentil, aimable, antipathique, affreux …

1 *Avez-vous un job?*

Talking about part time jobs and work experience

●●●●●●●●●●●●●●●●●●●●●●●●●●●●

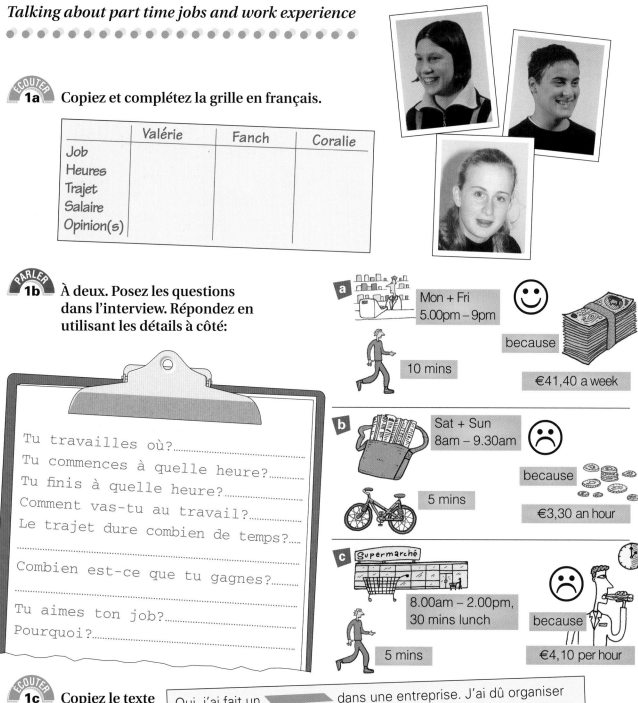

1a Copiez et complétez la grille en français.

	Valérie	Fanch	Coralie
Job			
Heures			
Trajet			
Salaire			
Opinion(s)			

1b À deux. Posez les questions dans l'interview. Répondez en utilisant les détails à côté:

Tu travailles où?........................
Tu commences à quelle heure?........
Tu finis à quelle heure?.............
Comment vas-tu au travail?...........
Le trajet dure combien de temps?....

Combien est-ce que tu gagnes?........

Tu aimes ton job?....................
Pourquoi?............................

a Mon + Fri 5.00pm – 9pm because €41,40 a week 10 mins

b Sat + Sun 8am – 9.30am because €3,30 an hour 5 mins

c Supermarché 8.00am – 2.00pm, 30 mins lunch because €4,10 per hour 5 mins

1c Copiez le texte et remplissez les blancs.

Oui, j'ai fait un ▰▰▰ dans une entreprise. J'ai dû organiser beaucoup de choses, faire des ▰▰▰. En fait j'ai appris beaucoup de ▰▰▰. Je me suis levée ▰▰▰ à six heures du matin, c'était affreux. Vers dix heures je devais préparer le café. Pendant les quinze jours j'ai ▰▰▰ le fax, et le traitement de textes. À part ça j'ai répondu au téléphone, et j'ai classé les ▰▰▰. Le travail était un peu monotone, c'était ▰▰▰ avant tout et je n'ai pas touché un ▰▰▰!

PARLER

1d Que dites-vous? Parlez de votre boulot.

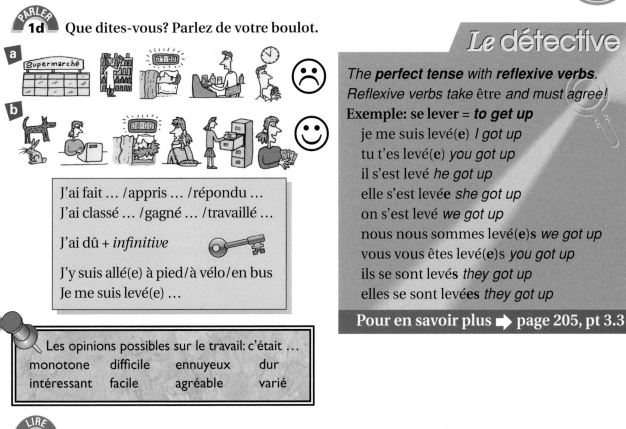

a

b

J'ai fait … /appris … /répondu …
J'ai classé … /gagné … /travaillé …

J'ai dû + *infinitive*

J'y suis allé(e) à pied/à vélo/en bus
Je me suis levé(e) …

Le détective

The **perfect tense** with **reflexive verbs**.
Reflexive verbs take être *and must agree!*
Exemple: se lever = *to get up*

je me suis levé(e) *I got up*
tu t'es levé(e) *you got up*
il s'est levé *he got up*
elle s'est levée *she got up*
on s'est levé *we got up*
nous nous sommes levé(e)s *we got up*
vous vous êtes levé(e)s *you got up*
ils se sont levés *they got up*
elles se sont levées *they got up*

Pour en savoir plus ➡ page 205, pt 3.3

Les opinions possibles sur le travail: c'était …

monotone	difficile	ennuyeux	dur
intéressant	facile	agréable	varié

LIRE

2a Lisez les comptes-rendus et indiquez si ces jeunes sont pour ou contre les stages.

Je trouve que c'est bien de faire un stage. On peut faire l'expérience du monde adulte et c'est une bonne chose, ça. Des fois on reçoit même une offre d'emploi à la fin.
Julie 16 ans

Pour moi, c'était raté: je préparais le café et c'était tout. Il n'y avait rien d'autre à faire; une perte de temps totale.
Marcel 15 ans

Mon stage a été un succès énorme! Je n'aime pas du tout la vie scolaire, mais mon stage m'a appris que je dois travailler au collège pour avoir un boulot qui me plaît à l'avenir. J'ai travaillé avec des enfants dans un hôpital, c'était génial. J'y retourne tous les week-ends pour voir tous mes amis.
Ousmane 17 ans

ÉCRIRE

2b En utilisant le texte **1c** comme modèle, écrivez environ 75 mots sur un stage que vous avez fait.

2 La communication

Using the phone, fax and e-mail

● ● ● ● ● ● ● ● ● ● ● ● ● ● ● ●

ÉCOUTER

1a Regardez ces numéros de téléphone:
sont-ils corrects? Corrigez les erreurs.

a Cachin
04 78 73 15 13

b Atelier Gill
02 35 71 93 14

c Association Clément
01 45 67 67 42

d 01 99 77 64 96
Gérard Darel

e au coin du feu
05 62 66 71 56

f La nef
02 87 71 85 48

g Hôtel Yaka,
Biarritz
05 59 04 33 55

h Office du tourisme
04 89 27 29 49

PARLER

1b Avec un partenaire, donnez les numéros de
téléphone de l'exercice **1a**.

Exemple:

> Ici Cachin, zéro quatre,
> soixante-dix-huit, soixante-
> treize, quinze, treize.

Rappel

French phone numbers are always given
in pairs, not in one long number as we
often do in English.

LIRE

2 Voici des messages – qui a téléphoné?

1 M. ▰▰▰▰▰ est désolé.
Il ne peut pas vous voir
aujourd'hui. Il a dû aller
en Amérique pour voir un
autre client.

2 Madame ▰▰▰▰▰
a raté son train et il n'y a
plus de trains aujourd'hui.
Elle ne pourra donc pas
venir à la réunion.

3 Madame ▰▰▰▰▰ a
téléphoné, elle a oublié une autre
réunion qu'elle avait aujourd'hui
à 14 heures, et ne pourra pas
venir. Elle voudrait prendre
rendez-vous pour demain.

4 M. ▰▰▰▰▰ doit s'occuper
de son fils qui est malade, et doit
rester chez lui aujourd'hui. Il ne
viendra pas à la réunion, et il
présente ses excuses.

5 Mme ▰▰▰▰▰ a
perdu les clefs de
sa voiture!!!!!

6 Monsieur ▰▰▰▰▰ regrette
mais il est malade et ne peut
pas vous voir aujourd'hui. Il est
désolé mais il va rester au lit.

M. Dubois

M. Nouget

M. Flies

Mme Pinaud

Mme Jouve

Mme Chancellé

ÉCOUTER

3a Copiez et remplissez
la grille selon les
messages. (1–5)

Exemple:

Nom	Alalain
Numéro de téléphone	02 45 75 89 23
Rappellera?	à partir de dix heures et demie
Message	la réunion de demain

LIRE

3b Faites correspondre l'anglais au français.

a I would like to speak to ...
b Can I speak to ....
c Who is calling please?
d Can I leave a message?
e Can you give me your phone number please?
f Can you repeat that?
g It's Richard speaking
h What is it about?

1 Quel est votre numéro de téléphone, s'il vous plaît?
2 C'est Richard à l'appareil.
3 Puis-je parler à …
4 C'est de la part de qui?
5 Pouvez-vous répéter?
6 Est-ce que je peux laisser un message?
7 De quoi est-ce qu'il s'agit?
8 Je voudrais parler à …

PARLER

3c Avec un partenaire, faites 4 conversations suivant ce modèle en changeant les détails en caractères soulignés.

Rappel

You know the difference between *tu* and *vous*.
In a work context, it is fairly rare for people to *tutoyer*.
Vouvoyer, to say *vous* to someone, is the norm. The French also use *monsieur* and *madame* fairly frequently. Be polite!

● Allô, <u>Maison Albin</u>.
● Bonjour <u>mademoiselle</u>, je voudrais parler à <u>Monsieur Chraibi</u>, s'il vous plaît.
● Ah, je regrette, <u>Monsieur Chraibi</u> n'est pas là. Vous voulez laisser un message?
● Oui, s'il vous plaît, de la part de <u>Monsieur Hamad</u>.
● Pouvez-vous épeler ça, s'il vous plaît?

● <u>H-A-M-A-D</u>
● Merci. Et votre message?
● Est-ce qu'<u>il</u> peut me rappeler?
● Oui, quel est votre numéro de téléphone?
● <u>01 45 29 58 35</u>
● C'est noté <u>monsieur</u>, merci de votre appel.
● Merci <u>mademoiselle</u>, au revoir.

1
Hôtel Chantauvent
Mme David
M. Roeder
02 98 86 05 60

2
Relais du parc
M. Ducasse
Mme Vincent
01 43 35 31 71

3
Auto conduite
Mme Lavergne
M. Rugani
04 75 06 43 58

4
Carlton
Mme Issautier
M. Chabasse
05 76 23 01 48

ÉCRIRE

4 Vous voulez contacter Mme Rieux pour déjeuner à la brasserie L'Hôtel de Ville le 9 juillet à 12h30. Écrivez un fax suivant ce modèle.

══ FAX ══

À l'attention de: Mme Quehen

Je suis libre le 15 juin et vous propose un rendez-vous à 18 heures à Boubonne les Bains, à la brasserie L'Hôtel de Ville.

Veuillez confirmer si cela vous convient.

Cordialement, Hélène Guillot

3 Qu'est-ce que vous voulez faire dans la vie?

Talking about your future career

1a Lisez les projets d'avenir de ces 5 jeunes. Puis, répondez aux questions. Qui:

1 est fort en sport?
2 adore les langues?
3 travaillera dans le tourisme?
4 ne s'est pas encore décidé?
5 cherchera un emploi dans l'informatique?
6 ira à l'université?
7 sera dehors pour son travail?
8 voyagera autour du monde?

Le détective

The future tense is formed using a future stem (which you must learn) + the following endings:

pronouns	regular stems		endings
je	parler	parler-	**ai**
tu	finir	finir-	**as**
il/elle/on	répondre	répondr-	**a**
nous			**ons**
vous			**ez**
ils/elles			**ont**

pronouns	irregular stems		endings
je	être	ser-	**ai**
tu	avoir	aur-	**as**
il/elle/on	aller	ir-	**a**
nous	faire	fer-	**ons**
vous	pouvoir	pourr-	**ez**
ils/elles	venir	viendr-	**ont**

Pour en savoir plus ➡ page 207, pt 3.7

1b Identifiez tous les verbes au futur dans l'article 'Projets d'avenir'.

Projets d'avenir

Romain – Je ne sais pas encore ce que je ferai. Je voudrais voyager, je chercherai donc un métier qui me permettra de voyager dans le monde entier.

Yoann – Ce qui me plaît le plus, c'est les ordinateurs. Je ferai un diplôme au lycée technique, et puis, je chercherai du travail dans un bureau, peut-être pour une grande entreprise.

Anne – Si j'ai de bonnes notes, j'irai en faculté après le lycée pour étudier l'anglais et l'espagnol, parce que j'espère devenir interprète.

Hassiba – Comme j'aime beaucoup être en plein air, je travaillerai comme gardienne dans un camping situé pas loin de chez nous.

Luc – Moi, je serai joueur de foot professionnel, si tout va bien. Je fais déjà partie de l'équipe junior de Monaco, et je continuerai à jouer pour eux, j'espère.

2 Copiez et complétez la grille. (1–4)

la gestion *management*

Prénom	Nom	Emploi/carrière	Éducation	Salaire
Valérie	Fossey	rédactrice de magazine	–	$40 000

3 Traduisez les phrases suivantes en français.

1 I will work in a bank.
2 I will travel round the world.
3 She will go to Hong Kong.
4 He will have lots of money.
5 They will be unemployed.

être au chômage   *to be unemployed*

Le détective

In the future tense, **reflexive verbs** simply put the reflexive part in the same place.
Exemples:
  je **me** marierai
  je **m'**amuserai

Pour en savoir plus ➡ page 207, pt 3.7

4a Que ferez-vous dans l'avenir? Préparez une petite présentation pour votre classe.

4b Faites correspondre les débuts et les fins des phrases.

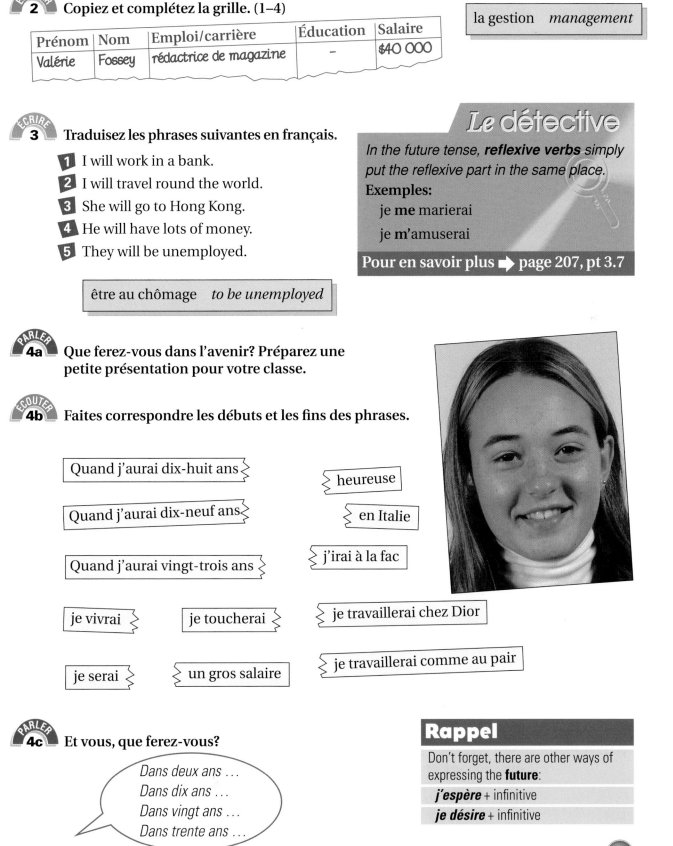

Quand j'aurai dix-huit ans

Quand j'aurai dix-neuf ans

Quand j'aurai vingt-trois ans

heureuse

en Italie

j'irai à la fac

je vivrai   je toucherai   je travaillerai chez Dior

je serai   un gros salaire   je travaillerai comme au pair

4c Et vous, que ferez-vous?

Dans deux ans …
Dans dix ans …
Dans vingt ans …
Dans trente ans …

Rappel

Don't forget, there are other ways of expressing the **future**:
j'espère + infinitive
je désire + infinitive

4 *Les différents emplois*

Talking about different kinds of work

1a Faites correspondre ces personnes à leur emploi idéal. Il peut y en avoir plusieurs.

1 J'aimerais aider les gens malades.

2 J'aimerais avoir de longues vacances.

3 Je voudrais travailler en plein air.

4 Je voudrais bien voyager.

5 Moi, je voudrais m'occuper d'animaux dans un zoo ou peut-être dans un parc safari.

6 Réparer les voitures, j'adore ça: c'est mon métier.

7 Personnellement, je voudrais travailler avec des enfants: avec eux, on ne s'ennuie jamais.

8 J'aimerais aider les personnes âgées; je trouve que c'est important pour la société.

9 Moi je voudrais gagner beaucoup d'argent. Je ne veux pas travailler tout le temps mais il me faut beaucoup d'argent.

10 Je suis assez solitaire. Je voudrais travailler seul à la maison.

11 Moi, j'aimerais travailler avec des gens, travailler en équipe.

12 Je voudrais simplement travailler dans un bureau: métro-boulot-dodo pour moi.

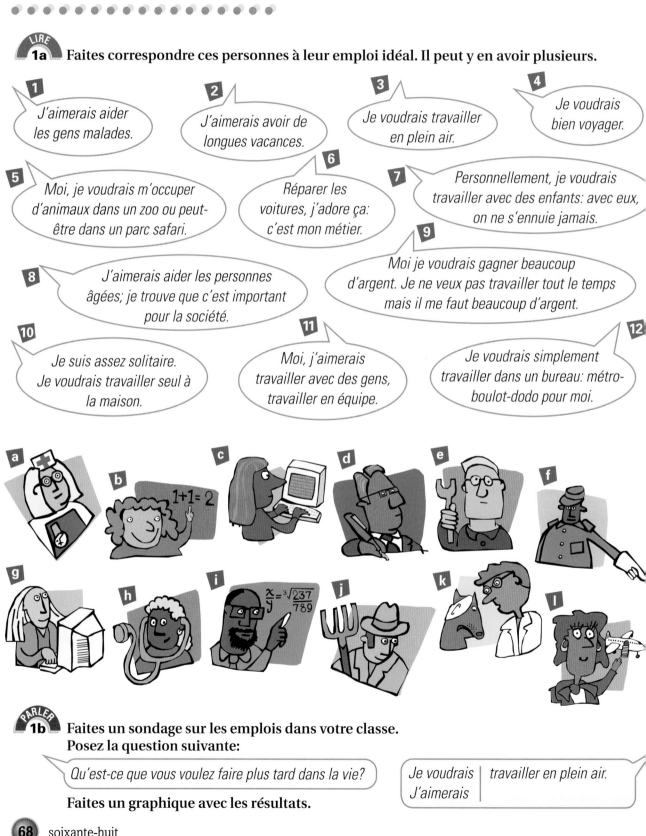

1b Faites un sondage sur les emplois dans votre classe. Posez la question suivante:

Qu'est-ce que vous voulez faire plus tard dans la vie?

| Je voudrais | travailler en plein air. |
| J'aimerais | |

Faites un graphique avec les résultats.

1c Qui parle? Mettez ces bulles dans le bon ordre. (1–5)

1 *Je préférerais travailler dans le domaine du marketing.*

2 *Je préférerais travailler dans le domaine de l'informatique.*

3 *Moi, c'est le secteur privé – le commerce – je pense que ce sera plus intéressant que le secteur public.*

4 *Pour moi, l'éducation c'est la chose la plus importante, je voudrais travailler dans le domaine de l'éducation.*

5 *Je voudrais apprendre beaucoup de langues et travailler dans l'industrie touristique.*

Le détective

The **conditional tense** is an easy one after the future. Use the same future stem and add the following endings:

je travailler**ais**
tu travailler**ais**
il/elle/on travailler**ait**
nous travailler**ions**
vous travailler**iez**
ils/elles travailler**aient**

Pour en savoir plus ➡ page 207, pt 3.8

---

2 Écoutez ces personnes. Copiez et complétez les phrases avec les détails qui manquent.

1 Élodie ne voudrait pas avoir un travail trop fatigant car _____.
2 Stéphane ne voudrait pas avoir un travail mal payé car _____.
3 Nadine ne voudrait pas travailler avec des personnes âgées car _____.
4 Richard ne voudrait pas rester en France car _____.

3a Lisez cet article et répondez aux questions suivantes:

1 Qui travaille à Londres? *(1)*
2 Pour quelles raisons les gens veulent-ils travailler à l'étranger? *(4)*
3 Que veut faire Michel Richet dans la vie? *(4)*
4 Pourquoi veut-il voyager? *(1)*

3b Écrivez un paragraphe sur vos ambitions. Répondez aux questions suivantes:

1 Qu'est-ce que vous voulez faire plus tard dans la vie? Pourquoi?
2 Quel travail est-ce que vous n'aimeriez pas faire? Pourquoi pas?
3 Aimeriez-vous travailler à l'étranger? Donnez trois raisons pour justifier votre réponse.

Travailler à l'étranger est tout à fait normal de nos jours. Avec la CEE, il y a beaucoup de Français qui viennent travailler à Londres et les Britanniques partent aussi. Les jeunes d'aujourd'hui ont l'esprit aventurier. Mais pourquoi partir?

Ça permet de perfectionner une langue étrangère, on apprend à connaître une autre culture, faire l'expérience d'un autre pays et c'est bien pour son CV.

Michel Richet explique son cas: 'Moi, je voudrais travailler avec des gens, mais l'argent est aussi important pour moi, alors je voudrais être P.D.G. Je pense que ce serait plus intéressant de travailler dans le marketing que dans le secteur public. Je ne voudrais pas travailler avec des enfants. Je pense que ce serait très monotone. Je voudrais voyager un peu et perfectionner mon anglais.'

Michel part après-demain – Allez-y! Partez! Le monde est à vous!

5 *Le monde du travail*

Taking a year out and issues to do with the world of work

● ●

ÉCOUTER 1a Écoutez et répondez à ces questions en français.

1 Pourquoi est-ce une bonne idée de voyager? *(3)*
2 Elsa parle de quels problèmes? *(2)*

> C'est bien de + *infinitive*

LIRE 1b Mettez ces mots dans le bon ordre.

1 c'est voyager bien de

2 c'est bien de avant de se lancer dans faire les études une petite pause

3 gagner avant d'aller c'est bien de un peu d'argent à la fac

4 si on fait on risque une pause de tout oublier

5 continuer, c'est il vaut mieux moins cher

6 vivre dans un pays francophone

  c'est bien de si on veut perfectionner son français

LIRE 2a Indiquez si ces phrases sont positives ou négatives en ce qui concerne une année sabbatique.

1 C'est bien de faire l'expérience d'un autre pays.

2 Je pense que ce serait dangereux de partir dans le tiers-monde.

3 On se fait des amis quand on voyage, c'est un privilège.

4 Je trouve qu'une année sabbatique élargit les horizons.

5 Ce serait dur de partir toute une année.

6 Ce serait peut-être difficile de trouver un logement.

7 On apprend beaucoup de choses pendant une année sabbatique sans mentionner l'expérience.

ÉCRIRE 2b Écrivez une réponse à cette petite annonce.

> *Exemple:* Moi, j'aimerais bien faire une année sabbatique parce que …

**Voulez-vous faire une année sabbatique?
Avez-vous le goût du risque?
Voulez-vous aider les gens et changer les choses?
Inscrivez-vous dès aujourd'hui!**

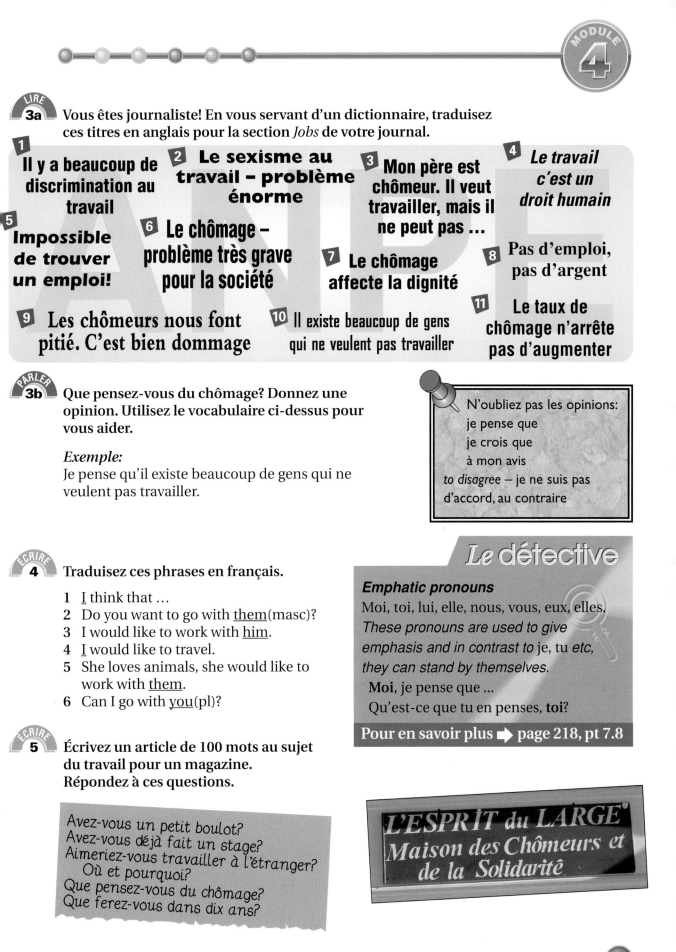

3a Vous êtes journaliste! En vous servant d'un dictionnaire, traduisez ces titres en anglais pour la section *Jobs* de votre journal.

1 Il y a beaucoup de discrimination au travail

2 Le sexisme au travail – problème énorme

3 Mon père est chômeur. Il veut travailler, mais il ne peut pas …

4 *Le travail c'est un droit humain*

5 Impossible de trouver un emploi!

6 Le chômage – problème très grave pour la société

7 Le chômage affecte la dignité

8 Pas d'emploi, pas d'argent

9 Les chômeurs nous font pitié. C'est bien dommage

10 Il existe beaucoup de gens qui ne veulent pas travailler

11 Le taux de chômage n'arrête pas d'augmenter

3b Que pensez-vous du chômage? Donnez une opinion. Utilisez le vocabulaire ci-dessus pour vous aider.

Exemple:
Je pense qu'il existe beaucoup de gens qui ne veulent pas travailler.

N'oubliez pas les opinions:
je pense que
je crois que
à mon avis
to disagree – je ne suis pas d'accord, au contraire

4 Traduisez ces phrases en français.

1 I think that …
2 Do you want to go with them(masc)?
3 I would like to work with him.
4 I would like to travel.
5 She loves animals, she would like to work with them.
6 Can I go with you(pl)?

5 Écrivez un article de 100 mots au sujet du travail pour un magazine. Répondez à ces questions.

Avez-vous un petit boulot?
Avez-vous déjà fait un stage?
Aimeriez-vous travailler à l'étranger? Où et pourquoi?
Que pensez-vous du chômage?
Que ferez-vous dans dix ans?

Le détective

Emphatic pronouns

Moi, toi, lui, elle, nous, vous, eux, elles. *These pronouns are used to give emphasis and in contrast to* je, tu *etc, they can stand by themselves.*

Moi, je pense que …
Qu'est-ce que tu en penses, **toi**?

Pour en savoir plus ➡ page 218, pt 7.8

L'ESPRIT du LARGE
Maison des Chômeurs et de la Solidarité

Jeux de rôle

1 You are talking to a French friend about jobs.
Your partner will play the part of the friend and will
start the conversation.

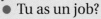

A
- Tu as un job?
- Qu'est-ce que tu dois faire exactement?
- Tu gagnes combien d'argent?
- Qu'est-ce que tu as acheté avec ton argent la semaine dernière?

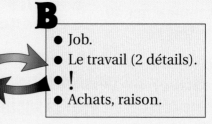

B
- Job.
- Le travail (2 détails).
- !
- Achats, raison.

You ring to enquire about a summer job in France.
Your partner will play the part of the employer and
will start the conversation.

A
- Bonjour, je peux vous aider?
- Oui, vous êtes intéressé(e) par quel poste?
- Avez-vous de l'expérience?
- Quelles sont vos qualités?
- Écrivez-moi s'il vous plaît, et n'oubliez pas votre CV.

B
- Raison pour votre appel.
- Poste souhaité.
- !
- 3 détails.

Questions are vital for GCSE. You must be able to manipulate question forms as well as respond to them. How do you say the following in French?
What?   How?   When?   Where?   Who?
List as many questions as you can, using all the forms you have learnt so far.

2 Prepare a one-minute speech
about 'Mon job'.

Mon job
Où
Description
Pourquoi? Salaire
Le patron ☹, ☺
Mes impressions
L'avenir

3

Your examiner may ask …

1 Est-ce que c'est important de gagner beaucoup d'argent?

2 Qu'est-ce qu'il faut faire pour trouver un emploi?

3 Quand tu auras 40 ans tu travailleras toujours? Que feras-tu?

4 Que penses-tu de l'idée de prendre une année sabbatique?

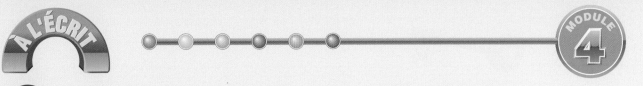

1 My work experience. Your task is to write about your work experience. Choose one of the following formats:

- a letter of application
- a work experience diary
- a CV
- an account of a typical day

- an e-mail sent during the work experience
- a fax sent during the work experience
- a transcript of a phone conversation.

Considérez les questions suivantes:

- Où? *(Where exactly? What was nearby? Where did you eat at lunchtime?)*
- Quand? *(Time of year, exact dates.)*
- Pendant combien de temps? *(How many days/weeks?)*
- Qui a organisé le stage? *(Did you find the post yourself?)*
- Heures de travail? *(Were they the same each day? How many hours in total? Break times?)*
- Travail à faire? *(Exact duties? Was there variety?)*
- Vos opinions *(How was it? Were all days the same?)*
- Les collègues *(What were they like? Did you get on with them?)*
- Préférez-vous le monde du travail où le collège? *(Your opinions of school as opposed to the workplace.)*
- Est-ce qu'il est important de faire un stage? Pourquoi? *(What is the aim of work experience? What characteristics does it aim to develop?)*
- L'avenir pour vous. *(What are your hopes? Where will you be in ten years? What job do you want to do and why? Use the future tense.)*

This piece of coursework is an excellent opportunity to give some meaningful information about yourself. Was your work experience worthwhile? What has it taught you for the future?

And another reminder of how important it is to give your opinion. Here are some extra phrases you can use:

Je le trouve ... *I find it ...*
Je l'ai trouvé ... *I found it ...*
... ennuyeux   ... passionnant
... affreux   ... barbant
... monotone   ... absorbant

Try to use linking words in your coursework, such as:

parce que	c'est-à-dire
car	cependant
mais	donc
puis	ou
si	quand

You can then link to other clauses or subordinate clauses.

Another reminder to vary your tenses:
Every day ... (use the present tense).
For work experience, I did ... (use the perfect/imperfect tense).
In the future I will ... (use the future tense).

Mots

Les métiers

Careers and occupations

Je voudrais être (agent de police).
I would like to be (a police officer).

agent de police *(m)* — *police officer*
boulanger *(m)*/ boulangère *(f)* — *baker*
caissier *(m)*/caissière *(f)* — *cashier*
chauffeur *(m)* de camion — *lorry driver*
chef de cuisine *(m/f)* — *chef*
coiffeur *(m)*/ coiffeuse *(f)* — *hairdresser*
dentiste *(m/f)* — *dentist*
employé(e) *(m/f)* de bureau — *office worker*
entraîneur *(m)*/ entraîneuse *(f)* — *sports coach/trainer*
fermier *(m)*/fermière *(f)* — *farmer*
hôtesse de l'air *(f)*/ un steward *(m)* — *air hostess/ flight attendant*
infirmier *(m)*/ infirmière *(f)* — *nurse*
instituteur *(m)*/ institutrice *(f)* — *primary school teacher*
jardinier *(m)*/ jardinière *(f)* — *gardener*
maçon *(m)* — *bricklayer*
mécanicien *(m)*/ mécanicienne *(f)* — *mechanic*
médecin *(m/f)* — *doctor*
opérateur *(m)*/ opératrice *(f)* d'ordinateur — *keyboard operator*
P.D.G. — *managing director*
prof(esseur) *(m/f)* — *teacher*
programmeur *(m)*/ programmeuse *(f)* — *computer programmer*
réceptionniste *(m/f)* — *receptionist*
secrétaire *(m/f)* — *secretary*
serveur *(m)*/serveuse *(f)* — *waiter/waitress*
technicien *(m)*/ technicienne *(f)* de laboratoire — *lab technician*
vendeur *(m)*/ une vendeuse *(f)* — *salesman/saleswoman*
vétérinaire *(m/f)* — *vet*

Un job

Part-time job

Je distribue les journaux — *I deliver newspapers*
Je fais du baby-sitting — *I babysit*
Je livre le lait — *I deliver milk*
Je travaille dans … — *I work in …*
un garage — *a garage*
un magasin — *a shop*
un restaurant — *a restaurant*
un supermarché — *a supermarket*
Je travaille comme (moniteur/monitrice) — *I work on a (children's camp)*
Je garde les enfants — *I look after children*

les heures — *hours (of work)*
organiser — *to organise*
préparer — *to prepare*

Tu gagnes combien d'argent? — *How much do you earn?*
Je gagne (€4,60) de l'heure. — *I earn (€4.60) an hour.*
Le trajet dure combien de temps? — *How long is your journey (to work)?*
Tu travailles où? — *Where do you work?*
Je travaille dans (une entreprise/un hôpital). — *I work in (a company/ a hospital).*
J'ai (fait/appris/répondu au téléphone). — *I (did/learnt/answered the phone).*
J'ai (gagné … /travaillé …) — *I (earned … /worked …)*
J'ai dû (travailler …) — *I had (to work …)*
J'y suis allé(e) (à pied/ à vélo/en bus). — *I went there (on foot/ by bike/by bus).*
Je me suis levé(e) (à 7h). — *I got up (at 7am).*

Opinions sur le travail

Opinions about work

Mon/Ma patron(ne) est (gentil(le)/affreux/euse).
My boss is (kind/awful).

C'est …
It is …

agréable
pleasant

difficile
difficult

dur
hard (work)

ennuyeux
boring

facile
easy

intéressant
interesting

monotone
repetitive

varié
varied

Au téléphone

On the telephone

Je voudrais parler à …
I'd like to speak to …

C'est de la part de qui?
Who's calling?

C'est Richard/Jeanne à l'appareil.
It's Richard/Jeanne speaking.

Pouvez-vous (répéter/ épeler) ça?
Can you (repeat/spell) that?

De quoi est-ce qu'il s'agit?
What is it about?

Puis-je parler à …?
May I speak to …?

Vous voulez laisser un message?
Would you like to leave a message?

Est-ce qu'il peut me rappeler?
Can he call me back?

C'est noté.
I have made a note of it.

Merci de votre appel.
Thanks for your call.

Projets d'avenir

Future plans

Je chercherai un emploi.
I will look for a job.

J'irai à la faculté.
I will go to university.

Je travaillerai comme au pair.
I will work as an au pair.

J'aimerais perfectionner les langues.
I would like to improve my languages.

Je voudrais voyager.
I would like to travel.

Je voudrais travailler dans (un bureau/une grande entreprise).
I would like to work in (an office/a large company).

l'informatique
computing

faire un stage
to do a training course

faire du tourisme
to go into the tourist industry

C'est bien de …
It is good to …

… faire une année sabbatique
… to have a gap year

Le monde du travail

Work

être au chômage
to be unemployed

un chômeur/ une chômeuse
unemployed person

la discrimination
discrimination

l'expérience
experience

le sexisme
sexism

MODULE 5

Ma ville

Toulouse

Alicia habite à Toulouse, la quatrième ville de France, et **la capitale** de la région Midi-Pyrénées. Toulouse se trouve **dans le sud-ouest** de la France, **à 730 kilomètres de** Paris, et il y a environ 700 000 habitants. Alicia n'habite pas en ville, mais dans **la banlieue**. Toulouse est **une grande ville** qui est **industrielle**, mais très **agréable** aussi, et très **historique**.

Le Morne-Rouge

Pierre habite dans **un petit village** qui s'appelle Le Morne-Rouge. Le Morne-Rouge se trouve dans le nord de la Martinique, **une île** aux Caraïbes qui est officiellement **une région** de la France. Le Morne-Rouge est situé **à 25 kilomètres de** Fort-de-France, la capitale de la Martinique. C'est un **joli** village **touristique**.

Florennes

Sébastien est belge. Il habite à Florennes, **une ville moyenne** de 10 000 habitants qui est située **dans le sud-est** du pays. Florennes est **à la campagne** dans une région **rurale**, mais très **animée**.

1a **LIRE** Qui (Alicia, Pierre ou Sebastien):

1 habite dans une grande ville?
2 habite en Belgique?
3 habite dans une ville de taille moyenne?
4 habite en France?
5 n'habite pas en Europe?
6 habite dans la capitale de sa région?
7 habite dans les faubourgs?

| les faubourgs | *suburbs* |

1b **LIRE** Copiez la grille. Catégorisez les mots en caractères gras dans les textes ci-dessus.

Lieu	Situation	Description
la capitale	dans le sud-ouest	industrielle
une grande ville		
la banlieue		

Catégorisez aussi:

important   **à la montagne**   **vieux**   **beau**

calme   **au bord de la mer**   **moderne**   **ancien**

un quartier   **typique**   **une station balnéaire**

2a Où habitent-ils? (1–5)

2b Copiez et complétez les descriptions. Utilisez les mots dans la case.

1 York est une grande ———— située dans le ———— de l'Angleterre. C'est une ville ————. Il y a 90 000 ————.

2 Tillicoultry est un ———— village qui se ———— dans le centre de l'———— près de ————.

3 Albertville se trouve à la ————, dans les Alpes. C'est une ville ———— de 17 000 habitants, qui ———— située à 120 ———— de Lyon.

4 La Rochelle se trouve sur la ————, au bord de l'————. C'est une ———— ville.

Stirling	côte	Atlantique
Écosse	kilomètres	montagne
nord	historique	ville
petit	trouve	est
jolie	habitants	moyenne

> *It doesn't matter whether or not you know anything about the towns mentioned; you just need to look at the words, as only one can possibly make sense in each gap.*

2c Faites une liste en français de ce qui existe dans ces villes/villages.

Exemple:
Albertville = une piscine,
   des magasins, ...

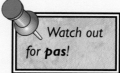
> *Watch out for pas!*

1 J'habite à Albertville. Il y a une très belle piscine, des magasins et un hôpital. Il y a une gare et des églises, mais il n'y a pas de château.

2 J'habite dans un très petit village dans les Alpes. Il n'y a pas d'école, et il y a un seul magasin, c'est tout.

3 Dans ma ville, il y a un grand hôpital, un stade de foot et un musée. Il y a aussi une cathédrale magnifique!

4 Il n'y a pas de piscine dans mon village, mais il y a un grand parc et neuf ou dix magasins. Il y a aussi une église et une école.

5 J'habite Blois. L'hôtel de ville est très joli. Il y a un syndicat d'initiative pour les touristes, et un grand château. Il y a aussi beaucoup de magasins, bien sûr.

Rappel

Remember, most adjectives come **after** the noun:
   *Exemple: une ville **industrielle**/ un village **historique***

But a few short, common adjectives come **before** the noun:
   *Exemple: un **petit** village/une **jolie** ville*

3a Qu'est-ce qu'il y a dans ces villes? Notez en français. (1–6)

3b Regardez ces images. Qu'est-ce qui n'est pas
mentionné dans chaque cas?

3c À deux. Regardez les illustrations ci-dessus. Choisissez une ville et
décrivez-la. Votre partenaire doit nommer la ville.

> À ... il y a ...
> On peut visiter ...
> On peut aller au/à la/à l' ...

3d Préparez une description de votre
ville/village, et de 2 autres dans
votre région.

Exemple:

> **Surgères** *est* **une ville** *qui se
> trouve dans* **l'ouest de la France**, *près
> de* **La Rochelle**. *C'est* **joli, touristique** *et*
> **tranquille**. *Il y a* **un centre commercial, une
> place, une gare, des parcs, un camping**.
> *Vous pouvez visiter* **le château** *et* **une
> belle église**.

LIRE
4a Identifiez la fête: le 14 juillet, Noël, ou Carnaval?

1 Le matin, on est allé à l'église. Il faisait très froid!

2 Je me suis déguisé en diable rouge: c'était très amusant!

3 J'ai reçu plein de cadeaux de ma famille et de mes amis.

4 Les feux d'artifice étaient vraiment formidables!

5 On a passé quatre jours à danser et à chanter.

6 En famille, nous avons mangé des huîtres: elles étaient délicieuses!

7 J'ai vu mille soldats dans le grand défilé. C'était assez impressionnant.

8 Je suis allée à un marché spécial dans les rues de la ville.

On fait la fête

À Toulouse, pour nous, la grande fête, c'est le quatorze juillet: c'est la fête nationale de la France. C'est un jour de congé pour tout le monde. Le matin, il y a un grand défilé militaire, qui se termine sur la place. Le soir, il y a des feux d'artifices sur la rivière: ça, c'est super. Après, il y a un bal sur la place, et on danse jusqu'à deux ou trois heures du matin.

Ce que j'aime bien à Florennes, c'est Noël. Il y a un marché spécial dans les rues, et on peut acheter de petits cadeaux pour la famille. Le jour de Noël, on va à la messe le matin. On ouvre les cadeaux le 24 décembre, si le Père Noël ne nous a pas oubliés … Le jour de Noël, on mange des huîtres et du foie gras, et on boit beaucoup de champagne.

Aux Caraïbes, tout s'arrête pour notre Carnaval qui a lieu en février. Pendant quatre jours, on danse, on chante dans la rue et surtout on s'amuse. Pour Mardi Gras, on se déguise en diables rouges, et le lendemain, on enterre le Roi du Carnaval. C'est vraiment une fête extraordinaire.

On is a very useful word meaning 'you' or 'we' or 'one' or 'people'. It is easy to use: the verb follows the same pattern as for il/elle.

ÉCRIRE
4b Qu'est-ce que vous faites chez vous pour faire la fête? Décrivez une fête qui existe dans votre région.

Exemple:
Chez nous la grande fête, c'est …

Nous, on fête … le … (date) …				
Le matin	il y a	un défilé	et on	danse
L'après-midi		un marché		chante
Le soir		un bal		mange
		un concours		boit
		un concert		s'amuse
		des feux d'artifice		se déguise (en …)
		un match de foot		joue (à …)
		un spectacle		va (à …)

1 *Voici ma ville*

Describing a town and understanding a brochure

 1 **Écoutez bien et remplissez les blancs dans le passage.**

J'habite à la ▰▰▰▰ et j'adore ça! Mon père est ▰▰▰▰, nous habitons donc une ferme où il y a beaucoup d'animaux, des ▰▰▰▰, et des ▰▰▰▰. On a des ▰▰▰▰. Je sais que j'ai beaucoup de chance d'avoir un ▰▰▰▰; il s'appelle Cacahuète.

J'adore la ▰▰▰▰, pour moi c'est la perfection, les ▰▰▰▰ et les ▰▰▰▰. Nous avons aussi un grand ▰▰▰▰ sur notre propriété où l'on peut pêcher à la ligne. Les gens aiment faire ça. Je vois mes ▰▰▰▰ et mes ▰▰▰▰ tous les jours – moi, je n'y changerais rien!

vaches	lac	arbres
campagne	fleurs	cheval
moutons	chevaux	fermier
nature	champs	bois

 2a **Identifiez les sortes de logement.**

1   On habite une maison individuelle à la campagne.

2   Nous, on habite une maison jumelée. Ça va, on aime bien les voisins.

3   J'habite une maison mitoyenne moderne avec ma famille.

4   J'habite un HLM dans une cité dans la banlieue.

5   J'habite un petit studio dans le centre-ville.

2b **Écrivez une description de 75 mots de la ville ou du village où vous habitez. Regardez les pages 76–78 et cette page pour vous aider.**

Dans	mon village	il y a	beaucoup de	maisons individuelles
	ma ville		plein de	maisons jumelées
	mon quartier		pas mal de	maisons mitoyennes
	ma région		il n'y a pas de	HLM

3a Lisez ces textes. Copiez et complétez la grille:

Nom de la ville/région	Situation	Caractéristiques

En **Midi-Pyrénées**, vaste région qui hésite entre la plaine et la montagne, à la frontière de l'Espagne et du Languedoc, choisissez les couleurs de vos vacances.

Tout d'abord, ce sera le vert des montagnes de l'Ariège et l'eau profonde de ses lacs d'altitude. Ensuite, le blanc immaculé des sommets enneigés des Pyrénées centrales où les skieurs rassaient leurs envies de grands espaces. Puis le rouge rosé des villes de l'Albigeois et du Toulousain, lorsque la brique s'embrase aux rayons du soleil couchant.

Argelès-Gazost

Petite cité thermale et résidentielle qui s'est développée au 19e s. dans un bassin réputé pour la douceur de son climat, Argelès est une ville paisible, où il est agréable de séjourner. D'autant que sa situation permet d'explorer les vallées alentour et, ce qui ne gâte rien, d'y faire de savoureuses étapes!

Toulouse★★★

«Ville rose à l'aube, ville mauve au soleil, ville rouge au crépuscule»… Toulouse mélange les couleurs et les époques! Cette ancienne capitale des terres d'Oc et des capitouls, qui vole aujourd'hui vers l'avenir avec ses usines aéronautiques bien connues, ravit les touristes qui s'y arrêtent. En se promenant dans ses vieux quartiers, on y découvre de superbes cours Renaissance envahies de fleurs et de magnifiques maisons cachées derrière de lourdes portes. Il faut le dire, Toulouse est aussi une ville universitaire, dynamique et animée… Beaucoup de jeunes, de bars branchés, de terrasses, de boutiques…

Auch*

La capitale administrative de la Gascogne présente un attrait particulier pour les touristes à la recherche d'odeurs et de saveurs. Très animée dans la semaine, la ville se farde de multiples couleurs le samedi, jour de marché. Au-dessous de cette cité dynamique et active, le quartier épiscopal est une invitation à des flâneries silencieuses. Les secrets d'Auch se dévoilent à travers le labyrinthe de ses ruelles médiévales, typiques et fleuries où, dans le fond, il est bien agréable de se perdre…

La Bigorre★★★

Nous sommes au cœur des Grandes Pyrénées, une région authentique et rude qui captive ses visiteurs. Celles des cirques, des torrents dont la préservation relève du Parc national. La nature est à son paroxysme! Ici, vallées et montagnes se cotoient dans une mosaïque de couleurs.

3b Décidez si ces phrases sont vraies, fausses, ou pas mentionnées.

1 La région Midi-Pyrénées se trouve au bord de la mer.
2 Les sommets du Midi attirent un grand nombre de skieurs.
3 Il fait froid à Argelès – Gazost.
4 Auch est une ville de contrastes.
5 D'Artagnan est né à Auch.
6 La Bigorre est une région qui combine vallées, montagnes et rivières.
7 Toulouse est une ville industrielle, touristique et universitaire.

3c À deux. Vous travaillez pour le syndicat d'initiative d'une des villes ci-dessus. Persuadez votre partenaire de visiter cette ville.

*Alors, Toulouse est une ville superbe! Il y a beaucoup de choses à visiter, par exemple …
On peut …
Il y a aussi …*

2 *La ville et la campagne*

Talking about the town versus the countryside

1a Est-ce que ces phrases parlent de la ville ou de la campagne? Écrivez V (ville) ou C (campagne) pour chaque expression.

a Il y a beaucoup de distractions.

b Il y a plein de choses à faire.

c Il y a peu de choses à faire.

d C'est très animé.

e On peut sortir.

f C'est plus calme.

g C'est moins sale.

h C'est extrêmement ennuyeux.

i C'est moins pollué.

j On est plus près de la nature.

k C'est trop bruyant.

l Tout le monde est pressé.

m Il y a trop de pollution.

n C'est plus sain.

o C'est propre.

p Il y a plus de voitures.

q Il y a plus de gens.

r Il y a trop de voitures.

s Il y a moins de monde.

t Il y a moins de bruit.

u On peut se détendre.

1b Écoutez ces jeunes gens qui parlent de leurs préférences et notez les détails qui manquent.

1 Hakim préfère ▰▰▰ car c'est ▰▰▰. Il n'aime pas ▰▰▰ car c'est ▰▰▰.
2 Rosalie veut ▰▰▰ car il y a ▰▰▰. Elle n'aime pas ▰▰▰ car c'est ▰▰▰.
3 Loïc préférerait ▰▰▰ car c'est ▰▰▰. Il n'aime pas ▰▰▰ car c'est ▰▰▰

1c Pour ou contre la vie à la campagne? Catégorisez les phrases. P(positif) ou N(négatif)

a Notre maison est entourée de champs et de bois, ce qui est très agréable.

b Je dois me lever à 6h pour aller au collège, car c'est à 30 kilomètres de chez moi.

c Il y a moins de bruit.

d Mes camarades habitent loin de chez moi.

e L'environnement est plus propre. Il y a trop de pollution en ville.

f Mes parents ont des moutons et des vaches, et j'ai un cheval à moi.

g Les transports en commun ne sont pas assez fréquents.

h On n'a pas tout ce qu'il faut pour s'amuser: aucun cinéma, aucune boîte, seulement le bar local.

i En ville, tout le monde jette ses déchets par terre, et les rues sont souvent sales.

j Il n'y a pas assez de magasins: on n'a pas de choix.

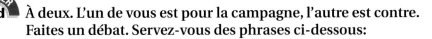

1d À deux. L'un de vous est pour la campagne, l'autre est contre.
Faites un débat. Servez-vous des phrases ci-dessous:

Je préfère habiter en ville, parce que … /Je préfère habiter à la
campagne, parce que …
Je suis pour la vie urbaine parce que …
Je suis pour la vie campagnarde parce que …
Par contre …
L'avantage de vivre à la campagne, c'est que …
L'inconvénient de vivre en ville,
c'est que …
Le mieux c'est de …
Le pire c'est de …
Si on habite en ville …
D'un côté … , d'un autre côté …

Le détective

Comparisons

le mieux c'est de …	*the best thing is …*
le pire c'est de …	*the worst thing is …*

Pour en savoir plus ➡ page 214, pt 6.5

1e Vous avez vu cette page dans
un magazine. Écrivez au
magazine. Répondez aux
questions en français.

Ville ou campagne?

Préférez-vous
habiter en ville ou
à la campagne?

Quels sont les
avantages
d'habiter en ville?

Et à la campagne?

Où habiterez-vous
plus tard dans
votre vie?

2a Faites correspondre les débuts et
les fins des phrases.

La ville idéale de Fadéla serait

beaucoup d'animation.

Il y aurait

au bord de la mer.

Elle aimerait habiter

près de la campagne.

Elle aimerait aussi être

tranquille.

Rappel

The **conditional tense** means 'would'.

J'irais … I would go …, *il y aurait* … there would be …,
see page 207.

2b Écrivez un paragraphe sur
votre ville idéale.

Ma ville idéale serait …
Il y aurait …
Je voudrais habiter une ville …

3 Les pays francophones

The French-speaking world

● ● ● ● ● ● ● ● ● ● ● ● ● ● ●

(Accueil)(La Guadeloupe)(Culture)(Agir)(L'économie)(Le Président)(Le Conseil Régional)(Actualités)

LA GUADELOUPE

Située à 7000 km de la Métropole et 2700 km de New-York, par 16° de latitude nord et 60° de longitude ouest, la Guadeloupe est une région française appartenant à l'arc des Petites Antilles.

Elle forme un archipel de 1780 km², comprenant deux îles principales formant la Guadeloupe proprement dite et six autres îles appelées dépendances: l'archipel des **Saintes** avec **Terre-de-Haut** et **Terre-de-Bas**, **Marie-Galante**, **Saint-Martin** et **Saint-Barthélemy**.

La Guadeloupe est riche de par sa population aux milles visages, son histoire, son environnement, sa gastronomie et les multiples facettes de sa culture.

Entourée de **plages**, bordée de cocotiers et baignée d'une mer bleue cristalline, les Caraïbes l'avaient nommée **"L'île aux belles eaux"**. Mais on l'a surnommée aussi **"L'île d'émeraude"** pour sa végétation exubérante aux milles essences tropicales (voir **parc naturel**).

Elle est encore appelée **"le papillon"** compte tenu de sa forme ressemblant à celle d'un papillon aux ailes déployées.

Elle est composée de deux parties, séparées par un étroit bras de mer appelé **"Rivière Salée"** qui relie la **Grande Terre** (590km²), région calcaire à la **Basse-Terre** (848 km²), région volcanique (voir la **Soufrière**).

La **Grande Terre** à l'est est faiblement vallonnée. Le littoral méridionnal offre des **plages** de sable fin et blanc aux eaux limpides protégées de récifs

coralliens. C'est aussi le domaine du **tourisme**, puisqu'une grande partie des infrastructures touristiques y est principalement localisée. La ville principale est **Pointe-à-Pitre**, véritable carrefour économique de la Guadeloupe.

À l'ouest, la Basse-Terre de forme ovale, aux massifs montagneux, sommets élevés, plateaux, ravins, régions rocheuses, se prolonge jusqu'au littoral caraïbe. On y trouve la plus grande rivière de l'archipel, la **Grande Rivière à Groyave**, longue de 32 km. Son point culminant est le volcan de la **Soufrière** à 1467 m. La forêt est dense et humide. Elle reçoit beaucoup plus de pluie que la **Grande Terre**.

1a Lisez cet article et répondez aux questions qui suivent.

1 La Métropole, qu'est-ce que c'est?
2 Combien d'îles forment la Guadeloupe?
3 Selon l'article, quelles sont les richesses de la Guadeloupe?
4 Décrivez les plages de la Guadeloupe.
5 Traduisez les surnoms de la Guadeloupe 'l'île aux belles eaux' et 'l'île d'émeraude' en anglais.
6 Quelles sont les différences entre la Grande Terre et la Basse-Terre?

1b Vrai ou faux?

1 La Guadeloupe est une région française.
2 Il y a très peu de plages à la Guadeloupe.
3 Les îles guadeloupéennes ont la forme d'un papillon.
4 La Grande Terre est plate.
5 La Basse-Terre n'est pas montagneuse.
6 Il pleut plus sur la Grande Terre que sur la Basse-Terre.

2 Lisez ce texte et remplissez les blancs. Puis écoutez pour vérifier vos réponses.

La France est un pays ⬚⬚⬚. Les grandes ⬚⬚⬚ telles que Paris, Marseille, Lyon, Bordeaux sont importantes bien sûr, mais ⬚⬚⬚ compte et lorsqu'on visite la France on se rend compte que c'est un pays ⬚⬚⬚ avec un ⬚⬚⬚ très, très varié. Dans le nord, vous avez les plaines et les villes ⬚⬚⬚. Dans l'est vous avez des ⬚⬚⬚, les Vosges et les Alpes. Au milieu, vous avez le Massif central, et en bas, c'est un pays qui est bordé par les ⬚⬚⬚. Ensuite, il y a la ⬚⬚⬚ Méditerranée et l'Atlantique, et puis les îles: l'île d'Oléron, l'île de Ré, et n'oublions pas la Corse. Les grands ⬚⬚⬚, comme la Seine, la Loire et le Rhône forment les axes de l'industrie. Vous avez un ⬚⬚⬚ du sud chaud, ensoleillé, et un ⬚⬚⬚ du nord pluvieux, froid. Certains prétendent que c'est la même chose pour les gens, mais je n'en suis pas certain …

l'agriculture
climat
montagnes
Pyrénées
immense
climat
industrielles
paysage
mer
villes
rural
fleuves

3 En vous servant de l'article ci-dessus comme modèle, écrivez une description du pays où vous habitez.

4a Choisissez un pays francophone qui vous intéresse. Décrivez-le.

Vous devez mentionner:

> *Il y a beaucoup de régions du monde où on parle français.*
> **Exemple:** La Réunion, le Québec, le Sénégal … il y en a beaucoup!
> *Vous pouvez utiliser* <u>www.yahoo.fr</u> *comme moteur de recherche.*

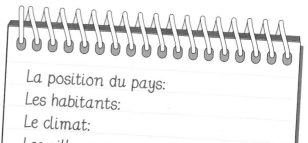

La position du pays:
Les habitants:
Le climat:
Les villes principales:
Les attractions principales:
Les industries importantes:
D'autres détails intéressants:

4b Faites une présentation orale sur ce pays francophone. Servez-vous des phrases ci-dessous:

Je vais parler de …
C'est un pays qui se trouve …
Il y a … habitants.
En ce qui concerne le climat …
Les villes principales sont …
Les attractions principales sont …
Les industries importantes sont …
Je voudrais visiter ce pays car …
Pour d'autres renseignements, visitez le site Internet …

4 *L'environnement*

Discussing environmental issues

	Problème principal	Détails
1	pollution	trop de voitures en ville
2		

1a Copiez et remplissez la grille. (1–6)

1b À deux, classez ces problèmes par ordre d'importance pour vous.

Exemple:

> *Pour moi, la pollution est plus importante que l'emballage, la pollution c'est numéro un.*

1 La pollution

2 L'emballage

3 Le gaspillage d'énergie

4 Le matérialisme

5 Le bruit

6 Les papiers par terre

2a Faites correspondre les images aux bulles. Qu'est-ce qu'il faut faire pour protéger l'environnement?

1 *Il faut acheter des produits verts.*

2 *Il faut utiliser des produits recyclés.*

3 *Il faut utiliser les transports en commun.*

4 *Il faut recycler le verre.*

5 *Il faut conserver l'eau et l'énergie.*

6 *Il faut prendre le bus au lieu de la voiture.*

7 *Il faut trier les déchets pour le recyclage.*

8 *Il ne faut pas gaspiller les ressources de la terre.*

9 *Il faut éteindre la lumière.*

10 *Il ne faut pas jeter les papiers par terre.*

Rappel

Il faut + infinitive = it is necessary to/we must

2b Choisissez la bonne réponse.

1 Beaucoup de personnes optent pour:
   a la lumière
   b les produits verts
   c les transports en communs

2 Peu de gens:
   a éteignent la lumière
   b allument la lumière
   c recyclent la lumière

3 Beaucoup de gens recyclent:
   a les bus
   b les boîtes de conserve
   c l'eau

4 Il y a trop de: a bus   b pollution   c bouteilles
5 Il faut une attitude: a régionale   b départementale   c globale

---

L'environnement est très important de nos jours. On est conscient de la nécessité d'acheter des produits verts et d'utiliser des produits recyclés. Mais il y a trop de voitures particulières et donc trop de pollution. Nous ne voulons pas emprunter le bus, les transports en commun. Pourquoi pas?

En plus, certains pensent qu'éteindre la lumière n'est pas leur responsabilité. L'énergie est gaspillée. De même pour la conservation de l'eau. En plus, l'eau est souvent polluée par les déchets chimiques.

Beaucoup de gens recyclent les boîtes, le papier, et les bouteilles, mais ces mêmes personnes jettent des papiers par terre. Les papiers sont jetés partout! Il faut adopter une attitude globale, voilà la solution.

2c À deux. En français:

A
- Quels sont les problèmes principaux pour l'environnement?
- Qu'est-ce qu'il faut faire pour protéger l'environnement?

B
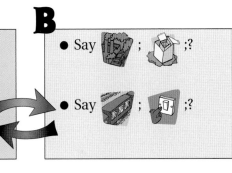
- Say ... ; ... ;?
- Say ... ; ... ;?

2d Faites un sondage auprès de votre classe. Posez la question suivante:

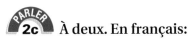
Quel est le problème principal pour l'environnement?

Puis écrivez 5 phrases sur les résultats, suivant ce modèle:

X% pensent que la pollution est le problème principal pour l'environnement.

---

3 Vous avez lu cet extrait dans un magazine. Écrivez en français au magazine.

Que faites-vous pour l'environnement?
Est-ce que c'est assez?
Dites quel problème sur l'environnement vous intéresse
Proposez une solution
Qu'est-ce que les gens pourraient faire autrement?

Le détective

Most verbs that you have met so far have been active.

Example: *I drink tea/I listen to music*

The passive is formed using être in the appropriate tense plus the past participle, which agrees with the thing that is having the action done to it.

Exemple: L'énergie est gaspillée
Energy is wasted

Pour en savoir plus ➡ page 208, pt 3.11

1 You are in the tourist office. Your partner will play the part of the person working in the tourist office and will start the conversation.

A

- Je peux vous aider?
- Vous vous intéressez à quoi exactement?
- Oui, voilà des informations. Il y a un concours de pétanque ou une soirée dansante ce soir.
- Qu'est-ce que vous avez déjà visité en France?

B

- Détails de la région?
- Vos intérêts (3 détails).
- Préférence + raison.
- !

You are talking to a French friend about where he/she lives. Your partner will play the part of the friend and will begin the conversation.

A

- Comme tu vois, Collioure est une station balnéaire. Comment est ta ville?
- Tu aimes y habiter?
- Tu préfères la ville ou la campagne?
- Qu'est-ce qu'on peut faire le soir chez toi?

B

- Description de ta ville/ton village (2 détails).
- Opinion + raison.
- !
- Le soir (3 détails).

2 Prepare a one-minute speech called 'Ma ville'.

> Description de ma ville/mon village
> Situation
> Nombre d'habitants
> Caractère
> Choses à faire
> Je préfère la ville/la campagne parce que ...
> Ma ville idéale

3

Your examiner may ask …

1 Quelles différences y-a-t-il entre la vie en France et la vie en Angleterre?

2 Parle-moi un peu des problèmes de la pollution.

3 Tu préfères habiter en ville ou à la campagne?

4 Si on est touriste, pourquoi faut-il venir à … ?

1 Town or country? Your task is to argue for and against living in the town or country. You are a radio presenter interviewing people about whether they prefer the town or the country. You must assemble a whole range of opinions, link them together, then summarise the arguments.

- You could structure your coursework as a series of 'Témoignages', i.e. different people's points of view, with some in favour of town life and some of country life. Try to make them as varied as possible and show off your French.
- Include statements about where they lived in the past and where they would like to live in an ideal world.
- Use the examples given as a starting point, then make up several of your own.
- In your summing up, use the vocabulary you learnt on page 83.

Ursule Leffroi
loves living in town
loves the atmosphere and the buzz
likes the noise and bustle
likes the convenience of shops and public transport
lived in the country* as a little girl – didn't like it.

Laetitia Furnion
prefers living in town
finds the country dull and boring
thinks that towns have a richer cultural life
likes to go to the theatre and to restaurants
likes to live amongst people
has always lived in town.

Hadj Daoudi
adores living in the country
likes a quiet life
likes the countryside and its pace of life
lived in Paris for ten years* – hated it
would like to live in the Caribbean.

* Make sure you use the imperfect for talking about where people used to live.

When going through your coursework, make sure you have worked through this checklist.
- Have you checked in the dictionary for any genders you're not sure of?
- Are you sure you have used the correct articles?
- Have you checked that all your adjectives agree in gender and number with the things they are describing?
- Have all your present tense verbs got the right endings?
- Have all your perfect tense verbs got the right auxiliary verb and the correct past participle?
- Have all your imperfect tense verbs got the right endings?
- Are your future endings correct?
- Have you used the three tenses above?
- Have you included opinions?
- Have you used a variety of adverbs?

Mots

Situation — *Location*

J'habite … — *I live …*
à la campagne — *in the country*
à la montagne — *in the mountains*
au bord de la mer — *by the seaside*
dans une région … — *in a region …*
dans l'est/ouest/le nord/sud — *in the east/west/north/south*
dans le sud-ouest — *in the south-west*
dans le nord-est — *in the north-east*
La ville est située/se trouve dans … — *The town is situated/found in …*

Description — *Description*

Il y a vingt/cent mille/habitants. — *There are 20 000/100 000 inhabitants.*
la banlieue — *the suburbs/outskirts*
la capitale — *the capital*
la (troisième/quatrième) ville — *the (third/fourth) biggest town*
une grande ville — *big town/city*
un quartier — *district*
Il y a beaucoup de/plein de/pas mal de … — *There are a lot of …*
Il n'y a pas de (parc/piscine). — *There isn't a (park/swimming pool).*

Caractère — *What's it like?*

un (ancien/beau/joli/petit) village — *a/an (old/beautiful/pretty/small) village*
un village … — *a … village*
calme — *quiet*
moderne — *modern*
typique — *typical*

une (ancienne/belle) ville. — *a/an (old/beautiful) town.*
une ville … — *a … town*
agréable — *pleasant*
historique — *historical*
industrielle — *industrial*
moyenne — *medium-sized*
touristique — *tourist*

une région (rurale/animée) — *a (rural/busy) area*

Visiter une ville — *Visiting a town*

À (Poitiers) il y a … — *At (Poitiers) there is …*
un camping — *a campsite*
une cathédrale — *cathedral*
un centre commercial — *a shopping centre*
un château — *castle*

une école — *school*
une église — *church*
une gare — *railway station*
un hôpital — *hospital*
un hôtel de ville — *town hall*
un magasin — *shop*
un musée — *museum*
un parc — *park*
une piscine — *swimming pool*
un stade — *stadium*
un syndicat d'initiative — *tourist information centre*
Vous pouvez visiter (le château). — *You can visit (the castle).*
On peut aller (au parc/à la piscine). — *You can go to (the park/the swimming pool).*

Les fêtes — *Public holidays*

Il y a … — *There is/are …*
un bal — *a dance*
un concert — *a concert*
un concours — *a competition*
un défilé — *a procession*
des feux d'artifice (mpl) — *fireworks*
un match de foot — *a football match*
marché spécial — *a specialist market*
un spectacle — *a show*
on fête — *we celebrate*
on chante — *we sing*
on danse — *we dance*
on boit — *we drink*
on mange — *we eat*
on joue (à/à la/à l'/au) … — *we play (…)*
on va (à/à la/à l'/au) … — *we go (to …)*
on s'amuse — *we enjoy ourselves/have fun*
on se déguise (en …) — *we dress up (as …)*

Les sortes de logement — *Types of housing*

Dans (ma ville/mon village/mon quartier/ma région) il y a … — *In (my town/my village/my area/my region) there are …*
beaucoup de/plein de/pas mal de … — *a lot of …*
cités (fpl) — *housing estates*
HLM (mpl) — *council flats*
maisons individuelles (fpl) — *detached houses*
maisons jumelées (fpl) — *semi-detached houses*
maisons mitoyennes (fpl) — *terraced houses*
Il n'y a pas de (studios). — *There aren't any (studio flats).*

La ville et la campagne — *Town vs countryside*

Les avantages de la ville — *The advantages of the town*

Il y a beaucoup de distractions. — *There are lots of activities.*

Il y a plein de choses à faire. — *There is lots to do.*

C'est très animé. — *It is very busy.*

On peut sortir. — *You can go out.*

Les inconvénients de la ville — *The disadvantages of the town*

Il y a trop de pollution. — *There is too much pollution.*

Il y a trop de voitures. — *There are too many cars.*

Tout le monde est pressé. — *Everybody is in a hurry.*

C'est trop bruyant. — *It is too noisy.*

Les avantages de la campagne — *The advantages of the countryside.*

Il y a moins de bruit. — *There is less noise.*

Il y a moins de monde. — *There are fewer people.*

C'est (propre/plus calme). — *It is (clean/quieter).*

C'est (plus sain/ moins sale). — *It is (healthier/less dirty).*

C'est moins pollué. — *It is less polluted.*

On est plus près de la nature. — *You are closer to nature.*

On peut se détendre. — *You can relax.*

Les inconvénients de la campagne — *The disadvantages of the countryside*

Il y a peu de choses à faire. — *There is little to do.*

C'est extrêmement ennuyeux. — *It is very boring.*

Ma ville idéale serait… — *My ideal town would be…*

Il y aurait… — *There would be…*

Je voudrais… — *I would like…*

J'aimerais… — *I would like…*

Je préfère habiter (en ville/ à la campagne) parce que… — *I prefer living (in the town/countryside) because …*

Je suis pour la vie (urbaine/ campagnarde) parce que … — *I am in favour of the (city/country) life because …*

(L'avantage/ L'inconvénient) de vivre en ville, c'est que… — *(The advantage/ disadvantage) of living in the town is that …*

Le mieux/le pire c'est de … — *The best/worst is that …*

Par contre … — *On the other hand …*

D'un côté …, d'un autre côté … — *On the one hand …, on the other hand …*

Décrire un pays — *Describing a country*

Les villes principales sont … — *The main towns are …*

Je voudrais visiter ce pays car … — *I would like to visit this country because …*

C'est un pays qui se trouve … — *The country is situated …*

En ce qui concerne le climat … — *The climate/weather is …*

Les attractions principales sont … — *The main places of interest are …*

Les industries principales sont … — *The main industries are …*

L'environnement — *The environment*

Il faut … — *We must…*

acheter des produits verts — *buy green products*

utiliser les transports en commun — *use public transport*

éteindre la lumière — *switch off lights*

utiliser des produits recyclés — *use recycled products*

prendre le bus au lieu de la voiture — *use the bus instead of the car*

conserver l'eau et l'énergie — *conserve water and energy*

recycler les boîtes de conserve — *recycle tin cans*

trier les déchets pour le recyclage — *sort out rubbish for recycling*

Il ne faut pas… — *We must not …*

jeter des papiers par terre — *throw wastepaper on the ground*

gaspiller les ressources de la terre — *waste the earth's resources*

(30%) pensent que (la pollution) est le problème principal de l'environnement. — *(30%) think that (pollution) is the chief problem for the environment.*

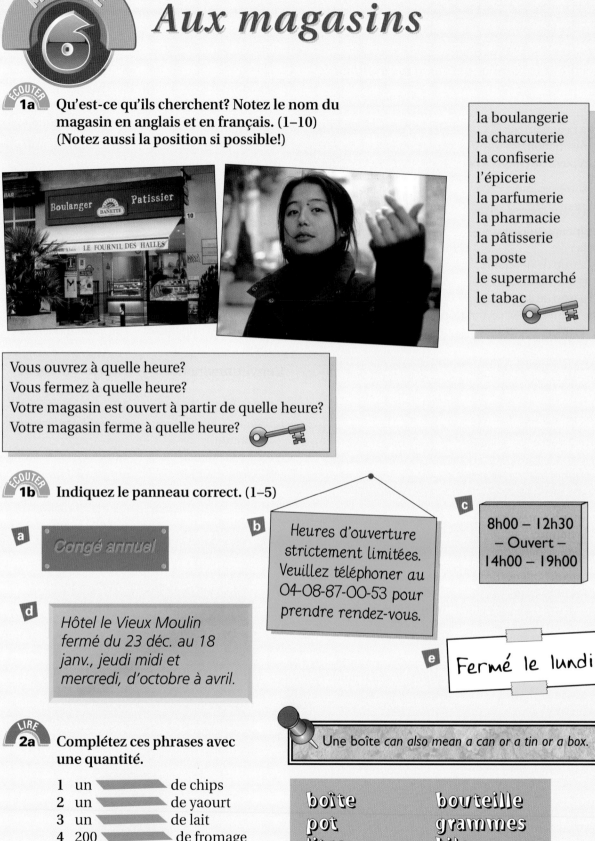

MODULE 6

Aux magasins

1a Qu'est-ce qu'ils cherchent? Notez le nom du magasin en anglais et en français. (1–10) (Notez aussi la position si possible!)

la boulangerie
la charcuterie
la confiserie
l'épicerie
la parfumerie
la pharmacie
la pâtisserie
la poste
le supermarché
le tabac

Vous ouvrez à quelle heure?
Vous fermez à quelle heure?
Votre magasin est ouvert à partir de quelle heure?
Votre magasin ferme à quelle heure?

1b Indiquez le panneau correct. (1–5)

a *Congé annuel*

b Heures d'ouverture strictement limitées. Veuillez téléphoner au 04-08-87-00-53 pour prendre rendez-vous.

c 8h00 – 12h30 – Ouvert – 14h00 – 19h00

d Hôtel le Vieux Moulin fermé du 23 déc. au 18 janv., jeudi midi et mercredi, d'octobre à avril.

e Fermé le lundi

2a Complétez ces phrases avec une quantité.

Une boîte *can also mean a can or a tin or a box.*

1 un _____ de chips
2 un _____ de yaourt
3 un _____ de lait
4 200 _____ de fromage
5 une _____ de Coca
6 un _____ de raisin
7 une _____ d'eau minérale

boîte   bouteille
pot   grammes
litre   kilo
paquet

LIRE
2b Formez des phrases logiques.

une boîte de
une bouteille de
une douzaine d'
200 grammes de
2 kilos de
un litre de
un paquet de
un pot de
un sac de

Rappel

After quantities, use **de**

Exemple: a box of chocolates = *une boîte **de** chocolats*
lots of shops = *beaucoup **de** magasins*

ÉCOUTER
2c Écoutez ces conversations à l'épicerie. (1–4) Notez les détails qui manquent.

Vendeuse:	Bonjour, monsieur. Vous désirez?
Client:	Avez-vous des **a** ?
Vendeuse:	Oui, combien en voulez-vous?
Client:	Donnez-moi **b** , s'il vous plaît.
Vendeuse:	Voilà. Et avec ça?
Client:	Je voudrais **c** de **d** , s'il vous plaît.
Vendeuse:	**c** de **d** , voilà. Voulez-vous autre chose?
Client:	Non, c'est tout. Ça fait combien?
Vendeuse:	Ça fait **e** .

PARLER
2d À deux. Faites des conversations en utilisant les modèles ci-dessus.

1 a b c €4,90

2 a b c €6,60

3 !

ÉCRIRE
2e Préparez une liste pour un pique-nique pour votre classe entière.

Exemple:
6 baguettes
2 kilos de pâté ...

3a Qu'est-ce qu'ils veulent acheter?
Notez le vêtement, la couleur, et s'ils l'ont dans le magasin ou pas. (1–6)

Je voudrais …
Avez-vous …?
Je cherche …
Il n'y a plus de

3b Préparez ces phrases en français:

1 Say you would like .

2 Ask if they have any .

3 Say you are looking for .

4 Ask if they have any .

5 Say you would like .

6 Say you are looking for .

3c Lisez l'affiche et répondez aux questions en anglais.

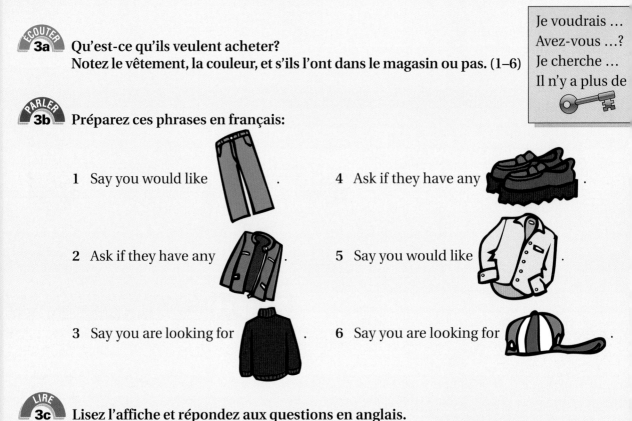

BOUTIQUE *SPORT*

Le survêtement adulte bicolore
SANTORINI
Blouson: 2 poches zippées
Jogging: 2 poches côtés
100% polyester
€67,70

Le bikini St Tropez
2 pièces avec fines bretelles
Un prix unique pour toutes les tailles
€18,30

Le sweat capuche adulte essentiel NPF
Poche kangourou. 100% coton
€43,50

La casquette N·E·W·J·O·Y
Blanc, beige, gris ou noir
€14,50

Les baskets *voucher*
Pour joueurs sérieux ou occasionnels, sur tous terrains.
Dessus cuir. Coussin d'air visible.
Commandez 1 pointure de plus que votre pointure normale.
€83

Le pull COL V
En vert clair, bleu clair ou bleu fonc
100% laine pure
€64,80

1. What colours of jumper are available? (3)
2. What are the trainers made of? (1)
3. I want a bikini. How much will it cost? (1)
4. How do I know what size trainers I should order? (1)
5. What is the jumper made of? (1)
6. What colour of baseball cap can I get? (4)
7. Describe the tracksuit. (4)
8. Are the trainers suitable for inside and outside use? (1)

LIRE

4 C'est à quel étage?

1. Je cherche une robe.
2. Où est le rayon des CD?
3. Je voudrais acheter une carte d'anniversaire française.
4. Où sont les parapluies, s'il vous plaît?
5. Vous vendez des magnétoscopes?
6. Je voudrais changer des chèques de voyage.
7. Où est-ce qu'on peut acheter des provisions pour un pique-nique?
8. Je cherche un appareil-photo.

GALERIES LAFAYETTE

Au sous-sol

alimentation

Au rez-de-chaussée

accessoires parfumerie papeterie librairie
souvenirs

Au premier étage

vêtements pour
femme
tout pour la
maison
maison des
cadeaux

Au deuxième étage

vêtements pour enfants
vêtements pour homme
chaussures

Au troisième étage

jouets
musique
électroménager/photo
bureau de change

1 *On fait des achats*

Going shopping

1 Lisez le texte et remplissez les blancs dans les phrases ci-dessous:

Guide touristique de Corbières en Minervois

Foires et marchés

Lundi matin	Saint-Laurent	Marché
Jeudi matin	Thèzan Corbières	Marché
Toute la semaine	Montredon	Marché

Épicerie La Rondelle, ouverte tous les jours sauf le mardi.
Charcuterie/Traiteur: La Bastide en face de l'église.
La Halle aux Chaussures: Route de Rieux

Printemps – renseignements pratiques

Adresse du magasin — 64, boulevard Haussmann 75009 PARIS

Téléphone — 01.42.82.50.00

Fax — 01.42.82.45.22

E-mail — infos@printemps.fr

Métro — Havre-Caumartin

R.E.R. — Auber

Parking — rue Charras par le boulevard Haussmann, rue de Provence par la rue du Havre

Horaires d'ouverture — du lundi au samedi de 9h35 à 19h00, nocturne le jeudi jusqu'à 22h00

1 Si vous vous intéressez à la mode, vous irez au ▮▮▮▮ .
2 Si vous voulez aller au marché le vendredi, vous irez à ▮▮▮▮ .
3 Au Printemps, vous pourrez faire vos achats le jeudi jusqu'à ▮▮▮▮ .
4 Si vous voulez acheter des baskets pour votre frère, vous irez à la ▮▮▮▮ .
5 Si vous voulez acheter du pâté, vous irez ▮▮▮▮ .
6 Si vous voulez acheter des légumes, vous irez ▮▮▮▮ .

> *Look for the clues in the questions for reading. You don't have to understand every word. Sometimes, you can work the answers out.*

Rappel

Remember, the **future tense** is formed with a future stem and the endings *-ai, -as, -a, -ons, -ez, -ont.*

In task 1 you can see two irregular forms **aller** → **ir-** and **pouvoir** → **pourr-** see page 221

2a Écoutez bien et décidez s'ils sont pour ou contre les grandes surfaces, ou s'ils sont sans opinion. (1–4)

	Pour	Contre	Sans opinion
1			
2			

une grande surface *hypermarket*

2b Écoutez une deuxième fois et prenez des notes en français sur les opinions des quatre personnes.

2c Vous êtes pour ou contre les grandes surfaces? Et le shopping le dimanche? Écrivez votre point de vue au magazine. Servez-vous des phrases à côté.

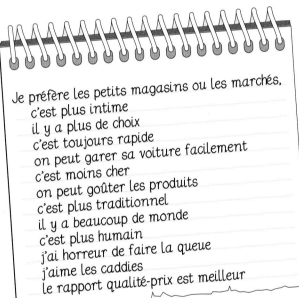

Je préfère les petits magasins ou les marchés.
c'est plus intime
il y a plus de choix
c'est toujours rapide
on peut garer sa voiture facilement
c'est moins cher
on peut goûter les produits
c'est plus traditionnel
il y a beaucoup de monde
c'est plus humain
j'ai horreur de faire la queue
j'aime les caddies
le rapport qualité-prix est meilleur

3a Copiez et remplissez la grille. (1–5)

	Lieu	Magasins	Produits
1			
2			

3b À deux. En français:

A
- Ask your friend if he/she wants to go shopping
- Suggest a time to meet

- Say OK. Suggest you meet in front of Printemps
- Ask what your friend wants to buy

B
- Agree to the suggestion

- Suggest a different time. Ask where you should meet
- Agree to the suggested rendez-vous

- Say what you are looking for

2 Les fringues

Shopping for clothes

1a Mettez les phrases dans le bon ordre pour faire une conversation au magasin de vêtements.

a Est-ce que je peux l'essayer?

b Bien sûr.

c Taille 42.

d Bonjour, mademoiselle. Vous désirez?

e Quelle taille?

f D'accord, un moment … voilà.

g Vert foncé, s'il vous plaît.

h Et quelle couleur?

i Je cherche un jean.

5 minutes plus tard

j Merci, je le prends.

k Oui, j'ai celui-là en taille 40.

l Très bien, vous payez à la caisse.

m Malheureusement celui-ci est trop grand. Avez-vous quelque chose de plus petit?

À la caisse

n Non, carte bleue.

o Vous payez en espèces?

1b Écoutez la cassette pour voir si vous avez raison.

1c À deux. Faites cinq conversations suivant le modèle ci-dessus.

Rappel

je **le** prends = I'll take it

je **la** prends = I'll take it

je **les** prends = I'll take them

See page 215

Non, je ne l'aime pas
Je ne le prends pas
Non merci, je veux quelque chose de plus …

À trois. Vous faites du shopping avec un ami/une amie. Répétez cette conversation.

- Je cherche <u>un pantalon</u>. J'aime bien <u>celui-ci en jean délavé</u>.
- Non, moi, je préfère <u>celui-là en cuir</u>. Il est super.
- Je peux vous aider?
- Oui, je voudrais essayer <u>ce pantalon en jean délavé et celui-là en cuir</u>.
- Vous faites quelle taille?
- Je fais du <u>44</u>.
- Où est la cabine d'essayage?
- Au fond du magasin.
- Il te va bien <u>celui en cuir</u>?
- Non, <u>il est trop petit</u>.
- Dommage. Et <u>celui en jean délavé</u>?
- Oui, parfait.
- Alors?
- Je prends celui-là.
- D'accord. Vous payez en espèces?
- Oui … ah non, j'ai oublié mon porte-monnaie!

en soie	en plastique
en laine	à pois
en coton	à rayures
en acrylique	

Faites deux autres conversations. Changez les détails soulignés.

Écoutez ces conversations et choisissez la bonne image. (1–6)

Le détective

To say this one, that one, these or those:

masculine singular	celui	
feminine singular	celle	(+ -ci)
masculine plural	ceux	(+ -là)
feminine plural	celles	

You can be specific by saying:
Celle-ci ou celle-là? *This one or that one?*

Pour en savoir plus ➡ page 218, pt 7.10

Il/elle est troué(e)/déchiré(e)
Il/elle est trop cher(-ère)
Il manque un bouton
La fermeture éclair est cassée
Il y a une tache
Il/elle a rétréci

Je peux l'échanger?
Pouvez-vous me rembourser?
Avez-vous le reçu?
Je pourrais vous donner un crédit

Écrivez un scénario dans un magasin d'enfer. Le vendeur est mal poli, les vêtements sont affreux …

3 L'argent de poche

Spending your pocket money

● ● ● ● ● ● ● ● ● ● ● ● ● ● ●

1a Voici votre liste. Quel produit choisissez-vous?

1 Boissons pour Brigitte qui fait régime
2 2 boissons pour la fête d'anniversaire d'Anne-Sophie (8 ans)
3 Boissons pour les pique-niques des jumeaux (4 ans)
4 Boissons pour les joueurs de tennis de la famille
5 Dessert pour soirée sophistiquée
6 Sorte de glace pour toute la famille
7 Repas végétarien pour Martin

EN **RAYON CHEZ** AUCHAN

Mini-boissons maxi-pratiques!

Avec des bulles
Délicieuse au goûter ou à tous moments de la journée, la limonade blanche Rik et Rok, 4 x 50cl, **9F 90** (1€ 51).

Idéale pour le sport
L'eau minérale naturelle Volvic, facile à boire grâce à son bouchon sport, 4 x 1l., **9F 95** (1€ 52).

Pour la ligne
Recommandée à ceux qui surveillent leur ligne, l'eau de beauté Contrex, 6 x 33 cl, **24F 95** (3€ 80).

Tropic
De délicieux bonbons acidulés fourrés aux arômes exotiques: ananas, citron vert, orange, banane, mandarine. 300g: **7F 80** (1€ 19).

Pétillant!
Une délicieuse boisson au goût co très appréciée des enfants: Planet Cola 4 x 50 ml, **13F 95** (2€ 13).

Thé glacé?
Désaltérant, le thé glacé aromatisé à la pêche. Lipton Ice Tea light pêche, 6 x 33 cl, **16F 95** (2€ 58).

Briquettes
Idéales pour les petits, les briquettes de jus de fruit Rik et Rok orange-pêche-abricot ou ananas ou pomme, 6 x 20 cl, **9F 90** (1€ 51).

Babas au rhum
Deux babas imbibés d'un sirop de rhum, recouverts d'une onctueuse crème anglaise… De quoi fondre de plaisir! 280g: **9F 90** (1€ 51).

Multi frutti
Un assortiment de bonbons tendres aux arômes variés: citron, orange, fraise, pomme et cerise. 450g: **9F 40** (1€ 43).

Sorbets
Offrez à toute la famille un peu de fraîcheur cet été en composant avec ces délicieux sorbets des desserts glacés aux saveurs variées. 1L: **16 F 90** (2€ 58).

Pizzas pâte crue 3 fromages
L'edamer, l'emmenthal et la mozzarella forment un savoureux mélange de fromages fondus à la cuisson. La pâte lève et cuit dans votre four, devenant moelleuse et croustillante. 580g: **19F 90** (3€ 03).

1b Écoutez les offres spéciales, cette semaine. Prenez des notes dans votre carnet. (1–10)

Exemple:

> 1 saumon de Norvège

LIRE

2a Sondage au Printemps: qu'est-ce que tu fais de ton argent de poche?

Je reçois de l'argent de poche de mes parents. J'ai €5 par semaine. Avec mon argent, j'achète des bonbons, des cadeaux, et des magazines d'ordinateur. Je fais des économies pour un portable et une moto. Je trouve que j'ai assez d'argent de poche, parce que mes parents me paient mes vêtements et mes billets de bus.

Olivier, 16 ans

Je viens souvent en ville pour dépenser mon argent de poche. Je reçois €30 par mois de ma mère. Ce que j'aime acheter le plus, ce sont les vêtements. J'ai le droit de choisir ce que je veux, mais je dois les acheter toute seule. Ma mère m'achète des chaussures pour le collège, et c'est tout. J'achète aussi des bijoux, du maquillage, et des magazines de mode. Je fais des économies pour un appareil-photo. J'aimerais avoir un peu plus d'argent par mois, parce que les vêtements coûtent très cher.

Angélique, 15 ans

Moi, je reçois €6 par semaine de mes parents. J'achète des billets de cinéma, des CD, des jeux vidéo et plein de romans, mais pas mes vêtements. À la fin de la semaine, il me reste assez d'argent pour faire des économies. En ce moment, je fais des économies pour des cadeaux de Noël. J'ai une copine qui reçoit très peu d'argent de poche. Sa mère lui donne €10 par mois – c'est pas possible!

Audrey, 16 ans

Mon papa me donne €20 par mois. Ça ne me suffit pas. Je dois payer tout, y compris mes vêtements. Mon père m'achète le matériel pour le collège: mes cahiers, mes livres, mes crayons et le reste. Je trouve que ce n'est pas juste. Je ne peux pas faire d'économies car je n'ai pas assez d'argent.

Yann, 15 ans

Qui:
1 aime acheter du maquillage?
2 achète beaucoup de livres?
3 reçoit son argent de poche de son père?
4 reçoit le plus d'argent de poche?
5 font des économies?
6 ne sont pas contents de leur argent de poche?
7 achètent des magazines?
8 doivent acheter leurs vêtements?

Look at the verbs to see if the answer is one or more than one person.

ÉCOUTER

2b Copiez et complétez la grille en français. (1–5)

Prénom	Combien?	Quand?	De qui?	Achète?

ÉCRIRE

2d Préparez un paragraphe sur votre argent de poche (réel ou imaginaire).

Le détective

Indirect object pronouns translate as **to me**, **to her**, etc.

Mon papa me donne €20.
My dad gives me €20.

Sa mère lui donne €10 par mois.
Her mother gives her €10 per month.

Pour en savoir plus ➡ page 216, pt 7.3

PARLER

2c Faites un sondage au sujet de l'argent de poche. Commentez vos résultats.

Exemple:

x personnes reçoivent entre x euros et x euros par semaine

x personnes dépensent leur argent en …

x personnes font des économies pour …

x personnes sont satisfaites/ne sont pas satisfaites

4 À la poste et à la banque

Sending letters and making calls

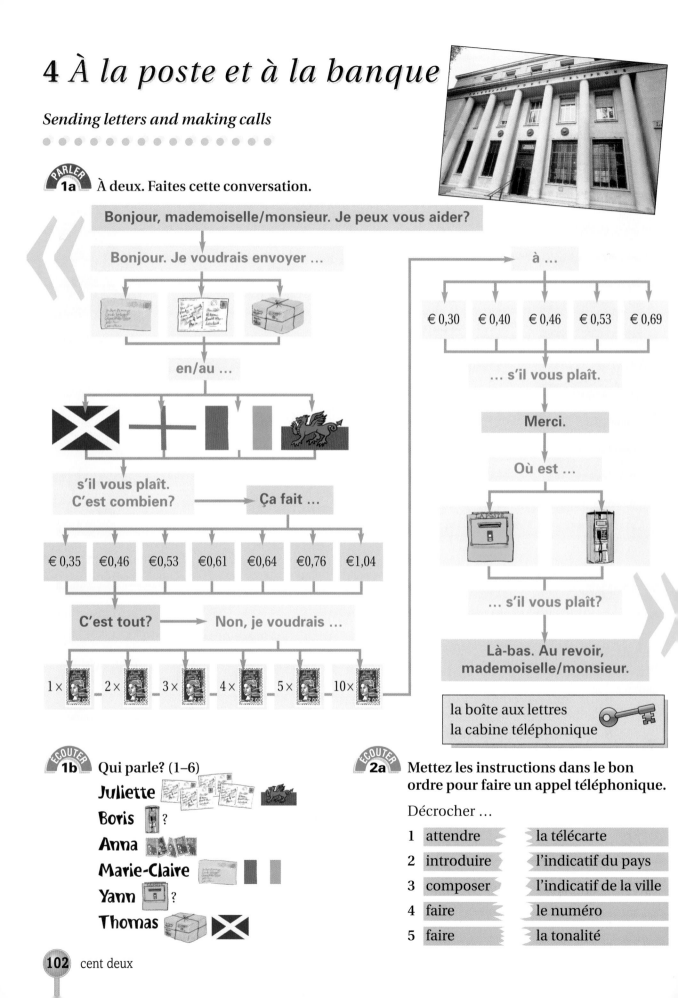

PARLER
1a   À deux. Faites cette conversation.

Bonjour, mademoiselle/monsieur. Je peux vous aider?

Bonjour. Je voudrais envoyer …

en/au …

**s'il vous plaît.
C'est combien?**   →   **Ça fait …**

| € 0,35 | €0,46 | €0,53 | €0,61 | €0,64 | €0,76 | €1,04 |

C'est tout?   →   **Non, je voudrais …**

1 ×   2 ×   3 ×   4 ×   5 ×   10 ×

à …

| € 0,30 | € 0,40 | € 0,46 | € 0,53 | € 0,69 |

… s'il vous plaît.

Merci.

Où est …

… s'il vous plaît?

**Là-bas. Au revoir,
mademoiselle/monsieur.**

la boîte aux lettres
la cabine téléphonique

ECOUTER
1b   Qui parle? (1–6)

Juliette

Boris   ?

Anna

Marie-Claire

Yann   ?

Thomas

ECOUTER
2a   Mettez les instructions dans le bon
ordre pour faire un appel téléphonique.

Décrocher …

1	attendre	la télécarte
2	introduire	l'indicatif du pays
3	composer	l'indicatif de la ville
4	faire	le numéro
5	faire	la tonalité

2b Écrivez des instructions en français sur le mode d'emploi d'un téléphone dans une cabine téléphonique britannique.

3a Vous êtes à la banque. Faites correspondre la question et la réponse.

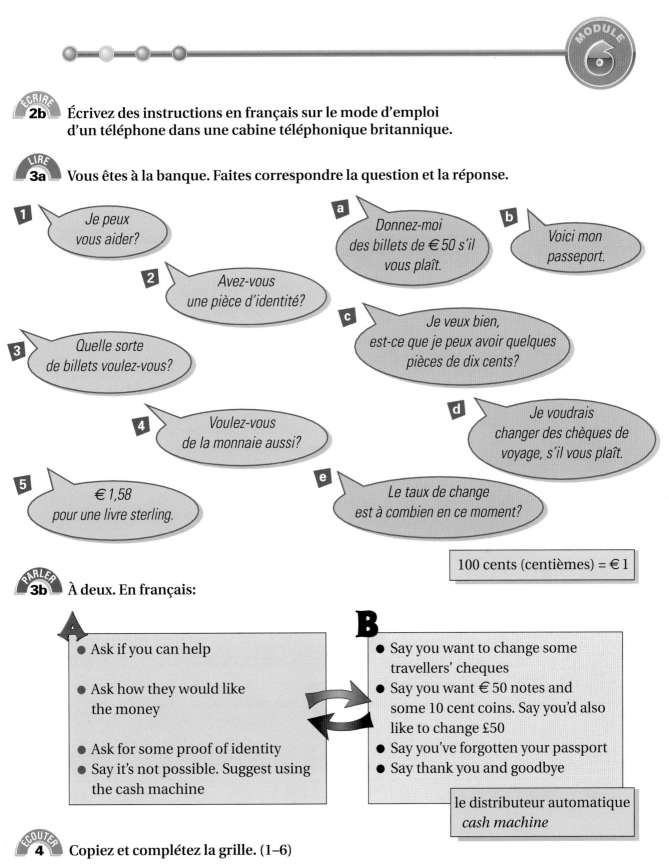

1 Je peux vous aider?

2 Avez-vous une pièce d'identité?

3 Quelle sorte de billets voulez-vous?

4 Voulez-vous de la monnaie aussi?

5 € 1,58 pour une livre sterling.

a Donnez-moi des billets de € 50 s'il vous plaît.

b Voici mon passeport.

c Je veux bien, est-ce que je peux avoir quelques pièces de dix cents?

d Je voudrais changer des chèques de voyage, s'il vous plaît.

e Le taux de change est à combien en ce moment?

100 cents (centièmes) = € 1

3b À deux. En français:

A
- Ask if you can help
- Ask how they would like the money
- Ask for some proof of identity
- Say it's not possible. Suggest using the cash machine

B
- Say you want to change some travellers' cheques
- Say you want € 50 notes and some 10 cent coins. Say you'd also like to change £50
- Say you've forgotten your passport
- Say thank you and goodbye

le distributeur automatique *cash machine*

4 Copiez et complétez la grille. (1–6)

	Veut?	Problème?
1	acheter des timbres	ne vend pas de timbres

5 *Je suis perdue!*

Reporting a loss

ÉCOUTER 1a **Écoutez et lisez, puis trouvez le français pour les expressions suivantes:**

1 Where were you?
2 Everything was in it
3 I left it
4 What colour was the umbrella?
5 This morning at about ten

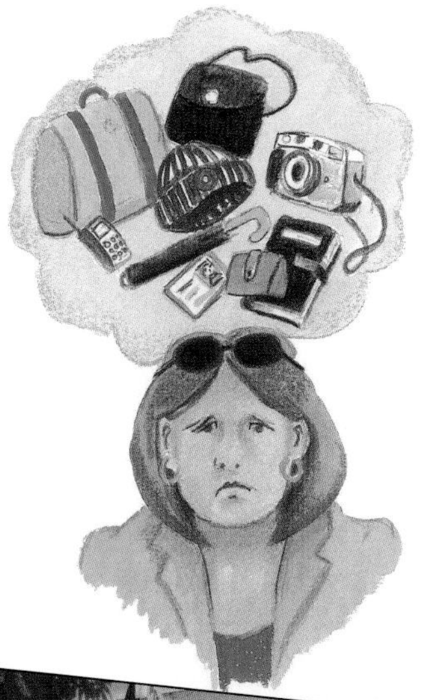

ÉCRIRE 1b **Vous êtes Mimi. Écrivez des annonces afin de retrouver vos affaires.**

Exemple:

Perdu le 10 octobre dans l'autobus numéro 18 en provenance de la tour Eiffel à destination de l'Arc de triomphe - bonnet chic et cher.

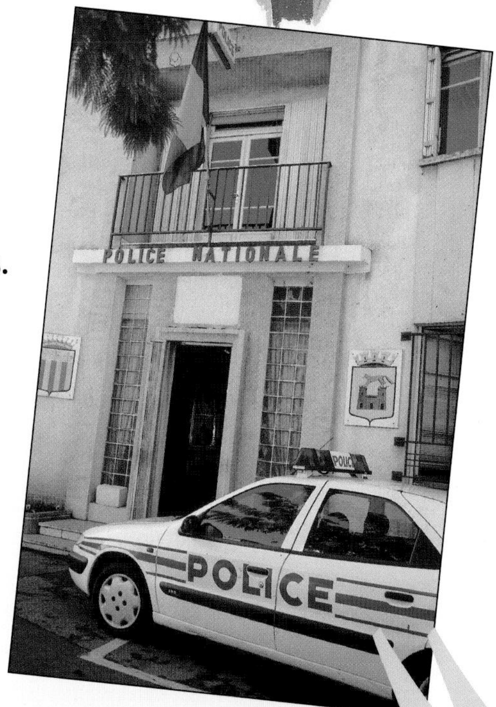

PARLER 2 **À deux. Regardez les images. Faites des conversations suivant le modèle ci-dessous.**

Exemple: **a**

- **Je peux vous aider?**
- **Oui, j'ai perdu mon appareil-photo.**
- **Vous l'avez perdu où?**
- **Dans le métro, je crois.**
- **À quelle heure?**
- **À dix heures.**
- **Votre nom s'il vous plaît?**
- ____________
- **Et votre adresse?**
- ____________
- **Nous vous contacterons si nous retrouvons votre appareil-photo.**

a

b

c

d

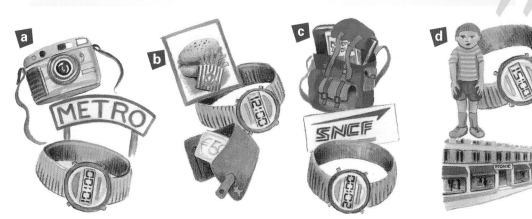

1 You go to a lost property office in France after losing your suitcase. Your partner will play the part of the clerk and will begin the conversation.

Jeux de rôle

A
- Je peux vous aider?
- Ah bon, pouvez-vous me le décrire?
- Quand est-ce que vous l'avez vue pour la dernière fois?
- Comment est-ce que je peux vous contacter si on retrouve votre valise?

B
- Objet.
- Description et contenu (4 détails).
- !
- Comment on peut vous contacter (3 détails).

You go to a shop to take back a faulty item. Your partner will play the part of the shop assistant and will begin the conversation.

A
- Je peux vous aider?
- Quand est-ce que vous l'avez acheté(e)?
- Qu'est-ce que vous voulez que je fasse?
- Ah non, je regrette, mais ce n'est pas possible.
- D'accord, si vous insistez.

B
- Objet + problème.
- Où et quand.
- !
- Insistez.

2 Prepare a one-minute speech about 'Une excursion pour faire du shopping'.

Où/Quand
Pendant combien de temps
Avec ...
Mon magasin préféré
J'ai acheté ...
Il y a eu des problèmes

3

Your examiner may ask …

1. Tu aimes faire les courses?
2. Où fais-tu les courses?
3. Tu as un magasin préféré?
4. Décris les magasins qui sont près de chez toi.
5. Tu es allé(e) faire les courses le week-end dernier?
6. Qu'est-ce que tu vas acheter avant de partir en vacances?
7. Tu préfères les supermarchés ou les petits magasins?
8. À ton avis, faire les courses, c'est intéressant ou ennuyeux?
9. Si tu avais beaucoup d'argent, où ferais-tu les courses?
10. Tu es pour ou contre le shopping le dimanche?

1 Publicising a shopping facility. Your task is to prepare a web page or a leaflet to advertise a shopping facility.

Try to make this piece of coursework as lively as possible. Look at all the units in this book that could help you and make sure that you include details which will allow you to show off past and future tenses. You could also visit the Galeries Lafayette or Printemps website for inspiration.

au ...
sous-sol/rez-de-chaussée/premier étage/deuxième étage/troisième étage

alimentation	*accessoires*
parfumerie	*papeterie*
librairie	*souvenirs*
jouets	*musique*

vêtements pour femmes/hommes/ enfants
tout pour la maison
maison des cadeaux
electro-ménager/photo
bureau de change

C'est très moderne.
Il y a ...étages.
C'est très animé.
Il y a beaucoup de lumière naturelle.
C'est un vieux bâtiment d'importance architecturale.

C'est intime.
Il y a plus de choix.
C'est rapide.
On peut garer sa voiture facilement.
C'est moins cher.
Le rapport qualité-prix est extraordinaire.
On a les modèles les plus récents.

Idea 1
Give information about the layout of the shop or centre and its opening and closing times.

Idea 2
Include information about different departments or shops – what you can buy in each.

Idea 3
Give details of the design of the building and when it was opened.

Idea 4
Say why the centre is the absolute best.

Idea 5
You could include one or more of the following suggestions:
● an account of the sports event the centre is sponsoring
● a review of the restaurant, perhaps with a sample menu
● a visitor's account in the past tense of a shopping spree
● a sales assistant's description of what it's like to work there
● crèche arrangements for children
● Christmas fair arrangements.

Mots

Les magasins	*Shops*
la boulangerie	*baker's*
la charcuterie	*delicatessen*
la confiserie	*sweet shop*
l'épicerie	*grocer's*
la parfumerie	*perfume shop*
la pharmacie	*chemist's*
la pâtisserie	*cake shop*
la poste	*post office*
le supermarché	*supermarket*
le tabac	*tobacconist's*

Les heures d'ouverture/ de fermeture	*Opening/Closing times*
Vous (ouvrez/fermez) à quelle heure?	*What time do you (open/close)?*
Votre magasin est ouvert à partir de quelle heure?	*What time is your shop open from?*
Votre magasin ferme à quelle heure?	*What time does your shop shut?*

Les quantités	*Quantities*
une boîte de …	*a tin of …*
une bouteille de …	*a bottle of …*
une douzaine de …	*a dozen …*
(100/200) grammes de …	*(100/200) grams of …*
(2/3) kilos de …	*(2/3) kg of …*
un litre de …	*a litre of …*
un paquet de …	*a packet of …*
un pot de …	*a pot of …*
un sac de …	*a bag of …*
un sachet de …	*a sachet of …*

Les vêtements	*Clothes*
Je voudrais …	*I would like …*
Avez-vous …?	*Do you have …?*
Il n'y a plus de …	*There isn't/aren't any … left*
Je cherche …	*I am looking for …*
des baskets *(fpl)*	*trainers*
un blouson	*jacket*
une casquette	*cap*
des chaussures *(fpl)*	*shoes*
une chemise	*blouse*
un imperméable	*raincoat*
une jupe	*skirt*
un maillot de bain	*swimming costume*
un manteau	*coat*
un pantalon	*trousers*

un pull	*pullover*
un survêtement	*track suit*
un sweat capuche	*hooded sweatshirt*
une veste	*jacket*

Grand magasin	*Department store*
le sous-sol	*basement*
le rez-de-chaussée	*ground floor*
le premier étage	*first floor*
le deuxième étage	*second floor*
le troisième étage	*third floor*

Faire des achats	*Shopping*
Il y a beaucoup de monde.	*There are lots of people.*
Il y a plus de choix.	*There is more choice.*
J'ai horreur de …	*I loathe …*
faire la queue	*queuing*
On peut garer la voiture facilement.	*You can park the car easily.*
On peut goûter les produits.	*You can taste the produce.*
C'est plus intime.	*It is more intimate.*
C'est rapide.	*It is quick.*
une grande surface	*a hypermarket*
le rapport qualité-prix	*quality-price ratio*
le shopping le dimanche	*Sunday shopping*

Acheter des vêtements	*Clothes shopping*
Il est trop (petit/grand).	*It is too (small/large).*
Je cherche (un pantalon).	*I am looking for (a pair of trousers).*
Je voudrais essayer …	*I would like to try on …*
Quelle taille?	*What size?*
Je fais du (40/42/44).	*I'm (a) size (40/42/44).*
Je (le/la/les) prends.	*I'll take (it/them).*
Non, je ne l'aime pas.	*No, I don't like it.*
Je ne le prends pas.	*I won't take it.*
Je veux quelque chose de plus …	*I want something more …*
Il/elle est troué(e).	*There's a hole in it.*
Il/elle est déchiré(e).	*It's torn.*
Il/elle est trop cher(-ère).	*It's too expensive.*
Il manque un bouton.	*There's a button missing.*
La fermeture éclair est cassée.	*The zip is broken.*
Il y a une tache.	*There's a mark.*
Il/elle a rétréci(e).	*It has shrunk.*
Je peux l'échanger?	*Can I change it?*
Pouvez-vous me rembourser?	*Can you give me my money back?*

Avez-vous le reçu?	*Have you got the receipt?*	composer le numéro	*dial the telephone number*
Je pourrais vous donner un crédit.	*I could give you a credit note.*	décrocher	*lift the receiver*
en acrylique	*acrylic*	**À la banque**	***At the bank***
en coton	*cotton*	Avez-vous une pièce d'identité?	*Have you any means of identification?*
en cuir	*leather*	Quelle sorte de billets voulez-vous?	*What sort of banknotes do you want?*
en laine	*woollen*	Voulez-vous de la monnaie?	*Do you want change?*
en plastique	*plastic*		
à pois	*spotted*	Le taux de change est à combien?	*What is the exchange rate?*
à rayures	*striped*	Je voudrais changer des chèques de voyage.	*I would like to change some traveller's cheques.*
en soie	*silk*		

L'argent de poche — ***Pocket money***

Je reçois (€5/€20) (par semaine/mois).	*I receive (5/20 euros) (per week/month).*	Je peux avoir quelques pièces de dix cents?	*Can I have some 10 cent coins?*
J'achète …	*I buy …*	**J'ai perdu …**	***I've lost …***
des billets de cinéma	*cinema tickets*	J'ai laissé …	*I've left …*
des bijoux *(mpl)*	*jewellery*	J'ai perdu …	*I've lost …*
des bonbons *(mpl)*	*sweets*	ma montre	*my watch*
des CD *(mpl)*	*CDs*	mon parapluie	*my umbrella*
des jeux-vidéo *(mpl)*	*video games*	mon porte-monnaie	*my purse*
des magazines *(mpl)* d'ordinateur/de mode	*computer/fashion magazines*	mon sac	*my handbag*
du maquillage	*make-up*	dans l'autobus/ le métro/le train	*in the bus/on the underground/train*
des romans *(mpl)*	*novels*	Il y avait tout dedans.	*Everything was in it.*

Je dépense … en	*I spend …on*
J'achète …	*I pay for …*
Je fais des économies pour acheter …	*I am saving up to buy …*
une moto	*a motorcycle*
un portable	*a mobile phone*

À la poste — ***At the post office***

Je voudrais envoyer (une lettre/un colis) (en Angleterre).	*I would like to send (a letter/a parcel) (to England).*
Où est … ?	*Where is … ?*
la boîte aux lettres	*the letter box*
la cabine téléphonique	*the telephone box*
une carte postale	*a postcard*
un timbre	*stamp*
Le téléphone	*The phone*
Il faut …	*You must …*
attendre la tonalité	*wait for the dialling tone*
introduire la télécarte	*insert the phonecard*
faire l'indicatif du pays/ de la ville	*dial the country/area code*

En vacances

1a Recherchez le français pour ces pays dans un dictionnaire et notez s'ils sont masculins ou féminins.

Exemple: Great Britain = la Grande-Bretagne

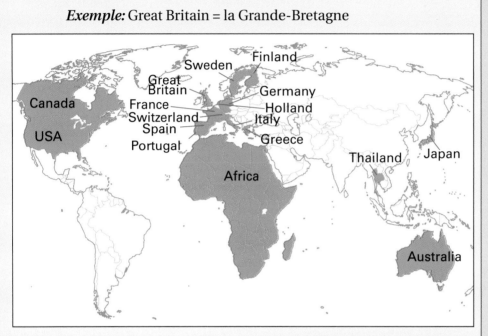

Où est-ce que vous passez vos vacances?

Je passe mes
  vacances …
    en Grande-Bretagne
    en Allemagne
    en Espagne
    en France
    en Grèce
    en Italie
    en Hollande
    en Suisse
    en Finlande
    en Suède
    en Afrique
    en Australie
    en Thaïlande

    au Portugal
    au Japon
    au Canada

    aux États-Unis
    aux Canaries

1b Où est-ce que vous passez vos vacances? Demandez à votre partenaire.

Le détective

in + feminine name of country = **en**
Exemple: en France
in + masculine name of country = **au**
Exemple: au Canada
in + plural name of country = **aux**
Exemple: aux États-Unis

Pour en savoir plus ➡ page 217, pt 7.5

1c Remplissez les blancs.

1 En général, les Japonais habitent ▰▰▰ .
2 En général les Américains habitent ▰▰▰▰ .
3 En général les Portugais habitent ▰▰▰ .
4 En général les Allemands habitent ▰▰▰ .
5 En général les Grecs habitent ▰▰▰ .
6 En général les Suédois habitent ▰▰▰ .

1d Notez le pays qu'ils préfèrent. (1–10)

ÉCOUTER

2a Écoutez la météo pour ces régions, et notez le temps pour chaque région.

Quel temps fait-il?

il fait beau
il fait mauvais
il fait chaud
il fait froid
il fait du vent
il pleut
il neige
il y a du brouillard

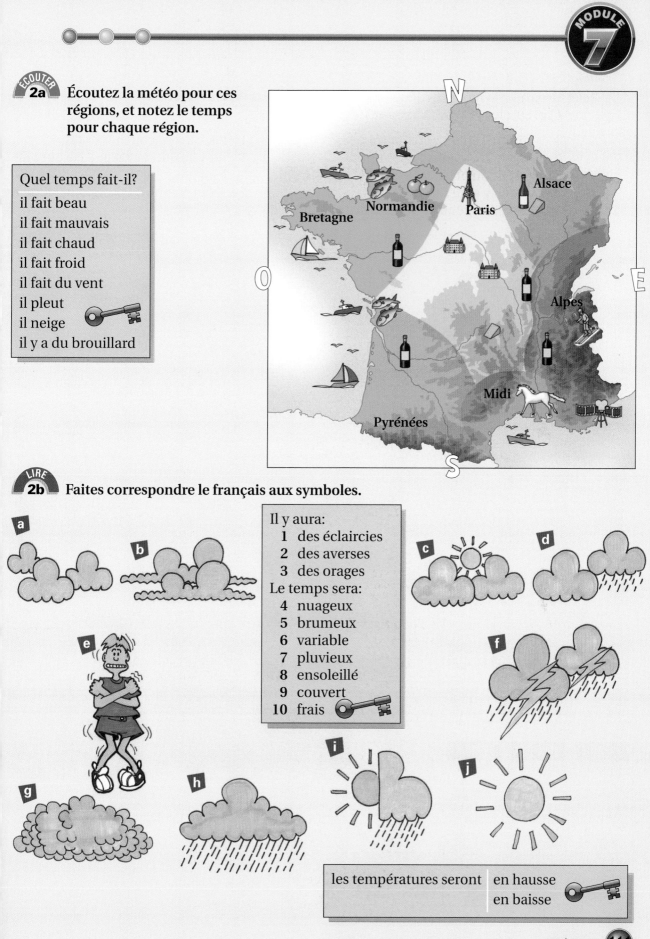

N

Normandie
Bretagne
Paris
Alsace
O
E
Alpes
Midi
Pyrénées
S

LIRE

2b Faites correspondre le français aux symboles.

a
b
c
d
e
f
g
h
i
j

Il y aura:
  1 des éclaircies
  2 des averses
  3 des orages
Le temps sera:
  4 nuageux
  5 brumeux
  6 variable
  7 pluvieux
  8 ensoleillé
  9 couvert
10 frais

| les températures seront | en hausse |
| | en baisse |

2c Regardez la météo et décidez si ces phrases sont vraies ou fausses. Corrigez les phrases fausses.

1 Aujourd'hui, il y aura des nuages.
2 Il va pleuvoir dans l'après-midi.
3 Il y aura du brouillard en fin d'après-midi.
4 Mardi il y aura du soleil.
5 Mercredi et jeudi le vent va disparaître.

6 Le soleil se couchera à 6h56.
7 Le jeudi en montagne il y aura de la neige.
8 Aujourd'hui, à Perpignan il fera très froid.

2d Faites correspondre le texte à l'image correcte.

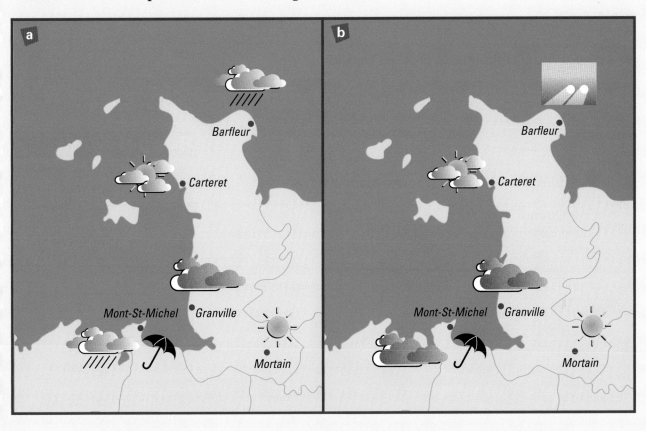

Cotentin: des averses dans le nord-est sur Barfleur, tandis que sur la côte ouest, il y aura des éclaircies à Carteret. Un peu plus bas, encore plus de soleil à Mortain, mais le soleil n'arrivera pas jusqu'à Granville où le temps sera nuageux et au Mont-Saint-Michel, la pluie s'y ajoutera!

2e Écrivez la météo pour l'autre carte.

2f À deux. Choisissez la carte a ou b.
Chacun de vous pose la question:

● Quel temps fait-il à …?
● À … il …

Weather nearly always comes up in listening or reading. Make sure you know it!

en été
en automne
en hiver
au printemps

3 Écrivez des commentaires destinés aux touristes sur le temps anglais pour les différentes saisons.

1 *Souvenirs de vacances*

Past holidays

● ● ● ● ● ● ●

1a Copiez et complétez la grille en français. (1–6)

	Où?	Avec qui?	Resté où?	Combien de temps?	Temps?	Opinion?
1						
2						

1b À deux. Inventez des vacances. Ajoutez des détails.

> **Rappel**
>
> Revise which verbs take **avoir/être** in the **perfect tense**.
> See page 204.

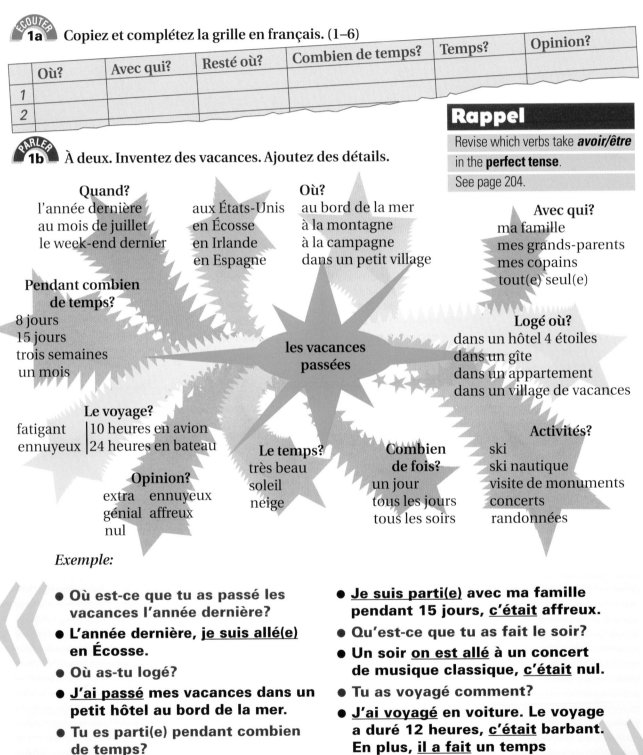

Quand?
l'année dernière
au mois de juillet
le week-end dernier

aux États-Unis
en Écosse
en Irlande
en Espagne

Où?
au bord de la mer
à la montagne
à la campagne
dans un petit village

Avec qui?
ma famille
mes grands-parents
mes copains
tout(e) seul(e)

Pendant combien de temps?
8 jours
15 jours
trois semaines
un mois

les vacances passées

Logé où?
dans un hôtel 4 étoiles
dans un gîte
dans un appartement
dans un village de vacances

Le voyage?
fatigant
ennuyeux

10 heures en avion
24 heures en bateau

Le temps?
très beau
soleil
neige

Combien de fois?
un jour
tous les jours
tous les soirs

Activités?
ski
ski nautique
visite de monuments
concerts
randonnées

Opinion?
extra   ennuyeux
génial affreux
nul

Exemple:

- Où est-ce que tu as passé les vacances l'année dernière?
- L'année dernière, <u>je suis allé(e)</u> en Écosse.
- Où as-tu logé?
- <u>J'ai passé</u> mes vacances dans un petit hôtel au bord de la mer.
- Tu es parti(e) pendant combien de temps?

- <u>Je suis parti(e)</u> avec ma famille pendant 15 jours, <u>c'était</u> affreux.
- Qu'est-ce que tu as fait le soir?
- Un soir <u>on est allé</u> à un concert de musique classique, <u>c'était</u> nul.
- Tu as voyagé comment?
- <u>J'ai voyagé</u> en voiture. Le voyage a duré 12 heures, <u>c'était</u> barbant. En plus, <u>il a fait</u> un temps affreux. <u>Il a plu</u> tous les jours.

Le détective

To describe what things were like use the **imperfect tense.**

C'était ennuyeux   It was boring

Il faisait chaud   It was hot

To talk about actions in the past use the **perfect tense.**

Je suis allé(e) à la campagne.   I went to the countryside.

J'ai fait des randonnées.   I went for walks.

Pour en savoir plus ➡ page 204, pt 3.3 and page 206, pt 3.5

LIRE

1c Choisissez la bonne réponse à chaque question.

On y est resté pendant 15 jours. Il y avait un grand jardin.

J'y suis allé avec ma famille: mon père, ma mère et mes deux sœurs. Pendant la deuxième semaine, des amis de mes parents sont venus nous voir avec leur chien, Rococo. On a joué au foot ensemble.

On a fait plein d'activités. On **est allé à** la plage **tous les jours**

L'année dernière, au mois d'août, j'ai passé mes vacances au bord de la mer. On est allé à Carnac, en Bretagne, où on a loué une maison.

pour se baigner, car il faisait du soleil et très chaud: 25 degrés. Un jour, j'ai appris à faire de la planche à voile,

mais c'était très difficile.

On a visité le marché à Carnac où j'ai acheté des souvenirs, et on a vu les pierres levées. C'était impressionnant à voir.

Mes vacances étaient vraiment chouettes, et j'aimerais y retourner l'année prochaine, mais cette fois-ci, avec des copains, pas avec ma famille. Passer les vacances en famille, c'est ennuyeux.

Luc

1 Luc, où est-ce qu'il a passé ses vacances l'été dernier?
a en Belgique
b en Grande-Bretagne
c en France

2 Où est-ce qu'il est resté?
a dans une auberge de jeunesse
b dans un gîte
c dans un camping

3 Pendant combien de temps est-ce qu'il est resté?
a une semaine
b deux semaines
c un mois

4 Avec qui est-il parti en vacances?
a ses copains
b sa famille
c ses grands-parents

5 Quel temps faisait-il?
a il faisait beau
b il faisait mauvais
c il pleuvait tous les jours

6 Qu'est-ce qu'il a fait à la plage?
a il a joué au foot
b il a fait de la planche à voile

c il a fait de la natation et de la planche à voile

7 Qu'est-ce qu'il n'a pas fait à Carnac?
a il n'a pas fait d'achats
b il n'a pas visité de site historique
c il n'a pas fait de promenade en bateau

8 Qu'est-ce qu'il pense de ses vacances?
a c'était nul
b c'était formidable
c c'était ennuyeux

ÉCRIRE

1d Écrivez un paragraphe sur vos vacances de l'année dernière.

2 *Au syndicat d'initiative*

Getting information at a tourist office

● ●

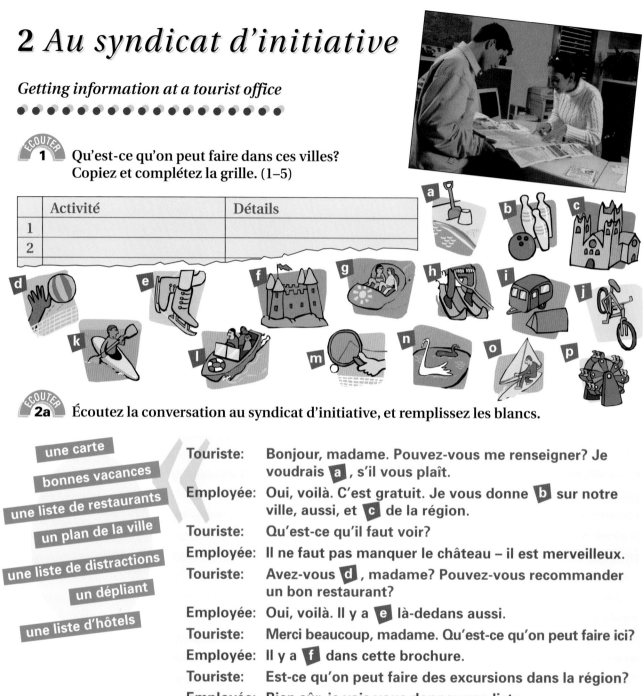

ECOUTER

1 Qu'est-ce qu'on peut faire dans ces villes?
Copiez et complétez la grille. (1–5)

	Activité	Détails
1		
2		

ECOUTER

2a Écoutez la conversation au syndicat d'initiative, et remplissez les blancs.

une carte

bonnes vacances

une liste de restaurants

un plan de la ville

une liste de distractions

un dépliant

une liste d'hôtels

Touriste:	Bonjour, madame. Pouvez-vous me renseigner? Je voudrais **a** , s'il vous plaît.
Employée:	Oui, voilà. C'est gratuit. Je vous donne **b** sur notre ville, aussi, et **c** de la région.
Touriste:	Qu'est-ce qu'il faut voir?
Employée:	Il ne faut pas manquer le château – il est merveilleux.
Touriste:	Avez-vous **d** , madame? Pouvez-vous recommander un bon restaurant?
Employée:	Oui, voilà. Il y a **e** là-dedans aussi.
Touriste:	Merci beaucoup, madame. Qu'est-ce qu'on peut faire ici?
Employée:	Il y a **f** dans cette brochure.
Touriste:	Est-ce qu'on peut faire des excursions dans la région?
Employée:	Bien sûr, je vais vous donner une liste.
Touriste:	Est-ce qu'on peut jouer au golf?
Employée:	Oui, il y a un terrain de golf à 5 kilomètres!
Touriste:	Qu'est-ce on peut faire le soir?
Employée:	Eh bien, il y a le casino et beaucoup de boîtes aussi.
Touriste:	Oui, j'ai failli oublier, avez-vous un horaire des bus et des trains?
Employée:	Voilà. **g** !

PARLER

2b À deux. Répétez cette conversation.

> j'ai failli + *infinitive*   *I nearly (forgot)*

3 Écoutez cette description de Royan. Répondez oui ou non.

1 Est-ce que le musée est ouvert le lundi?
2 Est-ce qu'on peut jouer aux boules?
3 Est-ce qu'on peut faire des promenades en bateau?
4 Les Grottes de Matata, est-ce qu'elles sont ouvertes au mois de janvier?
5 Est-ce qu'on peut faire beaucoup de sports différents à Royan?
6 Est-ce que le Centre Marin est ouvert le 14 juillet?
7 Est-ce que le zoo ferme à 19 heures?
8 Est-ce que je peux faire du cheval quelque part?
9 Est-ce que le musée est ouvert le matin?
10 Est-ce qu'on peut louer une planche à voile?

LIRE

4a Faites correspondre les bulles aux annonces.

1 *Nous cherchons une petite maison pour 15 jours à partir de mi-juin.*

2 *Je voudrais louer une bicyclette.*

3 *On cherche une voiture. On voudrait louer une voiture, c'est possible?*

4 *Je voudrais louer un jet-ski. Pouvez-vous me renseigner?*

a
Location de VTT
02 33 48 17 56

b
Planches à voiles
Bateaux de toutes sortes
Location en face du
Café Régent

c
Autos classiques
Décapotables
4x4
Prix intéressants
05 67 98 12 63

d
Gîtes et caravanes
à louer à partir du
mois de mai, faites
le 04 67 19 70 53

ÉCRIRE

4b Lisez ce fax.

Suivez ce modèle, et écrivez deux autres lettres. Vous voulez réserver:

1 3 VTTs pour quinze jours du 1 au 15 août.
2 4 planches à voile pour 3 semaines à partir du 2 juillet.

Date: le 5 mai
Attention: Monsieur/Madame
De: Alex Smythe
Je serai en vacances à Nice cet été du 25 juillet au 8 août et je voudrais louer un bateau pour cette période.
Pourriez-vous m'indiquer le prix, ainsi que la disponibilité?
Je vais loger dans L'Hôtel Negresco.
Je vous prie d'agréer Monsieur/Madame, l'expression de mes sentiments les plus distingués.

3 Découverte vacances

Different types of holidays

• • • • • • • • • • • • • •

1a Lisez ces 4 publicités pour des vacances différentes et remplissez les blancs.

1 Si vous vous intéressez au jardinage, vous irez en ▰▰▰▰▰.

2 Si vous aimez le chemin de fer, vous partirez en ▰▰▰▰▰.

3 Si vous voulez découvrir les belles villes de Delhi, Agra et Jaïpur, vous irez en ▰▰▰▰▰.

4 Si vous vous intéressez à l'histoire médiévale, vous choisirez la ▰▰▰▰▰.

Découverte de l'Inde du Nord
Inde 7850^{F*}

Circuit 9 jours/7 nuits de Paris avec la Cie Air India

Partir en Inde:

C'est profiter de son histoire, de ses traditions et de sa culture. C'est profiter de sa cuisine délicieuse, de son artisanat riche et vivant, de son hospitalité légendaire.

• Entre montagnes et plaines, parcourez le Nord de l'Inde le temps d'un circuit inédit de 8 jours et découvrez notamment les trois plus belles cités de la région: Delhi, Agra et Jaïpur.

• Nos itinéraires, nos étapes et nos hôtels ont été sélectionnés avec soin. Vous serez accueillis dans des hôtels confortables, de qualité et de caractère. Ainsi vous ferez un voyage agréable et bien rythmé.

• Nos guides indiens parlent couramment français. Compétents, efficaces et très attachés à leur pays, ils vous le feront découvrir merveilleusement.

Au départ de votre région

Glaciers Suisse

Vous découvrirez, au cœur de la Suisse, une nature à l'état pur. Deux célèbres trains sympathiques et confortables vous feront traverser des paysages fabuleux de montagnes et de glaciers. Vous passerez sur de nombreux ponts et à travers plusieurs tunnels par le col de la Bernina culminant à 2.254m.

Au départ des villes languedociennes
15 août et 19 septembre

À partir de
3 990 F

Carlson Wagonlit Travel

☀Andalousie

Dans cette région où les différentes civilisations qui se sont succédées ont laissé derrière elles des monuments prestigieux tels que l'Alhambra de Grenade, le Généralife (œuvre de Charles Quint), ou l'Alcazar. Tout au long de l'itinéraire les villes et les sites sont prestigieux: à Séville la tour de la Giralda, le Palais de l'Alhambra et les jardins de Murillo, à Cordoue la Grande Mosquée des Maures, à Elche l'immense palmeraie.

Circuit Jet bus
7 jours/18 sept. et 30 oct
À partir de **3 990 F**

▲ **Midi Libre** *voyages* N° *Azur 0 810 244 330*

Croisière des **5** fleuves
Rhin/Neckar/Main/Moselle/Sarre

Vous partirez tranquillement à la recherche des nombreux châteaux et villages médiévaux et vous vous laisserez glisser au fil de l'eau vers le site légendaire de la Loreley.

Catégorie prestige
Au départ de votre région
11 jours/28 septembre

À partir de
6 990 F

1b Répondez aux questions en anglais.

1 Why go to India? (6)
2 Which towns would you visit in India? (3)
3 What sort of guide would you have? (4)
4 What natural features would you find in Switzerland? (2)
5 What important monuments would you find in Andalucia? (3)
6 What 5 rivers would you travel along on this German cruise? (5)
7 Name 2 things you would visit in Germany. (2)

J'aime les visites guidées.	J'aime rester sur place.
J'aime voyager en autocar.	J'aime faire des croisières.
Je suis à la recherche de choses différentes.	J'aime les grandes aventures.
Je veux apprendre à connaître une culture différente.	

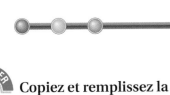

2 Copiez et remplissez la grille. (1–6)

	Aime	Raisons
1		
2		

3 Décidez si les phrases suivantes sont vraies ou fausses.

1 Le quatre juillet est la fête nationale de la France.
2 Le premier mai, on ne travaille pas.
3 La mirabelle est un fruit.
4 Le réveillon se mange lorsqu'on se réveille.
5 En Provence on mange douze desserts.

4 Répondez aux questions en français.

1 Où est-ce que Pierre aime passer ses vacances?
2 Qu'est-ce qu'il n'aime pas faire?
3 Quelle sorte de paysage préfère-t-il?
4 Qu'est-ce qu'il recherche dans ses vacances?
5 Pourquoi est-ce qu'il ne va pas en Inde?

J'aime bien partir en vacances en Europe. Et je préfère ne pas visiter les grandes villes. J'aime bien la nature à l'état pur. Les montagnes, les rivières et les vallées. Mais, j'aime bien les jolis petits villages à la campagne; c'est agréable et reposant. Je ne suis pas à la recherche d'une grande aventure, mais plutôt à la recherche de paix et de tranquillité. En fin de compte, je suis très romantique. J'aime visiter les châteaux, mais ils doivent être déserts. Je ne suis pas attiré par les pays exotiques. L'Inde m'intéresse, mais je ne veux pas trop y aller. J'ai tant de choses près de chez moi.

Pierre

5 À quatre. Regardez les publicités **1a** pour les vacances.
Vous êtes 4 membres d'une famille et vous partez en vacances.
Essayez de persuader les autres membres de votre famille de partir où vous voudrez.

Maman: vous voulez partir en Inde.
Papa: vous voulez prendre le train en Suisse.
Petit garçon: vous voulez visiter l'Espagne.
Petite fille: vous voulez prendre le bateau en Allemagne.

6 Écrivez un paragraphe de 75 mots sur le genre de vacances que vous préférez. N'oubliez pas de donner des raisons pour votre réponse.

4 L'hébergement

Talking about places to stay

● ● ● ● ● ● ● ● ● ● ● ● ● ●

1a Écoutez et lisez cette conversation.

Cliente: Avez-vous une chambre de libre, s'il vous plaît?

Employé: Ah non, je regrette, nous sommes complets. … Attendez …, quelle sorte de chambre voulez-vous?

Cliente: Je voudrais une chambre pour deux personnes avec salle de bains et un grand lit. Il nous faut un grand lit.

Employé: C'est pour combien de nuits?

Cliente: C'est pour trois nuits.

Employé: Ah non, je regrette. Je peux vous offrir deux nuits et c'est tout.

Cliente: Ah, je ne sais pas … On peut voir la chambre?

Employé: Avec plaisir …

Cliente: Et … c'est combien par nuit?

Employé: C'est € 28,70 par nuit.

Cliente: Très bien. C'est bon. Est-ce qu'il y a un restaurant?

Employé: Oui, au rez-de-chaussée.

Cliente: S'il vous plaît, le petit déjeuner est à quelle heure?

Employé: Le petit déjeuner est servi au restaurant à partir de 7h30 jusqu'à 10h.

Cliente: D'accord.

1b Notez les détails suivants pour chaque conversation (1–4).

1 la sorte de chambre

2 ce qu'il y a dans la chambre

3 la durée du séjour

4 ce qu'ils veulent à l'hôtel

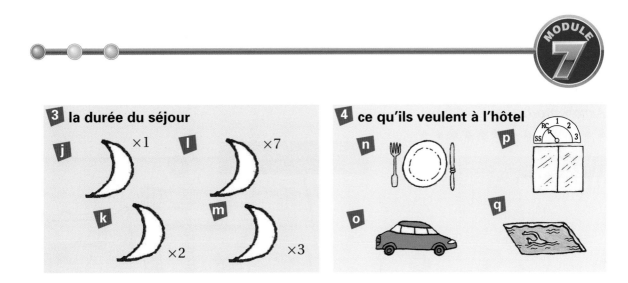

1c Faites ces conversations en utilisant la conversation **1a** comme modèle.

1d Écrivez deux lettres pour réserver des chambres en utilisant les détails ci-dessous.

Monsieur,

Je vous écris pour réserver des chambres dans votre hôtel.

Je voudrais réserver <u>deux</u> chambres: <u>une chambre pour deux personnes</u> avec <u>un grand lit et une salle de bains</u>, et <u>une chambre pour deux personnes</u> avec <u>deux petits lits et une douche</u>. Nous voudrions rester pour <u>deux</u> nuits, du <u>29</u> au <u>31 juillet</u>.

Est-ce qu'il y a un restaurant à l'hôtel?

Voudriez-vous bien confirmer ma réservation, s'il vous plaît. Nous espérons arriver à l'hôtel <u>vers 20h, le 29 juillet</u>.

Amicalement

Janet Crook

5 Les problèmes

Accommodation problems

●●●●●●●●●●●●●●●

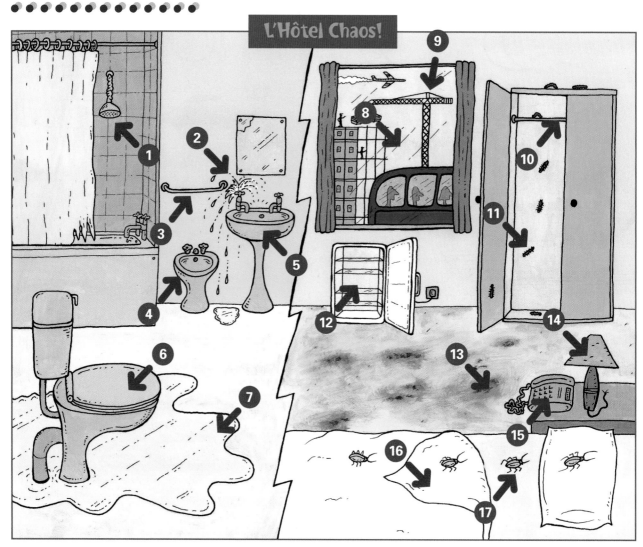

L'Hôtel Chaos!

 1a Faites correspondre le problème et l'image.

a Il n'y a pas de cintres
b Il n'y a pas de serviettes
c Il n'y a pas assez de couvertures
d Il n'y a pas de savon
e Le mini-bar est vide
f La chambre est sale
g Les W-C ne marchent pas
h La douche ne marche pas
i Il y a un problème avec le robinet

j La lampe ne marche pas
k Il y a des cafards dans le lit
l Il y a des punaises dans le placard
m Il y a de l'eau par terre dans la salle de bains
n Le bidet ne marche pas
o Il y a trop de bruit
p La chambre donne sur la rue
q Le téléphone ne marche pas

ÉCOUTER **1b** Écoutez la réaction de ce client dans l'Hôtel Chaos.
Écrivez les lettres dans le bon ordre.

| un cintre | *coathanger* |

1c À deux. Vous êtes le/la réceptionniste dans l'hôtel. Votre partenaire est le/la client(e). Faites la conversation.

Exemple:

● Oui, je peux vous aider?
● Oui, je voudrais me plaindre, ma chambre est …
● Oh, je suis désolé(e), je vais …

1d Choisissez la bonne réponse.

1 M. Lenôtre veut
   a porter plainte
   b féliciter l'hôtel
   c réserver une chambre

2 Sa chambre était
   a satisfaisante
   b sale
   c problématique

3 La salle de bains était
   a propre
   b parfaite
   c en désordre

4 Le personnel était
   a poli
   b mal poli
   c accueillant

5 Sa note était
   a incorrecte
   b correcte
   c à suivre

Paris, le 12 septembre 2001

Monsieur/Madame,

Je vous écris pour me plaindre de mon séjour dans votre hôtel au mois de juillet cette année.

D'abord, le personnel. À la réception, l'accueil n'était pas chaleureux. Les serveurs dans le restaurant étaient mal polis aussi.

Ma chambre n'était pas propre. Il n'y avait pas de lampe et la télévision ne marchait pas. La salle de bains était en désordre, et quand j'ai demandé de nouvelles serviettes, on ne me les a pas données!

Il y avait aussi une erreur dans la note.

Je serai curieux de connaître votre avis sur mon expérience, Monsieur/Madame.

Dans l'attente de vous lire dans les meilleurs délais, je vous prie d'agréer l'expression de mes sentiments distingués.

Benjamin Lenôtre

Rappel

A lot of these complaints are in the imperfect tense, describing the state of the room.

To revise the imperfect see page 206.

1e Écrivez une lettre dans laquelle vous vous plaignez de votre séjour dans un hôtel.

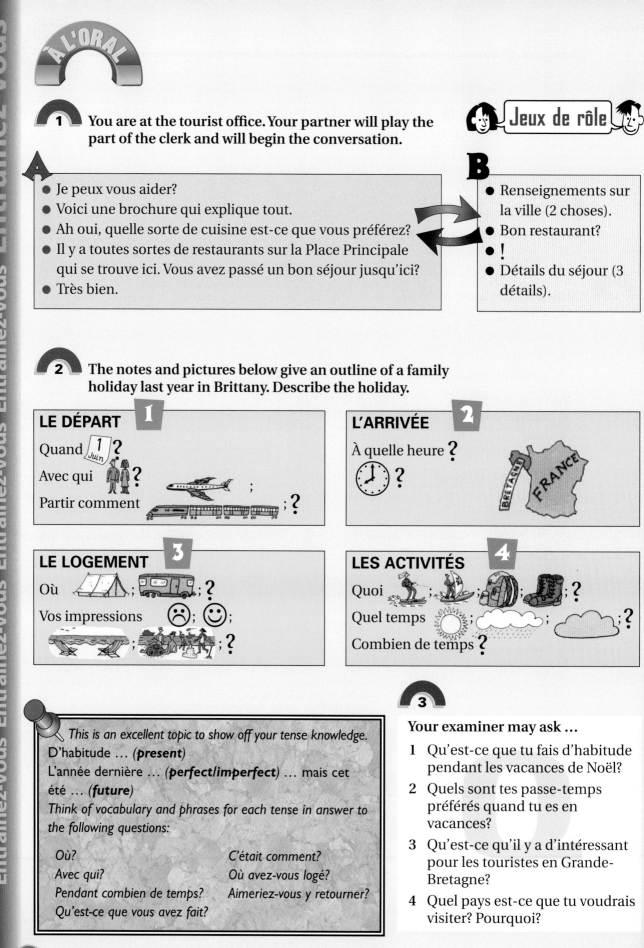

Entraînez-vous (side margin, repeated)

Jeux de rôle

1 You are at the tourist office. Your partner will play the part of the clerk and will begin the conversation.

A
- Je peux vous aider?
- Voici une brochure qui explique tout.
- Ah oui, quelle sorte de cuisine est-ce que vous préférez?
- Il y a toutes sortes de restaurants sur la Place Principale qui se trouve ici. Vous avez passé un bon séjour jusqu'ici?
- Très bien.

B
- Renseignements sur la ville (2 choses).
- Bon restaurant?
- !
- Détails du séjour (3 détails).

2 The notes and pictures below give an outline of a family holiday last year in Brittany. Describe the holiday.

LE DÉPART 1

Quand / 1 Juin ?
Avec qui ?
Partir comment ; ?

L'ARRIVÉE 2

À quelle heure ?
; ?
BRETAGNE FRANCE

LE LOGEMENT 3

Où ; ; ?
Vos impressions ☹ ; ☺ ;
; ; ?

LES ACTIVITÉS 4

Quoi ; ; ; ?
Quel temps ; ; ?
Combien de temps ?

This is an excellent topic to show off your tense knowledge.
D'habitude … (**present**)
L'année dernière … (**perfect/imperfect**) … mais cet été … (**future**)
Think of vocabulary and phrases for each tense in answer to the following questions:

Où?
Avec qui?
Pendant combien de temps?
Qu'est-ce que vous avez fait?

C'était comment?
Où avez-vous logé?
Aimeriez-vous y retourner?

3

Your examiner may ask …

1 Qu'est-ce que tu fais d'habitude pendant les vacances de Noël?

2 Quels sont tes passe-temps préférés quand tu es en vacances?

3 Qu'est-ce qu'il y a d'intéressant pour les touristes en Grande-Bretagne?

4 Quel pays est-ce que tu voudrais visiter? Pourquoi?

1 Planning a holiday to a French-speaking country. Your task is to assemble various pieces of work which show how you plan to spend a holiday in a French-speaking country.

Include some or all of the following:

1 A letter to a tourist office asking for specific information on a particular town. (Or you could visit a website – try www.franceguide.com for France, but why not go further afield – Tunisia, Morocco, Martinique, Mauritius?

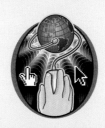

2 An account of the preferences of each person in your group, with explanations as to why they favour a particular type of holiday.

> Ma mère – préfère la montagne
> Moi – j'aime la plage

3 Include a short account of what you did last year. Use the perfect and the imperfect tenses here

> L'anné dernière nous sommes allés en Irlande ...

4 A paragraph explaining the type of holiday you've chosen and why.

> J'ai choisi la France, parce que ...

5 A schedule of dates and transport times.

Date	Départ Manchester	Arrivée Marseille
6.7.	10.15	12.35

6 A letter of reservation to the hotel/campsite/youth hostel.

> Monsieur
> Je vous écris pour confirmer ma réservation...

7 A postcard to one of your friends sent whilst you're on holiday. Use the present (what you're doing), perfect (what you've done), imperfect (what the weather was like when you arrived) and future (your plans for the rest of your stay).

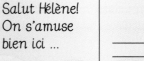

> Salut Hélène!
> On s'amuse
> bien ici ...

Letter writing tips.

Generally you don't need the address as you will put this on the back of the envelope.
In formal letters you will need to use vous. *Don't forget the date!*

Formal letters begin Monsieur/Madame,
There are various ways to end. Here are two to learn:
Je vous prie d'agréer l'expression de mes sentiments les plus distingués.
Veuillez accepter, Monsieur/Madame, l'expression de mes sentiments les meilleurs.

Mots

Les pays / *Countries*

Je passe mes vacances … / *I'm spending my holidays …*

en Afrique	*in Africa*
en Allemagne	*in Germany*
en Australie	*in Australia*
en Espagne	*in Spain*
en Finlande	*in Finland*
en France	*in France*
en Grande-Bretagne	*in Great Britain*
en Grèce	*in Greece*
en Hollande	*in Holland*
en Italie	*in Italy*
au Japon	*in Japan*
au Portugal	*in Portugal*
en Suisse	*in Switzerland*
en Suède	*in Sweden*
en Thaïlande	*in Thailand*
au Canada	*in Canada*
aux Canaries	*in the Canaries*
aux États-Unis *(mpl)*	*in the (United) States*

Le temps / *Weather*

Quel temps fait-il?	*What's the weather like?*
Il fait beau.	*It's fine.*
Il fait chaud.	*It's hot.*
Il fait froid.	*It's cold.*
Il fait mauvais.	*It's horrible.*
Il fait du vent.	*It's windy.*
Il neige.	*It's snowing.*
Il pleut.	*It's raining.*
Il est brumeux.	*It's misty.*
Il est couvert.	*It's dull/overcast.*
Il y a du brouillard.	*It's foggy.*
Il est ensoleillé.	*It's sunny.*
Il fait frais.	*It's chilly.*
Il est nuageux.	*It's cloudy.*
Il est pluvieux.	*It's rainy.*
Il est variable.	*It's changeable.*
Il y aura des averses.	*There'll be showers.*
Il y aura des éclaircies.	*There'll be bright intervals.*
Il y aura des orages.	*There'll be thunderstorms.*
Il va pleuvoir.	*It will rain.*
Les températures seront en hausse/en baisse.	*Temperatures will rise/fall.*
Il a plu (tous les jours).	*It rained (every day).*

Il a fait un temps affreux.	*The weather was awful.*

Les saisons / *Seasons*

en été	*in summer*
en automne	*in autumn*
en hiver	*in winter*
au printemps	*in spring*

Souvenirs de vacances / *Past holidays*

J'ai voyagé/Je suis parti(e) …	*I travelled …*
en avion	*by plane*
en bateau	*by boat*
en train	*by train*
en voiture	*by car*
C'était affreux.	*It was awful.*
C'était nul.	*It was rubbish.*
C'était barbant.	*It was boring.*
Le voyage était (fatigant/ ennuyeux).	*The journey was (tiring/ boring).*
Où est-ce que tu as passé les vacances l'année dernière?	*Where did you spend your holidays last year?*
Où as-tu logé?	*Where did you stay?*
J'ai passé mes vacances dans (un petit hôtel).	*I spent my holidays in (a small hotel).*
Tu es parti(e) pendant combien de temps?	*How long did you go for?*
Je suis parti(e) pendant (15 jours).	*I went for (2 weeks).*
Tu as voyagé comment?	*How did you travel there?*

Le logement / *The accommodation*

Je suis resté(e) dans …	*I stayed in/at …*
un appartement	*a holiday appartment*
une auberge de jeunesse	*a youth hostel*
un camping	*a campsite*
un gîte	*a gite*
un hôtel 3/4/5 étoiles	*a 3/4/5-star hotel*
un village de vacances	*a holiday village*

Qu'est-ce qu'on peut faire ici? / *What can you do here?*

Est-ce qu'on peut (faire des excursions)?	*Can you (go on trips)?*
Pouvez-vous me renseigner?	*Can you give me some information?*
Je voudrais (un dépliant/ une carte) s'il vous plaît.	*I would like (a leaflet/ a map) please.*
C'est gratuit.	*It's free.*
Qu'est-ce qu'il faut voir?	*What must you see?*

Il ne faut pas manquer (le château).	*You must not miss (the castle).*
Pouvez-vous recommander un bon restaurant?	*Can you recommend a good restaurant?*
un plan de la ville	*a town plan*
On peut …	*You can …*
aller aux concerts/ spectacles	*go to concerts/shows*
aller à la plage	*go to the beach*
faire du canoë	*go canoeing*
faire du cheval	*go horse-riding*
faire de la planche à voile	*go windsurfing*
faire des randonnées	*go for long walks*
faire du ski/du ski nautique	*go skiing/water skiing*
jouer au football/aux boules/au volley/ ping-pong	*play football/boules/ volleyball/table tennis*
louer une bicyclette/ une voiture/un VTT	*hire a bicycle/car/ mountain bike*
visiter des monuments/ des musées	*visit monuments/ museums*

Découverte vacances / *Different types of holiday*

J'aime faire des croisières.	*I like going on cruises.*
J'aime les grandes aventures.	*I like adventure holidays.*
J'aime les visites guidées.	*I like guided tours.*
J'aime rester sur place.	*I like staying in one place.*
J'aime voyager en autocar.	*I like travelling by coach.*
Je suis à la recherche des choses différentes.	*I'm looking for something new.*
Je veux apprendre à connaître une culture différente.	*I want to get to know a new culture.*
Je suis attiré(e) par …	*I like the idea of …*
Je ne suis pas attiré(e) par …	*I don't like the idea of …*
(L'Inde) m'intéresse.	*(India) interests me.*
Les visites guidées ne m'intéressent pas.	*Guided tours don't interest me.*
Je ne suis pas à la recherche d'une grande aventure.	*I am not looking for a great adventure.*

L'hébergement / *A place to stay*

Avez-vous une chambre de libre?	*Have you a room free?*
Nous sommes complets.	*We are full up.*
Il nous faut (une douche).	*We need a (shower).*
C'est pour combien de nuits?	*For how many nights?*
Je peux vous offrir (deux nuits).	*I can offer you (2 nights).*
C'est combien par nuit?	*How much is it a night?*
C'est (€28) par nuit.	*It is (€28) a night.*
Le petit déjeuner est servi au restaurant à partir de 7h30 jusqu'à 10h.	*Breakfast is served in the restaurant from 7.30 am until 10 am*
Je voudrais rester …	*I'd like to stay …*
Je voudrais réserver …	*I'd like to reserve …*
pour 3 nuits/une semaine	*for 3 nights/a week*
du (16 juillet) au (8 août)	*from (16th July) till (8th August)*
une chambre pour une/ deux personne(s)	*a single/double room*
une douche	*a shower*
un grand lit	*a double bed*
un petit lit	*a single bed*
une salle de bains	*a bathroom*

Les problèmes / *Problems*

Je voudrais me plaindre.	*I would like to make a complaint.*
Je suis désolé(e).	*I am very sorry.*
Il y a trop de …	*There's too much/ too many …*
Il n'y a pas assez de (couvertures).	*There aren't enough (blankets).*
Il n'y a pas de (serviettes).	*There isn't any/ aren't any (towels).*
Il y a un problème avec (le robinet).	*There's a problem with (the tap).*
(Le téléphone/La lampe) ne marche pas.	*(The telephone/lamp) isn't working.*
Le mini-bar est vide.	*The mini-bar is empty.*
La chambre est sale.	*The room is dirty.*
La chambre donne sur …	*The room looks out onto …*
La chambre est en désordre.	*The room is in a mess.*
une couverture	*a blanket*
une lampe	*a lamp*
un mini-bar	*a mini-bar*
le savon	*soap*
une serviette	*towel*
les W-C	*toilet*

Bienvenue en France!

MODULE 8

la veille *the day before*

PARLER

1a À deux. Que dites-vous …

1 C'est l'anniversaire de votre ami
2 C'est vendredi soir
3 C'est la veille des vacances
4 Votre ami va partir en voyage

5 La réceptionniste à l'hôtel vous dit:
6 Le matin votre père vous dit:
7 Le premier janvier on vous dit:
8 Avant un examen, on vous dit:

a Bon séjour!

b Bonnes vacances!

c Bon week-end!

d Bonne année!

e Bon anniversaire!

f Bonne chance!

g Bon voyage!

h Bonne journée!

ÉCOUTER

1b Mettez les bulles dans le bon ordre. (1–7)

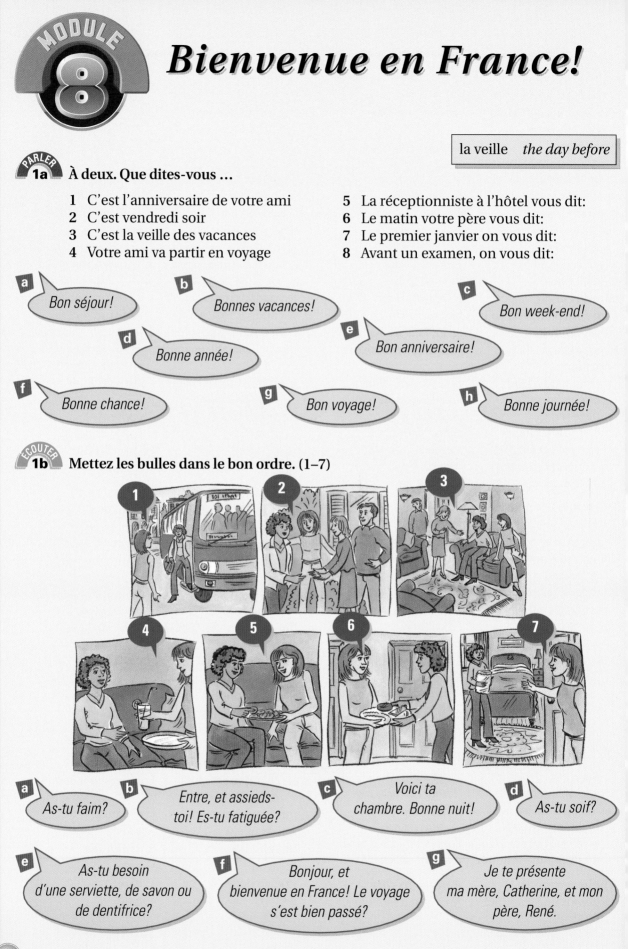

a As-tu faim?

b Entre, et assieds-toi! Es-tu fatiguée?

c Voici ta chambre. Bonne nuit!

d As-tu soif?

e As-tu besoin d'une serviette, de savon ou de dentifrice?

f Bonjour, et bienvenue en France! Le voyage s'est bien passé?

g Je te présente ma mère, Catherine, et mon père, René.

LIRE

2a Copiez et complétez la lettre.

▰▰▰▰▰, j'habite à ▰▰▰▰▰ dans une petite
▰▰▰▰▰. Mon adresse, c'est le ▰▰▰▰▰, 53, rue
de la Poste. Dans ma maison, il y a sept ▰▰▰▰▰.
Au rez-de-chaussée, il y a le salon, la salle à
▰▰▰▰▰, et ▰▰▰▰▰ cuisine. Au ▰▰▰▰▰
étage, il y a ▰▰▰▰▰ chambres et la ▰▰▰▰▰
de bains.

Sam

la	salle
pièces	Lyon
maison	numéro
manger	premier
bonjour	trois

ÉCRIRE

2b Écrivez un paragraphe suivant le modèle ci-dessus sur votre maison.

PARLER

2c À deux. En français:

A

- Tu habites dans une maison ou dans un appartement?

- Il y a combien de pièces?

- Quelle est ton adresse?

- Comment s'écrit le nom de ta ville?

B

- Say ▰▰ ; ▰▰

- Say 4; 8; ?

- ! Answer the question

- ! Answer the question

ÉCOUTER

3a Mettez ces images dans le bon ordre.

a    b    c    d    e

ÉCOUTER

3b Écoutez une deuxième fois, prenez des notes en français sur les différentes maisons.
Est-ce que ces personnes sont contentes ou pas? (1–5)

Où	Aime/n'aime pas

(petite) maison   appartement
maison individuelle   vieux bâtiment

Rappel

près de = near to → J'habite près du parc
loin de = far from → J'habite loin d'un lac
C'est près d'ici? On habite loin du centre.
C'est loin? Je n'habite pas très loin de la mer.

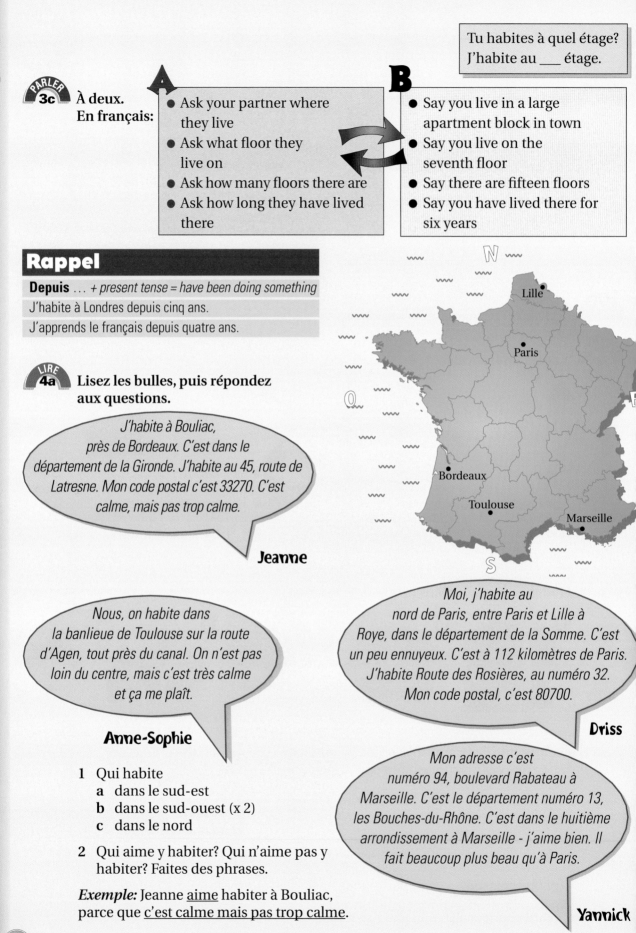

B

Tu habites à quel étage?
J'habite au ___ étage.

PARLER 3c À deux.
En français:

A

- Ask your partner where they live
- Ask what floor they live on
- Ask how many floors there are
- Ask how long they have lived there

B

- Say you live in a large apartment block in town
- Say you live on the seventh floor
- Say there are fifteen floors
- Say you have lived there for six years

Rappel

Depuis … + *present tense = have been doing something*
J'habite à Londres depuis cinq ans.
J'apprends le français depuis quatre ans.

LIRE 4a Lisez les bulles, puis répondez aux questions.

> *J'habite à Bouliac, près de Bordeaux. C'est dans le département de la Gironde. J'habite au 45, route de Latresne. Mon code postal c'est 33270. C'est calme, mais pas trop calme.*
>
> **Jeanne**

> *Nous, on habite dans la banlieue de Toulouse sur la route d'Agen, tout près du canal. On n'est pas loin du centre, mais c'est très calme et ça me plaît.*
>
> **Anne-Sophie**

> *Moi, j'habite au nord de Paris, entre Paris et Lille à Roye, dans le département de la Somme. C'est un peu ennuyeux. C'est à 112 kilomètres de Paris. J'habite Route des Rosières, au numéro 32. Mon code postal, c'est 80700.*
>
> **Driss**

> *Mon adresse c'est numéro 94, boulevard Rabateau à Marseille. C'est le département numéro 13, les Bouches-du-Rhône. C'est dans le huitième arrondissement à Marseille - j'aime bien. Il fait beaucoup plus beau qu'à Paris.*
>
> **Yannick**

1 Qui habite
   a dans le sud-est
   b dans le sud-ouest (x 2)
   c dans le nord

2 Qui aime y habiter? Qui n'aime pas y habiter? Faites des phrases.

Exemple: Jeanne <u>aime</u> habiter à Bouliac, parce que <u>c'est calme mais pas trop calme</u>.

4b **Corrigez les erreurs dans ces phrases.**

1 Émilie fait un échange en Italie chez la famille Grimandi.
2 Sa correspondante s'appelle Louise.
3 Elle est logée dans une grande maison où il y a quatre étages, et dix-neuf pièces.
4 La salle de séjour est en haut, et les chambres sont en bas.
5 Il y a cinq chambres, et Émilie partage une chambre avec Madame Grimandi.
6 Il n'y a pas de moquette dans la maison.
7 Il y a une grande cave, et un lave-vaisselle.
8 Il y a un jardin devant la maison.
9 On prend le dîner dans le jardin parce qu'il fait chaud le soir.
10 Émilie est très triste.

Chère maman, cher papa,

Ici en Angleterre ça va bien, et la famille de Lindsay est très gentille.

Je vous envoie une photo de leur maison. C'est une maison moyenne qui se trouve dans une rue tranquille près du centre-ville. C'est une maison jumelée à deux étages. Il y a huit pièces: en bas, il y a le salon, la salle à manger et la cuisine. Il y a un petit bureau à côté de la cuisine, et des W-C aussi. En haut, il y a la salle de bains, et les chambres. Il y a trois chambres: la chambre de Madame Hills, la chambre de Lindsay, et la chambre de Graham, son frère. Moi, je partage la chambre de Lindsay, et on s'amuse bien.

Ce qui est bizarre, c'est qu'il y a de la moquette partout dans la maison, même dans l'entrée et l'escalier! Mais il n'y a pas de cave ni de lave-vaisselle. Je dois aider à faire la vaisselle à la main ...

Il y a un joli jardin derrière la maison, où il y a une pelouse, des fleurs et un grand arbre. Mais on n'y mange pas, parce qu'il fait trop froid le soir pour manger dehors.

Il y a aussi un garage.

Vous voyez, j'ai de la chance! Je suis très contente!

Grosses bises   Émilie

5a **Copiez et complétez la grille. (1–5)**

	No. of bedrooms	No. of bathrooms	Other details
1			

5b **Vous êtes agent immobilier. Décrivez ces appartements à votre client.**

Exemple:

L'appartement a une grande cuisine, un salon et une salle à manger …

5c **Écoutez encore une fois pour vérifier vos descriptions.**

1 *Voici ma maison*

Describing a house and its rooms

●●●●●●●●●●●●●●●●●●●●●

 1a Regardez ces images. Qu'est-ce qui n'est pas mentionné?

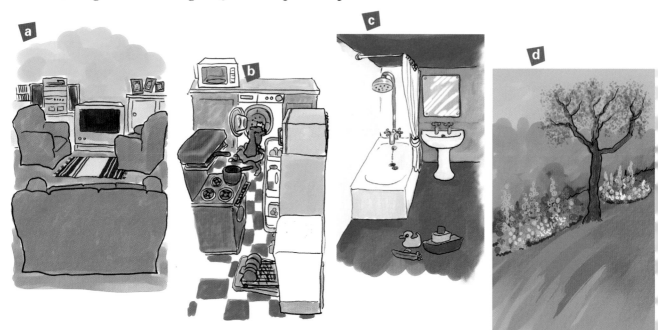

 1b Décrivez les images ci-dessus à votre partenaire.

2a Répondez aux questions.

1	Max pense qu'il pourrait	**a** facilement partager sa chambre
		b difficilement partager sa chambre
		c partager sa chambre avec quelqu'un de son âge
2	Josette	**a** est d'accord avec Max
		b partage sa chambre avec son frère
		c aime bien partager sa chambre
3	Mohammed est	**a** mécontent
		b satisfait
		c très heureux
4	Carmen voudrait	**a** trouver un appartement avec sa sœur
		b trouver un appartement pour elle toute seule
		c trouver un appartement pour sa sœur
5	Tristan s'entend	**a** bien avec ses parents
		b mal avec ses parents
		c bien avec Carmen

une baignoire
un buffet
un canapé
une chaîne stéréo
un congélateur
une cuisinière à gaz
un frigo
un lavabo
un lave-vaisselle
une machine à laver
un miroir
la moquette
une pelouse
une télévision

2b Écoutez une deuxième fois et mettez ces phrases
dans l'ordre dans lequel vous les entendez.

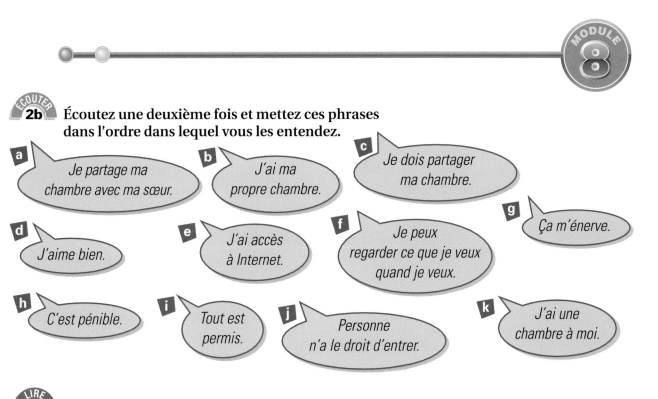

a Je partage ma chambre avec ma sœur.

b J'ai ma propre chambre.

c Je dois partager ma chambre.

g Ça m'énerve.

d J'aime bien.

e J'ai accès à Internet.

f Je peux regarder ce que je veux quand je veux.

h C'est pénible.

i Tout est permis.

j Personne n'a le droit d'entrer.

k J'ai une chambre à moi.

3a Lisez cet article sur la chambre de Ricardo – fils d'acteur.
Copiez le plan et indiquez sur le plan la position des différentes choses.

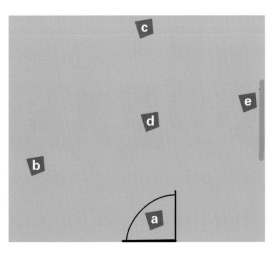

Décidez si les phrases suivantes sont
vraies ou fausses.

1 Ricardo doit partager sa chambre.
2 Ricardo est technophobe.
3 Ricardo travaille dans sa chambre.
4 Ricardo n'affiche jamais de posters.
5 Ricardo aime les choses matérielles.

Ben, voici ma chambre … comme vous voyez, elle est très grande. J'ai de la chance, je le sais. J'ai tout ce qu'il faut.

En face de la porte tout un mur technologique: il y a ma chaîne-hi-fi, mon ordinateur, ma télé avec magnétoscope, tout sur cette grande étagère au fond. Ma mère appelle ça le mur techno. À gauche, j'ai mon lit – c'est un grand lit bien confortable. J'ai tendance à faire mes devoirs sur mon lit. C'est pas bien!

Ce que j'adore c'est la lampe fluo à côté de la porte, je trouve ça génial. C'est mon père qui me l'a offerte. La moquette est verte et les rideaux aussi.

Je mets des posters aux murs mais je les change assez régulièrement. Finalement, les choses matérielles ne sont pas importantes pour moi.

3b Écrivez une description de 60 mots sur votre chambre.

4 Choisissez une personne célèbre et inventez une description de
leur maison. Jouez à *Through the Keyhole* avec votre classe.

2 *Les médias*

Discussing music, books, magazines and films with your penfriend

●●

ÉCOUTER

1a Copiez et complétez la grille.

Genre	Héros/héroïne	Opinion

PARLER

1b Préparez une présentation sur le dernier livre que vous avez lu, suivant le modèle à côté.

> *Le dernier livre que j'ai lu était …*
> *Le héros/l'héroïne était …*
> *Il s'agit de …qui …*
> *Je l'ai trouvé …*
> *Je peux le recommander/Ça ne vaut pas la peine.*

LIRE

2a Regardez ce graphique et remplissez les blancs dans l'article qui suit.

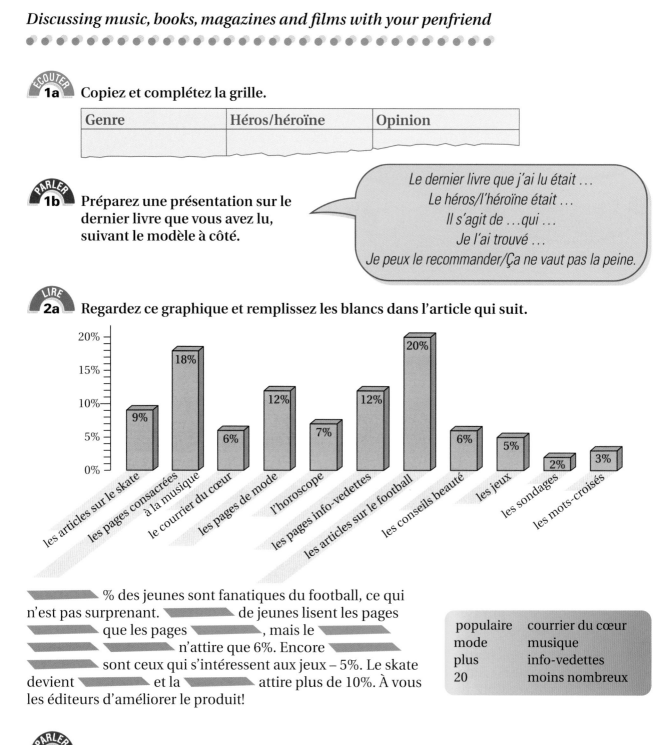

_____ % des jeunes sont fanatiques du football, ce qui n'est pas surprenant. ▰▰▰▰▰ de jeunes lisent les pages ▰▰▰▰▰ que les pages ▰▰▰▰▰, mais le ▰▰▰▰▰ ▰▰▰▰▰ n'attire que 6%. Encore ▰▰▰▰▰ sont ceux qui s'intéressent aux jeux – 5%. Le skate devient ▰▰▰▰▰ et la ▰▰▰▰▰ attire plus de 10%. À vous les éditeurs d'améliorer le produit!

populaire	courrier du cœur
mode	musique
plus	info-vedettes
20	moins nombreux

PARLER

2b Faites le même sondage auprès de vos amis. Posez la question suivante:

> *Dans les magazines, quelle sorte de pages préfères-tu?*

Écrivez un paragraphe sur les résultats, suivant le modèle **2a**.

3a Indiquez si les phrases suivantes sont vraies ou fausses.

1 Ferdinand a aimé le CD de Hodgson.
2 Julie est une fan de musique celtique.
3 Déborah a trouvé le CD ennuyeux.

4 Étienne préfère Céline Dion à Hélène Segara.
5 Marion pense que les chansons sont répétitives.
6 Elsa a trouvé la musique vide.

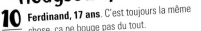
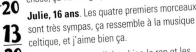

À toi de noter...
Hodgson "Open the door"

10/20 Ferdinand, 17 ans. C'est toujours la même chose, ça ne bouge pas du tout.

13/20 Julie, 16 ans. Les quatre premiers morceaux sont très sympas, ça ressemble à la musique celtique, et j'aime bien ça.

10/20 Déborah, 16 ans. J'aime bien le rap et les musiques qui bougent, ou bien des chanteurs avec des belles voix. Là ce n'est ni l'un ni l'autre.

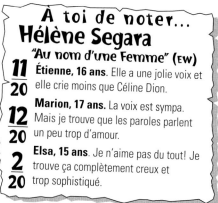

À toi de noter...
Hélène Segara
"Au nom d'une Femme" (EW)

11/20 Étienne, 16 ans. Elle a une jolie voix et elle crie moins que Céline Dion.

12/20 Marion, 17 ans. La voix est sympa. Mais je trouve que les paroles parlent un peu trop d'amour.

2/20 Elsa, 15 ans. Je n'aime pas du tout! Je trouve ça complètement creux et trop sophistiqué.

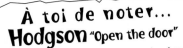

3b Trouvez le français pour les expressions suivantes.

1 The words are a bit too soppy
2 I don't like it at all
3 It's all the same

4 There is no rhythm to it
5 This is neither one nor the other

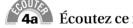

3c Écrivez votre opinion sur une chanson courante pour 'À toi de noter …'.

4a Écoutez ce reportage sur le cinéma et remplissez la grille.

Le genre	Ce qu'il/elle en pense

4b À deux. Faites une conversation en utilisant les phrases ci-dessous.

> **Quel est le dernier film que tu as vu?**
> J'ai vu …
> C'est une comédie/un drame psychologique/un film de science-fiction/ un western/une histoire d'amour.
> Il s'agit d'un homme qui …
> C'était très émouvant/très romantique/nul.
> C'est un film qui m'a touché/C'est un film qui ne m'a fait aucun effet.
> Les acteurs étaient …
> La réalisation était …
> J'aime les films qui me font rire/pleurer/peur.

Rappel

Qui is a very useful link word and one which impresses examiners.
See page 218.

4c Vous êtes critique pour un magazine.
Écrivez un article de 75 mots sur le dernier film que vous avez vu.
Écrivez sur le genre, l'histoire et ce que vous en pensez.

3 *La télé et la publicité*

Discussing TV and advertising

• • • • • • • • • • • • • • • •

1a Faites une liste de toutes les sortes d'émissions mentionnées dans le texte. Trouvez un exemple de la télévision britannique pour chaque sorte d'émission.

Exemple:

les émissions de musique = Top of the Pops

1b Répondez à ces questions en français:

1 Émilie, qu'est-ce qu'elle va regarder ce soir? *(1)*
2 Quelles sortes d'émission est-ce qu'Émilie préfère? *(2)*
3 Qu'est-ce qu'elle pense de la publicité? *(1)*
4 Quelles sortes de films est-ce que Paul préfère? *(3)*
5 Quelle est son émission préférée, et c'est quelle sorte d'émission? *(2)*
6 Pourquoi est-ce qu'il n'aime pas regarder le journal? *(1)*
7 Quand est-ce que Geneviève regarde les infos? *(1)*
8 Quelle sorte de film est-ce qu'elle préfère? *(1)*
9 Quelle sorte d'émission est-ce qu'elle n'aime pas? *(1)*
10 Pourquoi est-ce qu'elle préfère la radio? *(1)*
11 Quelle est l'émission préférée d'Auguste, et c'est quelle sorte d'émission? *(2)*
12 Quand est-ce qu'il va voir son émission préférée? *(2)*
13 Quelles sortes d'émission est-ce qu'il n'aime pas? *(2)*
14 *Qui Veut Gagner des Millions?* c'est quel jeu télévisé en anglais? *(1)*

Émilie Ce soir, je vais regarder "M comme Musique" car j'adore les émissions de musique. J'aime aussi les documentaires sur la nature, parce que j'aime beaucoup les animaux. La publicité, moi, je trouve ça bête.

Paul J'adore les dessins animés et les films policiers. J'aime aussi les films d'horreur et de science-fiction. Ce soir, je vais regarder mon émission préférée, "Les Simpson", parce que ça me fait rire. Mais je ne vais pas regarder les informations: ça, c'est barbant.

Geneviève Dubois Comme tous les soirs, je vais regarder le journal, et peut-être un film, parce que j'aime les films d'amour. Mon film favori est "Titanic", parce que je pense que les acteurs sont formidables. Je trouve qu'il y a trop de séries américaines et anglaises à la télévision française, et je déteste cette sorte d'émission. À vrai dire, je préfère écouter la radio, parce que j'aime beaucoup la musique classique.

Auguste Dubois Je ne vais pas regarder la télé ce soir, car je préfère les émissions de sport, et il n'y en a pas ce soir. Je verrai mon émission préférée, "Sport matin", demain à 10 heures. Je n'aime pas les jeux télévisés, *Qui Veut Gagner des Millions?* par exemple. Je les trouve ennuyeux. Je n'aime pas non plus les feuilletons.

1c Identifiez l'émission de télé britannique. (1–6)

1d Préparez une présentation sur votre émission de télé préférée.

Mon émission de télé préférée s'appelle ...
C'est un feuilleton qui a lieu dans une ville en Australie ...
C'est un film policier à New York en Amérique
Il s'agit de ...
J'aime cette émission parce que c'est passionnant ...
Ce film ça me fait rire ...

LIRE
2 Est-ce qu'on regarde trop la télé? Lisez les opinions ci-dessous et décidez si vous êtes d'accord/pas d'accord ou sans avis dans chaque cas.

	D'accord	Pas d'accord	Sans avis
a			
b			

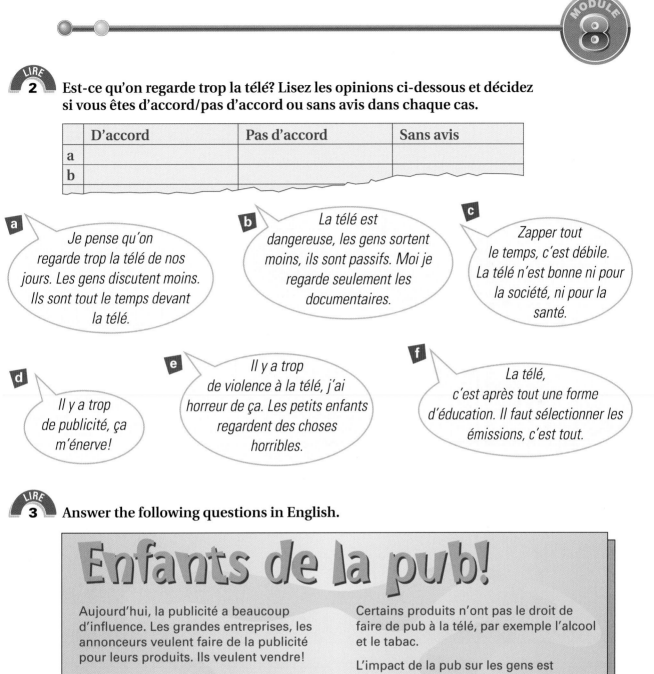

a Je pense qu'on regarde trop la télé de nos jours. Les gens discutent moins. Ils sont tout le temps devant la télé.

b La télé est dangereuse, les gens sortent moins, ils sont passifs. Moi je regarde seulement les documentaires.

c Zapper tout le temps, c'est débile. La télé n'est bonne ni pour la société, ni pour la santé.

d Il y a trop de publicité, ça m'énerve!

e Il y a trop de violence à la télé, j'ai horreur de ça. Les petits enfants regardent des choses horribles.

f La télé, c'est après tout une forme d'éducation. Il faut sélectionner les émissions, c'est tout.

LIRE
3 Answer the following questions in English.

Enfants de la pub!

Aujourd'hui, la publicité a beaucoup d'influence. Les grandes entreprises, les annonceurs veulent faire de la publicité pour leurs produits. Ils veulent vendre!

La publicité coûte cher à la télé. Les spots populaires sont très convoités.

La publicité doit encourager les gens à acheter un produit. Ce sont les agences qui fabriquent les annonces.

Certains produits n'ont pas le droit de faire de pub à la télé, par exemple l'alcool et le tabac.

L'impact de la pub sur les gens est énorme. Les slogans sont très importants surtout pour les grandes marques.

1 According to the article, why do companies use advertising?
2 Who makes advertisements?
3 Which products are not allowed to be advertised on TV?
4 For whom are slogans particularly important?

> Don't forget to use your common sense in exams. You don't have to understand everything to get the answers right!

4 *On sort manger*

Going out with your friend to a restaurant
●●●●●●●●●●●●●●●●●●●●●●●●●●●

ECOUTER
1a Notez la commande de chaque personne en français. (1–5)

ECOUTER
1b Quel est le plat du jour?

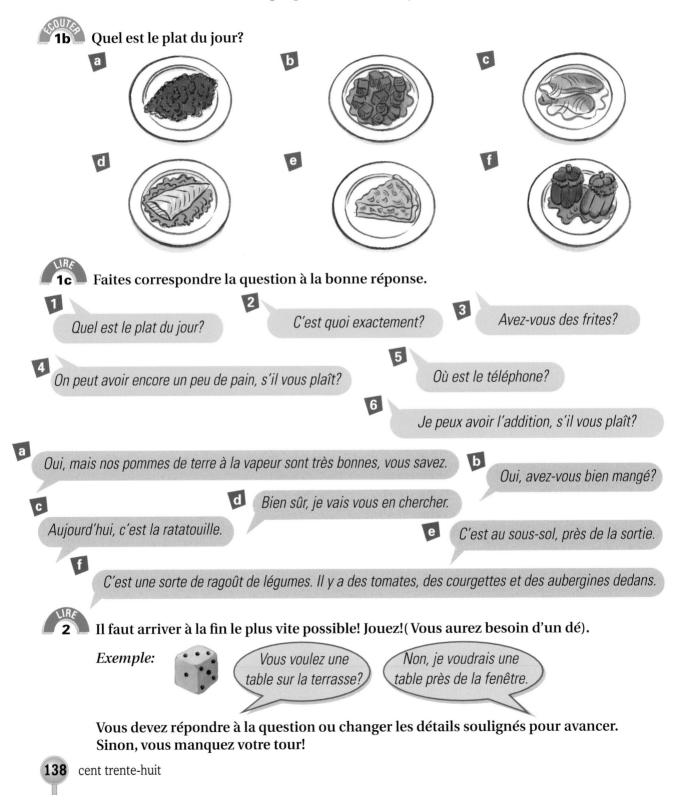

LIRE
1c Faites correspondre la question à la bonne réponse.

1 Quel est le plat du jour?

2 C'est quoi exactement?

3 Avez-vous des frites?

4 On peut avoir encore un peu de pain, s'il vous plaît?

5 Où est le téléphone?

6 Je peux avoir l'addition, s'il vous plaît?

a Oui, mais nos pommes de terre à la vapeur sont très bonnes, vous savez.

b Oui, avez-vous bien mangé?

c Aujourd'hui, c'est la ratatouille.

d Bien sûr, je vais vous en chercher.

e C'est au sous-sol, près de la sortie.

f C'est une sorte de ragoût de légumes. Il y a des tomates, des courgettes et des aubergines dedans.

LIRE
2 Il faut arriver à la fin le plus vite possible! Jouez!(Vous aurez besoin d'un dé).

Exemple:

Vous voulez une table sur la terrasse?

Non, je voudrais une table près de la fenêtre.

Vous devez répondre à la question ou changer les détails soulignés pour avancer. Sinon, vous manquez votre tour!

Vous désirez? **1**	J'ai réservé une table <u>pour cinq personnes</u>. **2**	Vous voulez une table sur la terrasse? **3**	(Reculez de deux cases.) **4**	Je préfère être <u>près de la fenêtre</u>. **5**
Moi, je voudrais <u>le pâté</u>. **10**	(Reculez de deux cases.) **9**	Le potage du jour, qu'est-ce que c'est? **8**	Comme hors-d'œuvre je prends <u>la salade niçoise</u>. **7**	Vous désirez un apéritif? **6**
Quel est le plat du jour? **11**	Qu'est-ce que vous avez pour les végétariens? **12**	Et comme plat principal, vous désirez? **13**	(Reculez de deux cases.) **14**	Comme plat principal, <u>le colin aux épinards</u>. **15**
Comme dessert, je voudrais <u>une tarte au citron</u>. **20**	(Reculez de deux cases.) **19**	Comme boisson, nous voudrions <u>une bouteille d'eau gazeuse</u>. **18**	Je prends le lapin farci. Il est bon? **17**	Pour moi, <u>le bœuf bourguignon</u>. **16**
Je ne prends pas <u>de dessert</u>. **21**	Pour moi, <u>un sorbet à la mangue</u>. **22**	On peut avoir du pain, s'il vous plaît? **23**	(Reculez de deux cases.) **24**	Tout va bien messieurs/dames? **25**
L'addition, s'il vous plaît? **30**	(Reculez de deux cases.) **29**	C'est <u>délicieux</u>! **28**	C'est <u>très bon</u>, monsieur. **27**	Où sont les toilettes, s'il vous plaît? **26**

5 *On se plaint*

Complaining at a restaurant

LIRE 1 Identifiez le problème. (1–7)

1 *Je n'ai pas de fourchette.*

2 *Ma cuillère est sale.*

3 *L'addition n'est pas juste.*

4 *Mon potage est froid.*

5 *Ce couteau n'est pas propre.*

6 *On n'a ni sel ni poivre sur cette table.*

7 *Je n'ai pas de verre.*

ÉCOUTER 2 Complétez les phrases pour chaque conversation au restaurant.

1 Elle a réservé ___.
Elle n'est pas contente parce que ___.
2 Il a commandé ___.
Il n'est pas content parce qu' ___.
3 Elle a commandé ___.
Elle n'a pas de ___.
4 Il a demandé ___.
Il n'est pas content parce que ___.

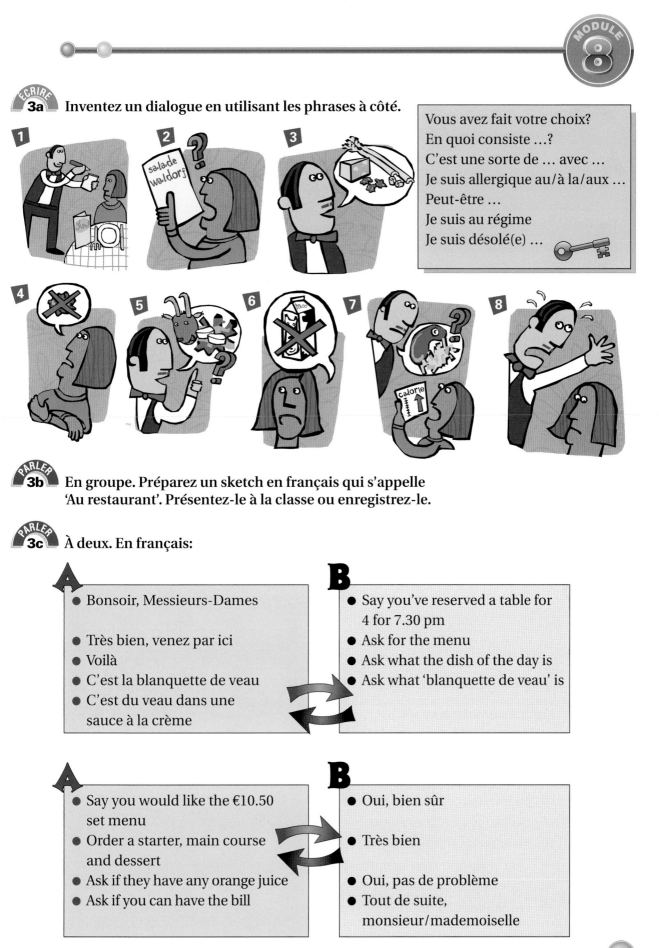

3a ÉCRIRE — Inventez un dialogue en utilisant les phrases à côté.

Vous avez fait votre choix?
En quoi consiste …?
C'est une sorte de … avec …
Je suis allergique au/à la/aux …
Peut-être …
Je suis au régime
Je suis désolé(e) …

3b PARLER — En groupe. Préparez un sketch en français qui s'appelle
'Au restaurant'. Présentez-le à la classe ou enregistrez-le.

3c PARLER — À deux. En français:

A
- Bonsoir, Messieurs-Dames
- Très bien, venez par ici
- Voilà
- C'est la blanquette de veau
- C'est du veau dans une sauce à la crème

B
- Say you've reserved a table for 4 for 7.30 pm
- Ask for the menu
- Ask what the dish of the day is
- Ask what 'blanquette de veau' is

A
- Say you would like the €10.50 set menu
- Order a starter, main course and dessert
- Ask if they have any orange juice
- Ask if you can have the bill

B
- Oui, bien sûr
- Très bien
- Oui, pas de problème
- Tout de suite, monsieur/mademoiselle

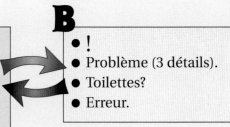

1 You are in a restaurant. Your partner will play the part of the waiter and will begin the conversation.

A

- Oui monsieur/madame? Je peux vous apporter quelque chose?
- Voilà. Le repas vous a plu?
- Ah, je comprends, je vais m'en occuper.
- En bas sur la gauche. … Voilà l'addition.
- Ah je m'excuse infiniment …

B

- !
- Problème (3 détails).
- Toilettes?
- Erreur.

> *Often in Higher role plays you will have to give more than one detail. Don't be surprised if your teacher is waiting for you to give more detail. Prepare yourself thoroughly and take charge.*

2 Prepare a one-minute speech about 'Mon émission de télé préférée'.

Nom de l'émission   Genre

Personnages

Description physique

Leur caractère

L'histoire

Il s'agit de …

Ce que j'en pense …

Ce qui s'est passé récemment …

Qui j'aimerais rencontrer et pourquoi …

3 Your examiner may ask …

1 Quelle serait ta maison idéale?

2 Tu as déjà fait un échange?

3 Tu as déjà mangé au restaurant?

4 Tu fais des économies? Pourquoi?

5 Qu'est-ce que tu as acheté récemment comme vêtements?

6 Tu aimes la musique? Quelle sorte de musique préfères-tu?

7 Qu'est-ce que tu as regardé hier à la télé?

8 Parle-moi d'un film que tu as vu récemment.

9 Les jeunes d'aujourd'hui regardent trop la télé. Qu'en penses-tu?

Remember that in your coursework, you need to try and use as many tenses as possible, and you must include your opinions. What do you think of a particular film? Who was the best actor and why? What was the best moment and why? If you had to sum it up in one word what would it be?

1 Review of a film/book/TV programme. Your task is to write a review of a film or TV programme you have seen, or a book you have read. Include:

- the plot
- details of the characters and the setting
- details of the actors, if appropriate
- your opinion
- would you recommend this to others?

You could illustrate your review with captioned photos. You could also include the views of others on the film/book - ask your friends for their actual views, and include these!

un acteur	actor (m)
une actrice	actor (f)
au début	at the beginning
à la fin	at the end
le comportement	behaviour
la caractéristique	characteristic
le dialogue	dialogue
le metteur en scène	director
les images	pictures
la musique	music
l'interprétation	performance
le portrait	portrait
le lecteur	reader (m)
la lectrice	reader (f)
réaliste	realistic
l'histoire	story/plot

Un film que j'ai vu
C'était …
Il s'agit de …
Je l'ai trouvé …
À mon avis …

Mots

Phrases utiles

Bonne année!	*Happy New Year!*
Bon anniversaire!	*Happy Birthday!*
Bonne chance!	*Good Luck!*
Bonne journée!	*Have a good day!*
Bon séjour!	*Have a pleasant stay!*
Bonnes vacances!	*Have a good holiday!*
Bon voyage!	*Have a good journey!*
Bon week-end!	*Have a good weekend!*
Bienvenue!	*Welcome!*

Useful expressions

Entre!	*Come in!*
As-tu faim?	*Are you hungry?*
As-tu soif?	*Are you thirsty?*
As-tu besoin de …?	*Do you need …?*
Es-tu fatigué(e)?	*Are you tired?*
Voici …	*Here is …*
Je te présente …	*Can I introduce you to …*

Voici ma maison — *Describing a house*

le balcon	*balcony*
le bureau	*study*
la cave	*cellar*
la chambre	*bedroom*
la cuisine	*kitchen*
le jardin	*garden*
la pelouse	*lawn*
une pièce	*room*
la salle à manger	*dining room*
le salon	*living room*
les W-C	*toilet*

Les meubles — *Furniture*

une baignoire	*a bath*
un buffet	*a sideboard*
un canapé	*a couch*
une chaîne stéréo	*a hi-fi*
un congélateur	*a freezer*
une cuisinière à gaz	*a gas cooker*
un frigo	*fridge*
un lavabo	*washbasin*
un lave-vaisselle	*a dishwasher*
un miroir	*a mirror*
la moquette	*fitted carpet*
une pelouse	*lawn*
une télévision	*a television*

Dans ma chambre — *In my bedroom*

Je dois partager ma chambre.	*I have to share my room.*
J'ai ma propre chambre.	*I have my own room.*
une étagère	*shelf*
une lampe fluo	*fluorescent lamp*
un mur	*wall*
un magnétoscope	*video recorder*
un ordinateur	*computer*
les rideaux *(mpl)*	*curtains*

Les magazines et les livres — *Magazines and books*

Le dernier livre que j'ai lu était …	*The last book I read was …*
Le héros/L'héroïne était …	*The hero/heroine was …*
Il s'agit de … qui …	*It is about … who …*
Je l'ai trouvé …	*I found it …*
Je peux le recommander.	*I can recommend it.*
Ça ne vaut pas la peine.	*It's not worth it.*

les articles sur …	*articles about …*
les conseils beauté	*beauty tips*
le courrier du cœur	*problem page*
les jeux *(mpl)*	*puzzles*
les mots-croisés *(mpl)*	*crossword puzzles*
les pages consacrées à la musique/au sport	*music/sports pages*
les pages info-vedettes	*articles about filmstars*
les pages de mode	*fashion articles*
les sondages *(mpl)*	*surveys*

Les films

C'était émouvant.
C'était nul.
La réalisation était …
Quel est le dernier film que tu as vu?
J'ai vu …
Le film m'a touché.
Le film ne m'a fait aucun effet.
Le film m'a fait rire/ pleurer/peur.
C'était …
une comédie
un drame psychologique
un film de science-fiction
une histoire d'amour
un western
romantique
les acteurs (mpl)

Films

It was moving.
It was awful.
The production was …
What was the last film you saw?
I saw …
I was moved by the film.
The film made no impression on me.
The film made me laugh/ cry/frightened me.
It was …
a comedy
a psychological drama
a science-fiction film
a love story
a western
romantic
actors

À la télévision

un dessin animé
un documentaire
une émission
une émission de musique/sport
un feuilleton
un film d'horreur
un film policier
les informations (fpl)
un jeu télévisé
le journal
la publicité

On television

cartoon
documentary
programme
music/sports programme
series
horror film
detective film
news
game show
news bulletin
advertising

On sort manger

l'addition
l'hors-d'oeuvre
le plat du jour
le plat principal
le potage du jour
Je suis végétarien(ne).

Eating in a restaurant

bill
starter
dish of the day
main course
soup of the day
I am vegetarian.

Phrases utiles

Quel est le plat de jour?

C'est quoi exactement?
C'est une sorte de …
Comme plat principal/ boisson, vous désirez?

En quoi consiste …?
J'ai commandé … mais vouz m'avez apporté …
Je n'ai pas de …
Je peux avoir l'addition?
Je préfère …
Je prends …
Je suis allergique au/ à la/aux …
Je suis au régime.
On peut avoir encore du/de la …?
Pour moi …
Tout va bien.
Vous avez fait votre choix?
Vous désirez…?/ Vous voulez…?

Useful expressions

What is the dish of the day?
What exactly is it?
It's a sort of …
What would you like as main course/ to drink?
What does … consist of?
I ordered … but you brought …
I don't have a …
Can I have the bill?
I'd prefer …
I'll have …
I'm allergic to …

I'm on a diet.
Can we have more …?

I'll have …
Everything's fine.
Have you chosen?
Would you like …?

On se plaint

Je n'ai pas de (fourchette).
L'addition n'est pas juste.
Mon potage est froid.
(Ce couteau) est sale.
On n'a ni sel ni poivre sur cette table.

Complaints

I haven't got (a fork).
The bill isn't right.
My soup is cold.
(This knife) is dirty.
We haven't got salt or pepper on this table.

En bonne forme

ÉCOUTER

1a Qui parle? Notez le bon prénom. (1–8)

Marie
petit déjeuner 8h
déjeuner 12h45
dîner 19h30

Laure
petit déjeuner 6h30
déjeuner 13h15
dîner 20h

Suzanne
petit déjeuner 7h15
déjeuner 12h30
dîner 20h45

le petit déjeuner
le déjeuner
le goûter
le dîner

PARLER

1b Prenez le rôle de Laure/Suzanne.
Dites à quelle heures vous prenez vos repas.

Exemple:

*Je suis Marie.
Je prends le petit déjeuner à huit heures, je prends le déjeuner à douze heures quarante-cinq, et je prends le dîner à dix-neuf heures trente.*

LIRE

1c Lisez l'article et répondez aux questions en français.

En France, en général, on prend le petit déjeuner de bonne heure, puisque le collège commence à huit heures. Les Français aiment manger des tartines ou des croissants, même des pains au chocolat. Ils boivent du café, du thé ou du chocolat chaud.

Le déjeuner est un repas important en France. La plupart des magasins sont fermés entre midi et deux heures pour le déjeuner. On prend le dîner entre 19 heures et 21 heures, ça dépend de la famille.

Les enfants prennent souvent un petit goûter vers 4 heures de l'après-midi, par exemple des biscuits, des tartines, du chocolat chaud etc. Les Français ont une certaine renommée pour leur cuisine. On prétend que certaines nationalités 'mangent pour vivre', tandis que les Français 'vivent pour manger'!

1 Décrivez un petit déjeuner français.
2 À quelle heure est-ce qu'on prend le déjeuner et le dîner?
3 Qu'est-ce que les enfants prennent pour le goûter vers 4 heures?
4 Traduisez la phrase: 'les Français vivent pour manger'.

2a Lisez le texte et répondez aux questions en français.

a D'habitude, je me lève à six heures et demie.

b Je me lave et je me brosse les dents à sept heures moins le quart.

c Je prends le petit déjeuner dans la cuisine.

d Je quitte la maison vers sept heures et demie, et je vais au collège en car.

e J'arrive au collège à huit heures moins le quart.

f J'ai cours de huit heures à midi.

g À l'heure du déjeuner, je mange à la cantine.

h L'après-midi, je passe mon temps à dormir en classe.

i Je rentre à la maison vers seize heures trente.

j Je me couche à vingt-deux heures en semaine, et le week-end je fais la grasse matinée.

1 À quelle heure est-ce qu'il se lève?
2 Où est-ce qu'il se lave?
3 À quelle heure est-ce qu'il part de chez lui?
4 Comment va-t-il au collège?
5 Où est-ce qu'il prend son déjeuner?
6 Est-ce qu'il préfère travailler ou dormir l'après-midi?
7 À quelle heure est-ce qu'il va au lit pendant la semaine?

> faire la grasse matinée *to sleep in*

Le détective

Reflexive verbs are normal verbs, which need an extra bit (the **reflexive pronoun**) when you use them.
Exemple:

se laver = *to get washed*

je **me** lave	nous **nous** lavons
tu **te** laves	vous **vous** lavez
il/elle **se** lave	ils/elles **se** lavent

Pour en savoir plus ➡ page 203, pt 3.2

2b Décrivez votre routine en utilisant **2a** comme modèle.

ÉCRIRE 2c Décrivez votre routine au passé composé.

Exemple:

> Hier, je me suis levé(e) à …

Rappel

Reflexive verbs form the perfect tense with **être**. To revise these and the perfect tense of other verbs see pages 204–205.

ÉCRIRE 2d Écrivez la routine de Luc, de l'exercise 2a, au passé composé.

Exemple:

> Hier, il s'est levé …

ÉCRIRE 2e Luc a une sœur jumelle qui est toujours en retard. Decrivez sa routine au passé composé.

Exemple:

> Hier, elle s'est lev**é**e …

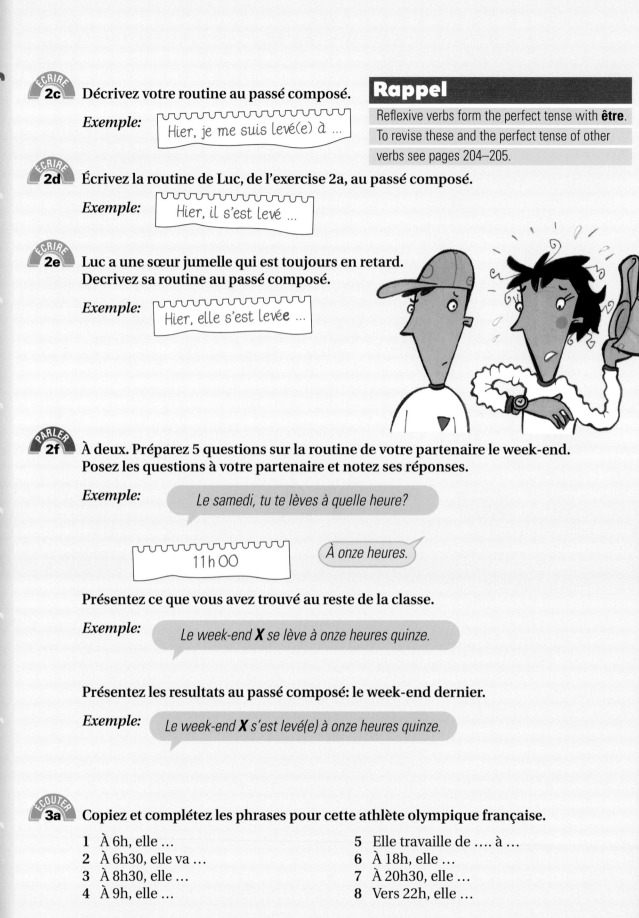

PARLER 2f À deux. Préparez 5 questions sur la routine de votre partenaire le week-end. Posez les questions à votre partenaire et notez ses réponses.

Exemple:

> Le samedi, tu te lèves à quelle heure?

> 11h 00

> À onze heures.

Présentez ce que vous avez trouvé au reste de la classe.

Exemple:

> Le week-end **X** se lève à onze heures quinze.

Présentez les resultats au passé composé: le week-end dernier.

Exemple:

> Le week-end **X** s'est levé(e) à onze heures quinze.

ÉCOUTER 3a Copiez et complétez les phrases pour cette athlète olympique française.

1 À 6h, elle …
2 À 6h30, elle va …
3 À 8h30, elle …
4 À 9h, elle …

5 Elle travaille de …. à …
6 À 18h, elle …
7 À 20h30, elle …
8 Vers 22h, elle …

3b Lisez le texte sur la routine imaginaire de Fabien Barthez et finissez les phrases correctement.

1 Fabien Barthez est de nationalité … anglaise/française.
2 Il est … buteur/gardien de but.
3 En 1998, il jouait pour … Marseille/Monaco.
4 Il est venu habiter en Angleterre … en 1996/2000.
5 Il prend le petit déjeuner à … 7h30/7h45.
6 Il va au gymnase … en voiture/en bus.
7 Il prend le déjeuner … à la maison/au gymnase.
8 Il va au stade pour voir … les fans/s'entraîner.
9 Il s'entraîne pendant … 2 heures/3 heures.
10 Après l'entraînement, il … se douche/se repose.
11 En semaine, il va au lit à … minuit/midi.

www.fabien_bz.com

Gardien de but de l'équipe nationale de France pour la Coupe du monde en 1998 et la Coupe d'Europe en 2000, Fabien Barthez est le numéro un des gardiens du monde.

Ancien joueur avec Marseille (1992-1995) et Monaco (jusqu'à 2000), il a quitté la France pour habiter en Angleterre quand il est devenu membre de l'équipe de Manchester United.

Pour être footballeur professionnel, il faut être en forme. Fabien se lève vers 7h30 tous les jours, et un quart d'heure plus tard il prend le petit déjeuner. Ensuite, il conduit au gymnase où il passe deux heures à s'entraîner seul. Rentré à la maison, il prend un déjeuner léger, et il se repose un peu. Vers midi, il va au stade où il rencontre ses collègues et leur coach. Après trois heures d'entraînement, il se douche, puis il rentre à la maison pour manger, ou il sort avec des amis pour une soirée en ville. Il se couche vers 24h normalement, mais la veille d'un match, il va au lit à 21h.

la veille *the day before*

4a Copiez et complétez la grille.

Nom	Heure de départ	Moyen de transport	Heure d'arrivée

4b À deux. Interviewez-vous!

Comment est-ce que tu viens au collège?

Tu mets combien de temps pour venir?

À quelle heure est-ce que tu quittes la maison?

À quelle heure est-ce que tu arrives?

4c Écrivez les résultats de votre entretien.

 vient au collège … Il/elle met … pour venir, etc … .

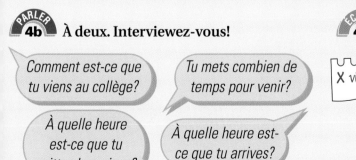

1 *La cuisine et les habitudes*

Food likes and dislikes

● ● ● ● ● ● ● ● ● ● ● ● ●

 1a Les jeunes parlent de la nourriture au collège. Complétez les phrases pour chaque conversation.

1 Sébastien n'aime pas … car …

2 Maxime aime … car …

3 Clémentine n'aime pas … car …

4 Marie préfère … car …

 1b Tu aimes manger à la cantine? Pourquoi? Pourquoi pas?

 1c Écrivez un petit article de 75 mots pour votre magazine du collège pour expliquer pourquoi vous aimez ou n'aimez pas la nourriture à la cantine.

Rappel

Don't forget that there are more negatives than just '*ne … pas*'.

Exemple: *Je **ne** mange **jamais** à la cantine.* I never eat at the canteen.

See page 212.

 2a Qu'est-ce qu'ils aiment et pourquoi? Remplissez la grille en français. (1–5)

	Cuisine	Raison
1		
2		

la cuisine chinoise
la cuisine italienne
la cuisine marocaine
la cuisine thaïlandaise
la cuisine indienne

 2b À deux. Quelle sorte de cuisine préfères-tu? Pourquoi?

Exemples:

> Moi j'adore la cuisine chinoise, c'est délicieux.

> J'aime la cuisine française, c'est la meilleure du monde.

> J'aime la cuisine vietnamienne, j'adore ça.

> Moi, j'adore la cuisine indienne, c'est très bon.

> J'aime beaucoup la cuisine italienne, les pizzas sont délicieuses!

LIRE
3a Lisez cet article. Indiquez si les phrases sont vraies ou fausses.

Les images stéréotypées

Les Français mangent des escargots et des cuisses de grenouille tous les jours. Ils aiment manger de la viande crue aussi. Ils n'aiment pas les choses épicées en général.
Il y a beaucoup de spécialités régionales en France. Par exemple, les tripes à la mode de Caen, le cassoulet toulousain, la choucroute alsacienne, les grenouilles frites à la mode de Lyon: la liste est longue!

Beaucoup d'Anglais aiment manger le 'fish and chips', ou poisson-frites, emballé dans un journal. Ils mangent de la confiture avec de l'agneau et leur pain ressemble à un bout de plastique!

Moi j'habite à Paris, mais le week-end dernier, je suis allé rendre visite à ma grand-mère qui habite à Cancale. Elle avait une surprise pour moi. Elle avait préparé la barbue à la cancalaise. Elle était allée le matin même au marché où elle avait acheté des poissons, des huîtres et des légumes. C'était délicieux – quelle belle surprise!

a Beaucoup d'Anglais aiment manger l'emballage de poisson-frites.
b Selon l'auteur de l'article le pain anglais est bon.
c Les Français aiment les choses épicées.
d La barbue à la cancalaise est un plat à base de viande.

Answer these questions in English.
e Do you agree with this article?
f What is your view of stereotypes in general?

Le détective

The pluperfect tense translates as **had** in English:
Elle avait préparé la barbue à la cancalaise
She had prepared brill in the cancalaise style.

Elle était allée le matin même au marché
She had gone to the market that very morning.

Pour en savoir plus ➡
page 208, pt 3.9

ÉCRIRE
3b Vous avez vu cet extrait dans un magazine.

'La cuisine française est morte, la cuisine internationale est suprême!'

Écrivez en français un petit article de 100 mots au magazine.

Voici des idées pour vous aider:

Parlez de votre cuisine préférée – donnez au moins 3 détails.
Décrivez la nourriture à la cantine chez vous.
Dites pourquoi les jeunes apportent des sandwichs.
Parlez des différences entre les habitudes françaises et les habitudes britanniques.

2 *Avez-vous la pêche?*

Healthy eating

● ● ● ● ● ● ● ●

1a Identifiez la fonction de chaque sorte de nourriture.

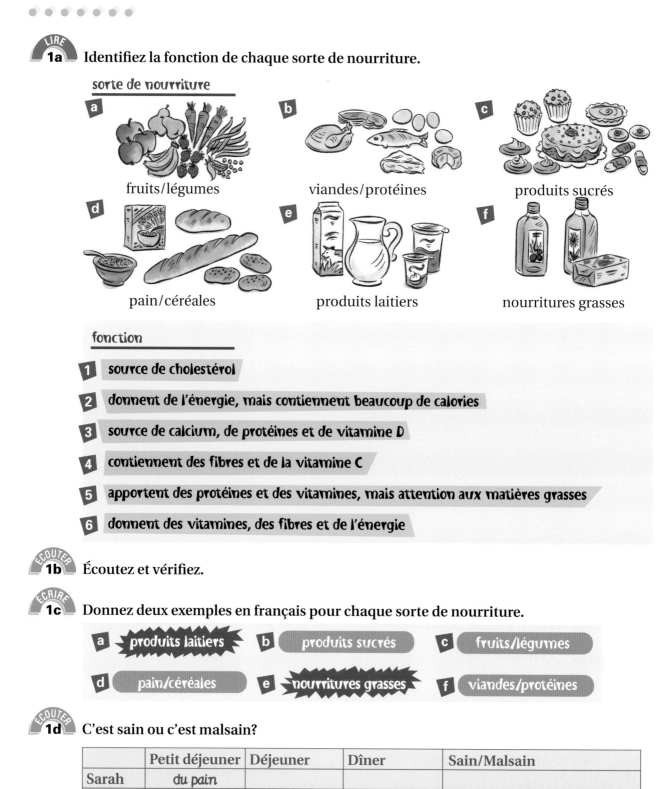

sorte de nourriture

a fruits/légumes

b viandes/protéines

c produits sucrés

d pain/céréales

e produits laitiers

f nourritures grasses

fonction

1 source de cholestérol

2 donnent de l'énergie, mais contiennent beaucoup de calories

3 source de calcium, de protéines et de vitamine D

4 contiennent des fibres et de la vitamine C

5 apportent des protéines et des vitamines, mais attention aux matières grasses

6 donnent des vitamines, des fibres et de l'énergie

1b Écoutez et vérifiez.

1c Donnez deux exemples en français pour chaque sorte de nourriture.

a produits laitiers **b** produits sucrés **c** fruits/légumes

d pain/céréales **e** nourritures grasses **f** viandes/protéines

1d C'est sain ou c'est malsain?

	Petit déjeuner	Déjeuner	Dîner	Sain/Malsain
Sarah	du pain			
Thomas				

1e Faites le test-santé!

TEST-SANTÉ

1 Qu'est-ce qui contient le plus de matières grasses?
   a un hamburger deluxe
   b une portion de frites
   c une omelette

2 Combien de cuillerées de sucre est-ce qu'il y a dans une boîte de cola?
   a 2
   b 6
   c 9

3 Le calcium et le fluor sont bons pour:
   a les cheveux et les yeux
   b les os et les dents
   c les muscles

4 Quelle est la nourriture la plus importante pour le corps?
   a l'eau
   b le sel
   c le pain

5 Quelle est la meilleure source de fibre parmi ces trois?
   a des cornflakes
   b des biscuits
   c du raisin

6 Les calories dans un paquet de chips sont l'équivalent des calories dans:
   a deux œufs
   b une baguette
   c 61 carottes

Réponses 1 a   2 c   3 b   4 a   5 c   6 c

1f Préparez une campagne publicitaire pour encourager les gens à manger sainement. Utilisez les phrases ci-dessous.

Pour être sain/en bonne santé …
   il faut manger plus de …
   il faut manger beaucoup de …
   il faut manger moins de …
   il faut aussi choisir des produits bio
Les fruits et légumes, c'est une source de …

2 Quels sont les avantages et les inconvénients du fast-food? Écrivez un article de 75 mots où vous donnez votre point de vue.

Voici des phrases pour vous aider:

Ce n'est pas bon pour la santé.
C'est bien, le service est rapide.
C'est mauvais pour l'environnement.
C'est pratique, on peut manger quand on veut.
Les restos ne sont pas confortables.
Je préfère les restaurants traditionnels.
Il y a très peu de choix pour les végétariens.
Le fast-food n'est pas cher.
C'est très sucré.
J'essaie de manger des produits bio.
Il y a trop d'emballage, c'est pas nécessaire.

3 *Vivre sainement*

Healthy lifestyles

● ● ● ● ● ● ● ● ●

 1a **Vrai ou faux? Corrigez les commandements qui sont faux, s'il y en a!**

1 Il ne faut pas fumer trop de cigarettes.
2 Il faut boire trop d'alcool.
3 Il faut éviter de boire trop de caféine.
4 Il faut boire dix litres d'eau par jour.
5 Il faut encourager la drogue.
6 Il faut manger des matières grasses, beaucoup de frites, mes enfants!
7 Il faut faire travailler ses jambes tous les jours – oubliez la voiture et l'ascenseur!
8 Il faut prendre des vitamines et dormir moins.
9 Il faut serrer les fesses, rentrer le ventre, sortir la poitrine et marcher la tête haute.
10 Il faut garder la forme en faisant de l'exercice aérobic deux fois par semaine pendant au moins vingt minutes.

 1b **Quels sites pourraient-ils visiter? Il peut y en avoir plusieurs!**

1 Khadija voudrait avoir des conseils sur son régime.
2 Cindy voudrait se protéger des rayons du soleil.
3 Gaétan voudrait perdre du ventre.
4 Julien voudrait faire travailler ses muscles.
5 Amélie recherche un poste comme esthéticienne.

YAHOO! FRANCE   Personnaliser   Aide – Courrier

Accueil > Santé >

● A comme Active – Santé, nutrition, forme et beauté.
● Bodyplanet – Forme et fitness. Musculation, exercices, culturisme, nutrition, diététique sportive, dopage.
● Castaing, Jean-Marie – Programme d'entraînement de musculation et plan diététique.
● Condition physique et santé – Jogging, musculation, abdominaux, natation.
● Estheweb – Actualités et forums, petites annonces et annuaire des professionnels.
● Forme et santé – Conseils pour garder la forme et avoir une bonne alimentation.
● Objectif forme – Conseils et exercices de gymnastique illustrés.
● Sécurité Solaire – Météo solaire du jour, conseils et recommandations.
● Thalasso Guide – France – Centres, histoire, et soins.

Poursuite de la recherche sur Yahoo! US

1c Répondez à ces questions en français.

1 Pourquoi faut-il boire beaucoup d'eau?
2 Est-ce bien de sauter un repas?
3 Si on a une petite faim, qu'est-ce qu'il faut manger?
4 À l'apéritif, qu'est-ce qu'il faut éviter?
5 Une fois à table, qu'est-ce qu'il faut faire?

Answer these questions in English.

6 What sort of clothing aids digestion?
7 In what form is exercise most beneficial?

L'apéritif *a very French tradition, a drink before a meal to whet one's appetite!*

Objectif forme

Pour rester en forme tout au long de l'année, voici quelques exercices simples et rapides … ainsi que certaines règles de vie.

De façon générale

Boire de l'eau, boire de l'eau, boire de l'eau… cela remplit et élimine les toxines. Ne sautez pas un repas. Buvez beaucoup d'eau avant de passer à table.

Plutôt que de craquer sur un gâteau à la moindre sensation de faim, préférez un grand verre d'eau, un yaourt nature ou une pomme. À l'apéritif, un verre de jus de fruit et oubliez les chips. Lorsque vous passez à table, prenez le temps de manger.

De façon générale, la respiration et la digestion se feront dans de meilleures conditions si vous ne portez pas de vêtements comprimant la taille. Un petit peu d'exercice chaque jour, plutôt qu'un gros effort une fois de temps en temps.

2a À deux. Faites un entretien pour un magazine avec un(e) partenaire. Servez-vous des questions ci-dessous. (Il n'est pas essentiel de dire la verité).

Qu'est-ce que tu aimes manger?

Qu'est-ce que tu évites de manger et pourquoi?

Quelle est ta routine journalière?

Est-ce que tu fumes?

Est-ce que tu bois beaucoup d'alcool?

Qu'est-ce que tu aimes comme nourriture?

Qu'est-ce que tu fais pour garder la forme?

Que penses-tu des végétariens?

If you need to revise sport and leisure activities look at Module 3 on page 40.

2b Choisissez une personne célèbre et écrivez un entretien avec lui/elle au sujet de sa vie et de sa façon de vivre. Un peu d'imagination!

2c Faites un poster pour encourager la forme!

4 Ça ne va pas

Dealing with illness and accidents

1a Faites correspondre l'image au problème.

1 J'ai très chaud.

2 Je n'ai pas faim.

3 Je me sens très fatiguée.

4 J'ai très froid.

5 Je suis malade.

6 J'ai mal au cœur.

7 Je suis enrhumée.

8 J'ai la grippe.

9 J'ai vomi.

10 Je me suis blessé à la jambe.

11 Elle est blessée.

12 J'ai de la fièvre.

13 Je tousse.

14 J'ai pris un coup de soleil.

1b Écoutez ces conversations à la pharmacie. (1–6) Notez le problème (1a), et le remède proposé ci-dessous – il peut y en avoir plusieurs!

Exemple:

	le problème	le remède
1	h, 10	4, 1
2		

1 Prenez ces comprimés!

2 Prenez ces pastilles!

3 Prenez ce sirop!

4 Reposez-vous!

5 Prenez rendez-vous chez le médecin!

6 Buvez beaucoup d'eau!

ÉCOUTER 2 Copiez et remplissez cette grille. (1–3)

Problème	Rendez-vous	Autres détails

LIRE 3a Copiez et complétez la conversation chez le médecin.

Médecin: Bonjour, entrez et ______. Qu'est-ce qui ne va pas?

Malade: Oh docteur, je ne ______ pas très bien. J'ai mal à la ______, je suis ______, et j'ai très ______. Pendant la nuit, je ne peux pas ______.

Médecin: Est-ce que je peux vous ______?

Malade: Oui, bien sûr.

Médecin: Je vous donne une ordonnance pour du ______ et des ______ pour la gorge. Reposez-vous au ______ pour deux ou trois ______.

Malade: Merci, docteur. Au ______!

gorge
revoir
pastilles
jours
examiner
soif
asseyez-vous
vais
enrhumé
dormir
sirop
lit

PARLER 3b À deux. Préparez une autre conversation 'chez le médecin'. Changez les détails soulignés.

ÉCOUTER 3c Copiez et complétez la grille en français. (1–4)

	Symptômes	Remède proposé
1		
2		

ÉCOUTER 4 Écoutez et lisez le texte.

Garçon: Pouvez-vous m'aider? Il y a eu un accident. Mon ami est blessé.

Monsieur: Ah non, c'est grave?

Garçon: Je ne sais pas. Il saigne …

Monsieur: Je vais téléphoner pour une ambulance. Il est où exactement?

Garçon: Dans le jardin en face.

Monsieur: D'accord. Vas le rejoindre, l'ambulance va bientôt arriver.

Répondez à ces questions en français.

1 Quel est le problème?
2 Est-ce sérieux?
3 Où se trouve la personne blessée?
4 Que fait le monsieur?

5 *La dépendance*

Discussing addiction

ÉCOUTER **1a** Écoutez les opinions de ces jeunes et décidez qui parle.

C'est adulte de fumer.
Ahmed

Ça pue, je n'aime pas!
Alicia

Si on fume à proximité des enfants, c'est pas bon.
Sylvie

C'est jeter l'argent par les fenêtres.
Élodie

Je fume pour me décrisper.
Hervé

Sabrina
Les cigarettes me donnent confiance en moi.

Si on fume, on risque d'avoir un cancer du poumon.
Elsa

On est vite dépendant! Après, c'est difficile de laisser tomber!
François

C'est agréable de fumer une clope avec ses copains.
Yolande

une clope	*a fag*
se décrisper	*to relax*

une maladie cardio-vasculaire *heart disease*

1b Faites un sondage auprès de votre classe. Posez les questions suivantes:

Est-ce que vous fumez? Pourquoi? Pourquoi pas?

1c À deux. En français:

Je suis pour/contre les cigarettes
I am for/against cigarettes

A
- Say you are against cigarettes
- Say that they are very expensive
- Say you risk cancer and heart disease
- Say you don't smoke

B
- Say you are for cigarettes
- Say you look more grown-up if you smoke
- Say it gives you more self-confidence if you have a cigarette in your hand
- Say you smoke three cigarettes a day

1d Vous avez vu ces images dans un magazine.
Qu'en pensez-vous? Écrivez en français au magazine.
Répondez à ces questions:

Pourquoi est-ce que les jeunes fument?
Est-ce que vous fumez? Pourquoi, pourquoi pas?
Décrivez une soirée récente où beaucoup de gens fumaient.

2a Écoutez ces publicités. (1–4)
Elles sont de la part de quelle
organisation?

2b Lisez le texte et répondez aux questions.

Quel est le risque le plus grave pour notre santé au 21ème siècle?

Pour moi, c'est fumer. Les jeunes connaissent les risques du cancer, il y a même une annonce sur les paquets de cigarettes, mais ils s'en fichent, parce qu'ils pensent que c'est cool de fumer. Il faut être comme ses copains. À mon avis, c'est plutôt stupide.
Manon, 16 ans

Je pense que l'alcool est très dangereux. C'est une drogue, mais tout le monde en boit, même les parents à la maison. On ne sait pas ce qu'on fait quand on a trop bu, et ça, c'est très mauvais.

Quand j'avais seize ans, je fumais vingt clopes par jour. Je buvais presque tous les jours aussi, une ou deux bières, le vendredi soir du whisky-coca ou du cidre. Je faisais ça pour impressionner les autres. Au bout d'un moment, je me suis rendu compte que je fumais trop et que je devais m'arrêter. J'ai donc évité le cancer du poumon.
Daniel, 27 ans

Surtout parmi les jeunes filles, les maladies comme l'anorexie et la boulimie sont pénibles. Les magazines et la télé insistent qu'il faut être à la mode, populaire, et mince. Beaucoup de jeunes souffrent à cause de ça.
Marie-Jo, 15 ans

Qui pense que/qu':

a les médias encouragent les maladies alimentaires?
b on fume sans y penser
c si on boit trop, on ne sait pas ce qu'on fait?
d on fume pour être cool?
e on est influencé par ses parents à boire de l'alcool?
f on est influencé par ses camarades de classe à fumer?

Rappel

The imperfect tense can also be used to mean *used to*:

Je buvais presque tous les jours.

I used to drink nearly every day.

Je fumais vingt clopes par jour.

I used to smoke 20 fags per day.

See page 206

À L'ORAL

1 You are ringing a doctor to make an appointment. Your partner will play the part of the receptionist and will begin the conversation.

A

- Oui, je peux vous aider?
- Ah je regrette, c'est hors de question aujourd'hui. Qu'est-ce qui ne va pas?
- Ah je vois. Vous pourriez venir pendant l'heure du déjeuner?
- Et vous êtes?
- C'est noté. Vous repartez quand chez vous?

B

- Rendez-vous urgent.
- Problème (3 details).
- ✔
- Nom et adresse.
- !

2 Prepare a one-minute talk on 'Ma cuisine préférée'.

Description
Plat préféré
Comment le préparer
Visite récente au restaurant

3

Your examiner may ask …

1 Comment vas-tu au collège?
2 Si tu gagnais au loto, quelle serait ta routine?
3 Tu aimes faire la cuisine?
4 À quelle heure est-ce que tu prendras le dîner ce soir?
5 Qu'est-ce que tu as fait ce matin avant d'arriver au collège?
6 Il y a un plat que tu détestes?
7 Pourquoi est-ce qu'on devient végétarien?
8 Être en forme, c'est important pour toi?
9 Tu as déjà mangé en France? Quelles sont les différences?
10 Fumer, qu'en penses-tu?

Make sure you know your daily routine in the perfect tense by heart — what time you got up, what time you had breakfast, had a shower … went to bed, etc.

1 Am I fit and healthy? Your task is to give your views on factors affecting health and to assess your own lifestyle. You should include the points below – some suggestions for presenting these points are provided.

1 & **2**
Your current and previous eating habits and exercise habits.

> Why not devise a questionnaire and fill it in for yourself? Then write a summary of your findings.

3 Things preventing you from keeping fit.

> Why not write an agony aunt letter to a magazine - too much homework, you have to work on Saturdays to earn money, when could you get fit? You don't have the time!

4 How you can improve your lifestyle to improve your health.

> Why not write a short magazine article – how to get fit quick and painlessly!

5 Comment on smoking, drinking, addictions and diet.

> You get your own magazine hot spot where you give opinions on why young people smoke or take drugs. You could base your findings on imaginary interviews, give them advice on how to stop and tell them how getting fit has changed your life. Finally, you invite them to join in a personal challenge to get fit. Include details of the event and urge them to sign up!

6 A planned sporting activity.

> Design an advert for a sporting activity in your area, or write the script for an advert to go out on the radio.

> Revise question forms before you write your questionnaire. Remember to include questions in the past, present and future.
>
> The following phrases might be useful in presenting people's views:
>
> x pour cent des gens interviewés pensent que …
> *x percent of people interviewed think that …*
>
> La plupart des gens pensent que …   *Most people think that …*
> Certains croient que …   *Some people think that …*
> D'autres disent que …   *Others say that …*
> Il est évident que …   *It is evident that …*
> Il est clair que …   *It is clear that …*
> Il y a du pour et du contre   *There are arguments for and against*

Mots

La routine journalière — *Daily routine*

Je me lève à …	*I get up at …*
Je me lave.	*I get washed.*
Je prends le petit déjeuner.	*I have breakfast.*
Je me brosse les dents.	*I brush my teeth.*
Je quitte la maison.	*I leave home.*
Je vais au collège (en car).	*I go to school (by coach).*
J'arrive à/au …	*I arrive at …*
J'ai cours de … à …	*I have lessons from … till …*
Je mange (à la cantine).	*I eat (in the canteen).*
Je passe mon temps à …	*I spend time …*
Je rentre à …	*I go home at …*
Je prends le déjeuner à …	*I have lunch at …*
Je prends le goûter à …	*I have a snack at …*
Je prends le dîner à …	*I have my evening meal at …*
Je me couche à …	*I go to bed at …*
en semaine	*during the week*
le week-end	*at the weekend*
Je fais la grasse matinée.	*I have a lie-in.*
Hier, je me suis levé(e) à …	*Yesterday, I got up at …*
Il/Elle s'est levé(e) à …	*He/She got up at …*

Une alimentation saine — *Healthy eating*

Il faut manger beaucoup de …	*You must eat plenty of …*
Il faut manger moins de …	*You must eat less …*
Il faut manger plus de …	*You must eat more …*
Il faut choisir …	*You must choose …*
C'est une source de …	*It's/They're a source of …*
calcium	*calcium*
les calories *(fpl)*	*calories*
le cholestérol	*cholesterol*
les fibres *(fpl)*	*fibre*
les fruits/légumes *(mpl)*	*fruit/vegetables*
la nourriture grasse	*fatty food*
les produits laitiers *(mpl)*	*dairy produce*
les produits sucrés *(mpl)*	*sugary foods*
les protéines *(fpl)*	*proteins*
les vitamines *(fpl)*	*vitamins*
J'adore la cuisine (indienne).	*I love (Indian) food.*

Le fast-food — *Fast food*

Ce n'est pas bon pour la santé.	*It's bad for you.*
C'est pratique.	*It's convenient.*
Il y a très peu de choix pour les végétariens.	*There's little choice for vegetarians.*
Le fast-food n'est pas cher.	*Fast food is cheap.*
Le service est rapide.	*The service is quick.*
Les restos ne sont pas confortables.	*Restaurants are uncomfortable.*
On peut manger quand on veut.	*You can eat at whatever time you like.*
C'est mauvais pour l'environnement.	*It's bad for the environment.*
C'est très sucré.	*It's very sweet.*
Il y a trop d'emballage.	*There is too much packaging.*

Vivre sainement — *A healthy lifestyle*

Il faut …	*You must/should …*
Il faut éviter de boire trop de caféine.	*You must avoid drinking too much caffeine.*
Il ne faut pas …	*You mustn't/shouldn't …*
boire de l'alcool	*drink alcohol*
fumer des cigarettes	*smoke cigarettes*
faire de l'exercice aérobic	*to do aerobics*
faire travailler ses muscles/jambes	*to exercise your muscles/legs*
garder la forme	*to keep fit*
la drogue	*drugs*
dormir	*to sleep*

Ça ne va pas.

J'ai chaud.
J'ai froid.
J'ai de la fièvre.
J'ai la grippe.
J'ai mal au cœur.
Je me suis blessé(e) au/
    à la …
Je me sens fatigué(e).
Je suis blessé(e).
Je suis enrhumé(e).
Je suis malade.
Je tousse.
J'ai pris un coup
    de soleil.
J'ai vomi.
Je n'ai pas faim.
Prenez (ces comprimés/
    ces pastilles/ce sirop).
Reposez-vous.
Prenez rendez-vous chez
    le médecin.

Illness and accidents

I feel hot.
I feel shivery.
I've got a temperature.
I've got flu.
I feel sick.
I've hurt my …

I feel tired.
I'm injured.
I've got a cold.
I'm ill.
I've got a cough.
I've got sunburnt.

I've been sick.
I'm not hungry.
Take (these pills/cough
    sweets/medicine).
Rest.
Make an appointment at
    the doctor's.

La dépendance

Fumer – pour ou contre?

Ça me donne confiance
    en moi.
Ça pue!
C'est adulte.
C'est agréable.
C'est difficile de laisser
    tomber.
On est vite dépendant.
On risque d'avoir le
    cancer du poumon.
C'est jeter l'argent par
    les fenêtres.
Je fume pour me décrisper.

Addiction

Are you for or against
    smoking?
It gives me self-
    confidence.
It stinks!
It's grown-up.
It's nice and relaxing.
It's difficult to stop.

You're quickly addicted.
You risk getting lung
    cancer.
It's a waste of money.

I smoke to relax.

MODULE 10

Le transport

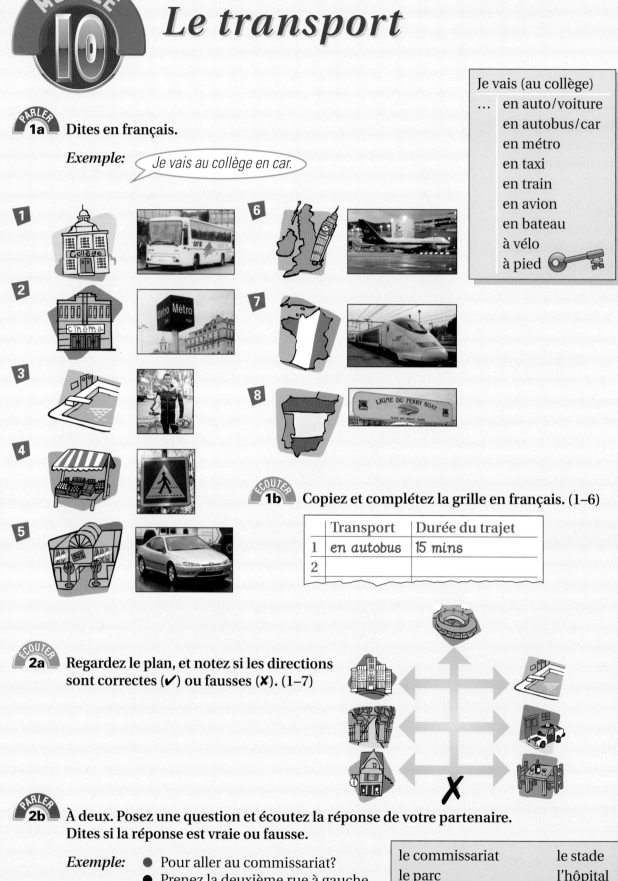

Je vais (au collège)

… en auto/voiture
en autobus/car
en métro
en taxi
en train
en avion
en bateau
à vélo
à pied

PARLER 1a Dites en français.

Exemple: Je vais au collège en car.

ÉCOUTER 1b Copiez et complétez la grille en français. (1–6)

	Transport	Durée du trajet
1	en autobus	15 mins
2		

ÉCOUTER 2a Regardez le plan, et notez si les directions sont correctes (✔) ou fausses (✗). (1–7)

PARLER 2b À deux. Posez une question et écoutez la réponse de votre partenaire. Dites si la réponse est vraie ou fausse.

Exemple:
● Pour aller au commissariat?
● Prenez la deuxième rue à gauche.
● Faux!

le commissariat   le stade
le parc   l'hôpital
le syndicat d'initiative   la piscine
le restaurant

3a **Lisez les directions et notez la destination.**

1 Montez la rue jusqu'aux feux, puis tournez à droite, et c'est à votre gauche.
2 Tournez à droite, puis tournez à gauche aux feux. Continuez tout droit, et traversez le pont. C'est un peu plus loin, à droite.
3 Tournez à gauche. Ensuite, prenez la première rue à droite. Montez la rue jusqu'au carrefour, et c'est au coin, à gauche.
4 Allez tout droit. Traversez les feux, puis tournez à gauche. Au rond-point, tournez à droite, et c'est en face de vous.
5 Tournez à droite, puis continuez tout droit. C'est juste après la deuxième rue à droite.

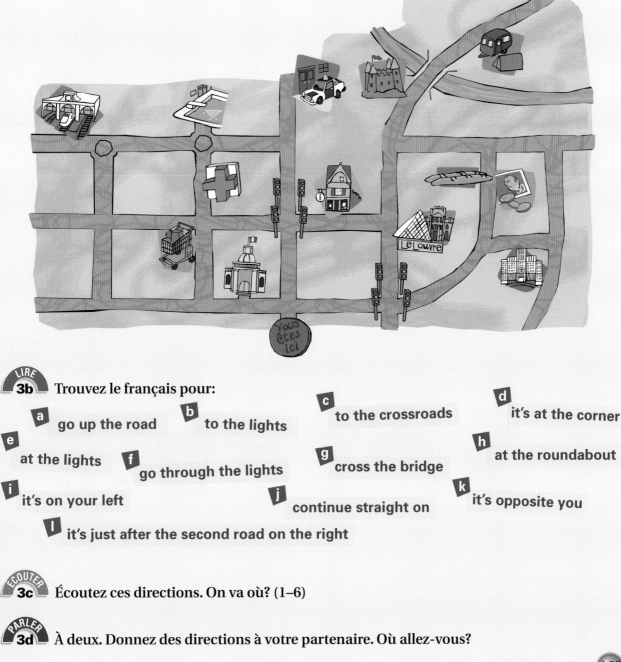

3b **Trouvez le français pour:**

a go up the road **b** to the lights **c** to the crossroads **d** it's at the corner

e at the lights **f** go through the lights **g** cross the bridge **h** at the roundabout

i it's on your left **j** continue straight on **k** it's opposite you

l it's just after the second road on the right

3c **Écoutez ces directions. On va où? (1–6)**

3d **À deux. Donnez des directions à votre partenaire. Où allez-vous?**

4a Écoutez et lisez les conversations. Pour chaque conversation, notez les détails qui manquent. (1–4)

Touriste	Pardon, madame/monsieur. **a** , c'est près d'ici?
Passant(e)	Ah non, c'est assez loin. C'est à **b** d'ici.
Touriste	Pour y aller, s'il vous plaît?
Passant(e)	Prenez **c** , et descendez à la/au **d** .
Touriste	Le trajet dure combien de temps?
Passant(e)	Eh bien, **e** environ.
Touriste	Merci, madame/monsieur. Au revoir.

Le détective

Y *(pronounced [ee])* means "there".
It comes before the verb in a sentence.
Exemple:
Pour y aller, s'il vous plaît?
= *How do I get there?*
Elle y va le lundi
= *She goes there on Mondays.*

Pour en savoir plus ➡
page 217, pt 7.4

4b À deux. Répétez les conversations.
Utilisez les détails suivants:

1
a **b** 4 km
c
d station "gare du Nord"
e 3 minutes

2
a auberge de jeunesse **b** 8 km
c
d
e 20 minutes

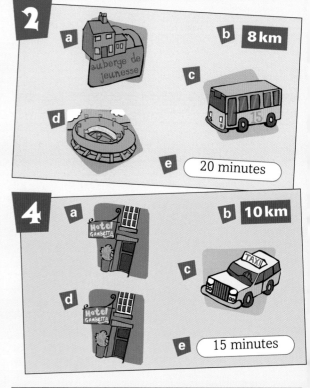

3
a **b** 3 km
c 76
d 76
e 10 minutes

4
a Hotel GAMBETTA **b** 10 km
c TAXI
d Hotel GAMBETTA
e 15 minutes

📌 *Watch out for these **Key phrases** which pop up all the time in the oral exam. All the sentences in the next exercise use one of them.*

Je voudrais …	Est-ce qu'on peut …?
Avez-vous …?	
Est-ce qu'il y a ..?	… à quelle heure?
Où est …?	…, c'est combien?
Est-ce qu'il faut …?	

Formez des phrases. Les mots qui manquent sont ci-dessous.

1 Ask if there is …   a    b    c   Offre spéciale pour les étudiants   .

2 Find out where …   d 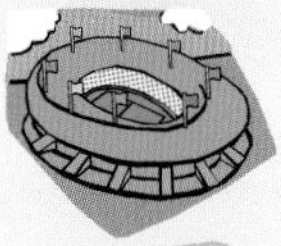   e    f    .

3 Ask if you can …   g    h    i    .

4 Say you would like …   j    k    TITANIC   l    .

5 Ask if they have …   m    n    o    .

6 Ask if you must …   p    retenir à l'avance   q    Il y a un supplément   r   français?   .

7 Ask how much for …   s    5€   t    x1   u    .

8 Find out when …   v    FIN   w    x   .

un bus pour le stade

être coiffeur

des maillots de bain

un livre

une table pour deux personnes

réserver

payer un supplément

parler français

un billet

des toilettes

une nuit

un plan de la ville

le film finit

le train arrive

une réduction pour les étudiants

tu te lèves

le stade

mon stylo

le prof

manger un chewing-gum

avoir un nouveau cahier

prendre le bus

une glace

un billet pour 'Titanic'

1 *Pardon, madame ...*

Asking about journeys and modes of transport

● ●

1a Prenez des notes en français sur les directions précises. (1–5)

Exemple: 1

> l'Hôtel Luxor
> descendez la rue principale
> à droite avant les feux
> tout droit puis à gauche jusqu'au jardin public
> passez devant un immeuble moderne sur la gauche
> la troisième rue à droite

Le détective

When you are telling somebody what to do, you need the **imperative**.

If you are using **vous** (**Example:** for a stranger in the street), your verbs end in **-ez** [eh]

   tournez   montez   allez

When speaking to people you would call **tu** use the **tu** form of the verb

   Sors ...   Prends ...   *Take ...*

For **-er** verbs only take off the final 's'

   Tourne   Monte   Va

Pour en savoir plus ➡ page 208, pt 3.10

1b Écoutez cette conversation, puis répétez-la avec un(e) partenaire en changeant les détails.

≪

Excusez-moi, je dois aller <u>en centre-ville</u>, c'est loin d'ici?
Non, c'est tout près.
Je peux y aller <u>en bus</u>?
Oui, <u>en bus, ou à pied</u>.
Je mettrai combien de temps <u>à pied</u>?
<u>Un quart d'heure, vingt minutes.</u>
Et si je prends <u>le bus</u>, je dois descendre où?
<u>À l'arrêt 'Lille'</u>, c'est indiqué dans le bus.

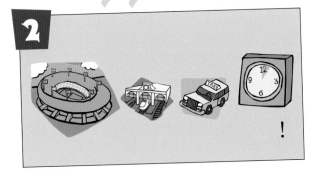

1c Donnez des instructions pour rentrer du collège à votre maison.

Exemple:

> Alors du collège, pour aller chez moi, c'est très simple. Sors du collège et va tout droit jusqu'à l'arrêt d'autobus. Prends le bus numéro 85. Demande l'arrêt 'Putney Bridge'. Ensuite prends le métro direction Earls Court et descends à Parsons Green. La rue où j'habite est sur la droite, c'est la deuxième rue à droite.

2a Vous vous renseignez sur des vacances exotiques ou un peu différentes. Prenez des notes. (1–3)

Destination:	1	2	3
Moyen de transport:			
Durée du voyage:			
Prix:			

2b À deux. Faites le dialogue.

- Je voudrais visiter <u>la Thaïlande</u>, qu'est-ce que vous me proposez?
- Alors, vous pouvez visiter <u>Bangkok et Phuket</u>. Vous voyagez en avion et vous passez trois jours à <u>Bangkok</u> et quatre jours à <u>Phuket</u>.
- Le vol dure combien de temps?
- <u>10 heures</u> approximativement.
- Et le prix?
- <u>€ 1,095</u> monsieur/madame.

2c Changez le dialogue selon ces détails:

1 Le Canada
Le Québec et le Mont Sainte-Anne, capitale de la neige
14 heures
€ 800

2 La Norvège
Les Fjords et la Baltique
2 heures
€ 550

3 La famille Soubeyran part en vacances et ils choisissent leur mode de transport. Copiez le texte et remplissez les blancs selon leur discussion.

Monsieur Soubeyran voudrait voyager en ▰▰▰

parce que ▰▰▰ et ▰▰▰.

Sarah préfère ▰▰▰ car ▰▰▰.

La famille Soubeyran décide finalement de voyager ▰▰▰.

Sarah:	Pour aller dans le Midi alors cette année, papa, comment est-ce qu'on va voyager?
M. Soubeyran:	Ben, on va y aller en voiture comme tous les ans, c'est le moins cher et c'est très pratique d'avoir la voiture sur place.
Sarah:	Mais non, j'ai horreur de ça. C'est long, qu'est-ce que c'est long et ça me rend malade en plus. On ne peut pas prendre le TGV? C'est rapide et c'est beaucoup moins ennuyeux. On peut discuter, jouer aux cartes, faire un petit tour dans le train. S'il te plaît papa. On ne sort pas la voiture une fois arrivés.
Mme Soubeyran:	Mais en fin de compte, on pourrait prendre l'avion, il y a des prix très raisonnables à trouver sur Internet. Qu'est-ce que vous en pensez?
M. Soubeyran:	Ben oui, si ça revient moins cher.
Sarah:	Génial, je veux bien.

2 À la gare et ailleurs

Buying tickets and getting around at the station

●●●●●●●●●●●●●●●●●●●●●●●●●●●●

LIRE

1a Où est-ce qu'on va:

a pour attendre le train en tout confort?
b pour quitter la gare en cas d'urgence?
c pour retrouver quelque chose qu'on a perdu?
d pour réserver un billet à l'avance?
e pour laisser ses sacs et aller visiter la ville?
f pour manger un sandwich?
g pour entrer dans la gare?
h pour prendre le train?
i pour acheter un billet?
j pour enregistrer ses bagages pour un long voyage?
k pour composter son billet?

Consigne automatique

Entrée

Sortie de secours ➡

Réservations

Buffet

GUICHET

QUAIS

Salle d'attente

Objets Trouvés

Bagages

Compostage

ÉCOUTER

1b Écoutez et notez en français. (1–6)

a ce qu'ils cherchent.
b où c'est.

Exemple:

> 1 **a** guichet **b** en face des toilettes

LIRE

2a Complétez la conversation au guichet en utilisant les mots dans la case. Puis écoutez pour vérifier si vous avez raison.

Employé	Bonjour, je peux vous aider?
Voyageur	Je voudrais un **a** pour **b** , s'il vous plaît.
Employé	Bien sûr, en quelle classe?
Voyageur	En **c** classe, s'il vous plaît, et dans la section **d** . C'est combien?
Employé	Voilà, ça fait **e** , s'il vous plaît.
Voyageur	Le prochain train part à quelle heure?
Employé	Il y a un train toutes les **f** . Le prochain train part à **g** .
Voyageur	Merci, et il arrive à quelle heure?
Employé	Il arrive à **h** .
Voyageur	Et quel est le numéro du quai?
Employé	C'est le quai numéro **i** .

deuxième

15h40

quatre

Calais

trente minutes

€ 35

non-fumeurs

aller-retour

13h20

Le détective

Quel *means which or what.*

	masculine	feminine
singular	quel quai?	quelle classe?
plural	quels trains?	quelles places?

Pour en savoir plus ➡ page 211, pt 4.3

2b Faites des conversations en utilisant les détails ci-dessous.
Suivez le modèle dans 2a.

1

Nîmes	
1ère classe	
€24/heures	
14h57	
18h19	
quai A	

2

Lille Europe	
2ème classe	
€42/30 minutes	
16h50	
19h13	
voie Z	

3

Antibes	
1ère classe	
€73/heures	
18h56	
22h10	
quai 5	

 3a Répondez aux questions en français.

1 Si on comprend le système, le métro est facile/difficile?

2 Qu'est-ce qu'un carnet?

3 Qu'est-ce qu'on doit mémoriser si on ne veut pas se tromper?

4 Que veut dire 'direction' dans le contexte du métro?

On prend le métro

Le métro est très simple, si on comprend bien le système. On achète son ticket: les tickets se vendent en carnet de dix et on descend sur le quai. MAIS, chose très importante, il faut regarder le plan et mémoriser le numéro de la ligne que vous voulez, et la couleur, et la direction que vous voulez prendre. La direction, n'est pas 'nord 'ou 'est', elle est déterminée par la station qui se trouve à la fin de la ligne. Si vous avez compris tout cela, c'est très simple! Bonne chance!

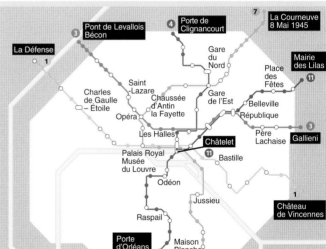

 3b À deux. Choisissez chacun 5 stations et demandez des directions. Commencez à Châtelet chaque fois.

Exemple:

**Je voudrais aller à Jussieu.
Prenez la ligne numéro 7,
direction Villejuif.
Est-ce qu'il faut changer?
Non.**

4 De quelle image s'agit-il? (1–4)

 **a**

 b

 **c**

 **d**

3 *Les problèmes*

Driving, breakdowns and accidents

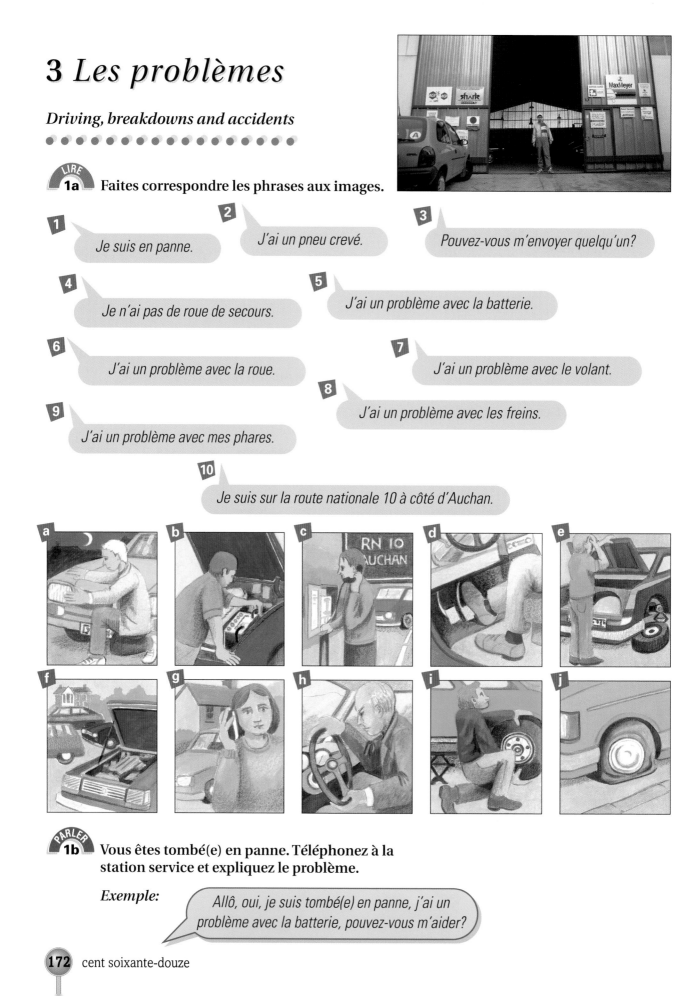

1a Faites correspondre les phrases aux images.

1 Je suis en panne.

2 J'ai un pneu crevé.

3 Pouvez-vous m'envoyer quelqu'un?

4 Je n'ai pas de roue de secours.

5 J'ai un problème avec la batterie.

6 J'ai un problème avec la roue.

7 J'ai un problème avec le volant.

8 J'ai un problème avec les freins.

9 J'ai un problème avec mes phares.

10 Je suis sur la route nationale 10 à côté d'Auchan.

1b Vous êtes tombé(e) en panne. Téléphonez à la station service et expliquez le problème.

Exemple:

Allô, oui, je suis tombé(e) en panne, j'ai un problème avec la batterie, pouvez-vous m'aider?

2a Remplissez les blancs avec les mots dans la case.

M. Bousseau roulait très ▬▬▬ et il ▬▬▬. Dans la voiture il a senti la ▬▬▬. La route était ▬▬▬. Il y avait ▬▬▬ de trafic.

M. Bousseau s'est ▬▬▬ la tête. L'autre homme a été transporté ▬▬▬ .

> mangeait   chez lui   parfum
> peu   vite   cogné   cassé
> fumée   lentement   fumait
> aux urgences   glissé   dangereuse
> beaucoup

Constat d'accident

Je roulais au pas près du passage clouté et j'avais une cigarette dans la bouche. Soudain, j'ai laissé tomber ma cigarette et elle a commencé à brûler.

Puis, une autre voiture est entrée en collision avec moi. La route était glissante et l'autre voiture a dû déraper. C'était très dangereux, il y avait beaucoup de circulation. J'étais blessé, mais pas grièvement. Je me suis fait mal à la tête et à la jambe gauche. L'autre chauffeur a perdu connaissance et on l'a transporté à l'hôpital. Il va bien maintenant. Une chose est sûre, je ne fumerai plus dans ma voiture.

Jean-Marc Bousseau

2b À deux. Décrivez le scénario d'un accident et prenez des notes pour le présenter à la classe.

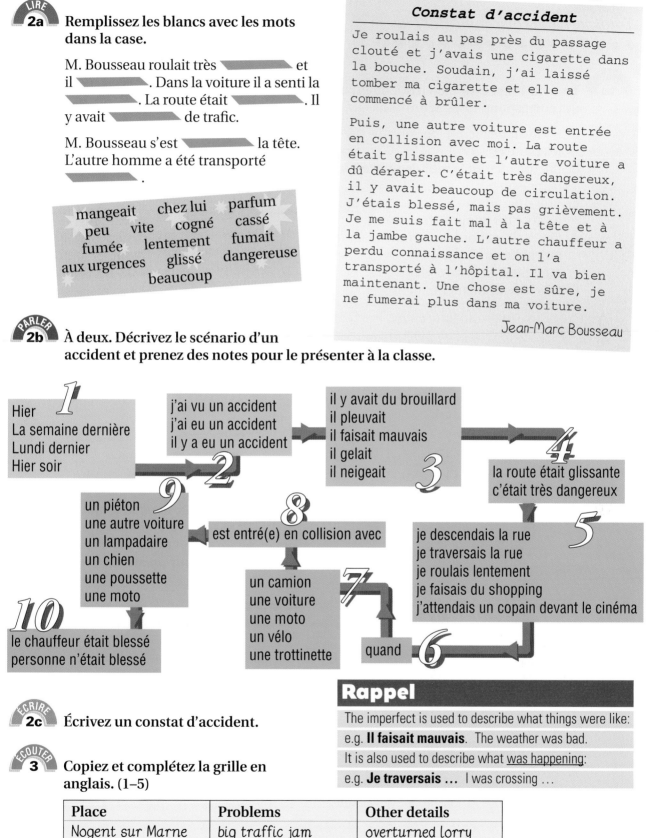

2c Écrivez un constat d'accident.

3 Copiez et complétez la grille en anglais. (1–5)

Rappel

The imperfect is used to describe what things were like:

e.g. **Il faisait mauvais**. The weather was bad.

It is also used to describe what was happening:

e.g. **Je traversais …** I was crossing …

Place	Problems	Other details
Nogent sur Marne	big traffic jam	overturned lorry

cent soixante-treize **173**

4 *Trop de voitures?*

Transport and environmental issues

● ● ● ● ● ● ● ● ● ● ● ● ● ● ● ● ● ● ●

LIRE

1a Trouvez l'expression en caractères colorés qui correspond à ces définitions.

a il y avait beaucoup de voitures sur les routes

b l'heure où tout le monde rentre à la maison

c une situation où les routes sont bloquées à cause du nombre de voitures

d l'endroit au bord de la route réservé aux piétons

e au milieu du centre-ville

f très très rapidement

> en avoir marre de quelque chose
> *to have had enough of something*

LIRE

1b Quelle image représente l'incident?

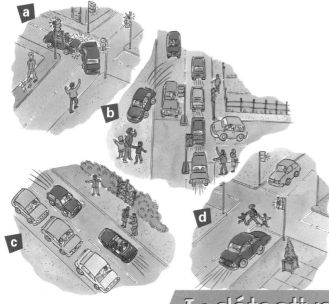

LIRE

1c Regardez ce constat d'un témoin. Vous avez vu un incident similaire. Changez les détails en caractères colorés pour présenter votre constat.

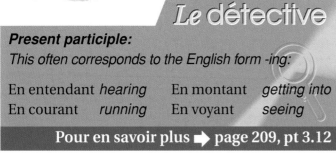

Alors, j'étais dans **un café** et **en entendant le bruit dehors**, je suis sorti et je suis allé **en courant** jusqu'à la voiture. **En montant sur le trottoir**, le chauffeur avait voulu **doubler toute la queue**. **En voyant l'accident**, j'ai **téléphoné tout de suite à la police**. C'est tout.

AGRESSIVITÉ AU VOLANT

Accident hier soir **en plein centre-ville**: trois blessés graves.

C'était **l'heure d'affluence** à La Rochelle, et comme d'habitude à 18h30 **il y avait beaucoup de circulation**. Au feu rouge au supermarché Leclerc, on faisait la queue pour tourner à gauche. Mais les voitures continuaient à venir de la direction opposée. Bref, **un embouteillage**: on attendait avec patience.

Soudain, Thierry Duault, 22 ans, en a eu marre. **À toute vitesse**, il a essayé de doubler la queue pour continuer tout droit. Mais pas sur la route. Il est monté sur **le trottoir** à 50 kilomètres à l'heure. Désastre: une jeune mère de famille s'y promenait avec ses deux enfants.

Résultat? La jeune femme, un de ses enfants et le chauffeur sont hospitalisés, et grièvement blessés.

Le détective

Present participle:

This often corresponds to the English form -ing:

En entendant	*hearing*	En montant	*getting into*
En courant	*running*	En voyant	*seeing*

Pour en savoir plus ➡ page 209, pt 3.12

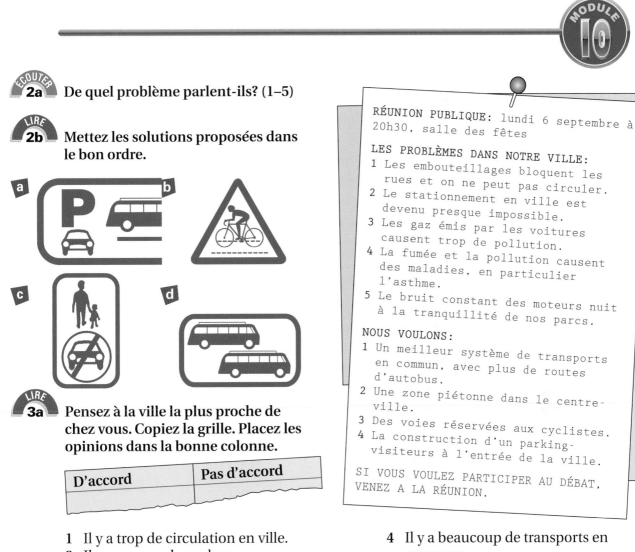

ÉCOUTER

2a De quel problème parlent-ils? (1–5)

LIRE

2b Mettez les solutions proposées dans le bon ordre.

RÉUNION PUBLIQUE: lundi 6 septembre à 20h30, salle des fêtes

LES PROBLÈMES DANS NOTRE VILLE:
1 Les embouteillages bloquent les rues et on ne peut pas circuler.
2 Le stationnement en ville est devenu presque impossible.
3 Les gaz émis par les voitures causent trop de pollution.
4 La fumée et la pollution causent des maladies, en particulier l'asthme.
5 Le bruit constant des moteurs nuit à la tranquillité de nos parcs.

NOUS VOULONS:
1 Un meilleur système de transports en commun, avec plus de routes d'autobus.
2 Une zone piétonne dans le centre-ville.
3 Des voies réservées aux cyclistes.
4 La construction d'un parking-visiteurs à l'entrée de la ville.

SI VOUS VOULEZ PARTICIPER AU DÉBAT, VENEZ A LA RÉUNION.

LIRE

3a Pensez à la ville la plus proche de chez vous. Copiez la grille. Placez les opinions dans la bonne colonne.

D'accord	Pas d'accord

1 Il y a trop de circulation en ville.
2 Il y a un grand nombre d'embouteillages.
3 Il y a peu de pollution.
4 Il y a beaucoup de transports en commun.
5 Il y a assez de zones piétonnes.
6 Il n'y a pas assez de pistes cyclables.

PARLER

3b Donnez votre opinion sur le transport dans votre ville/village.

ÉCRIRE

3c Vous avez vu l'extrait à côté dans un magazine. Écrivez en français au magazine. Répondez à ces questions:

Décrivez votre ville.
Dites quelles mesures existent pour protéger l'environnement.
C'est assez? Pourquoi/pourquoi pas?
Dites ce que vous avez vu dans une ville que vous avez visitée. Quels systèmes de transport y avait-il?
Proposez une solution.

Trop de voitures en ville?
Trop de bruit?
Trop de pollution?
Que faut-il faire?
Écrivez-nous!

1 You are at a bus stop in France. Your partner will play the part of a passer-by and will begin the conversation.

Jeux de rôle

A
- Ça va?
- Oui, il vous faut le numéro quatorze.
- Vous mettrez un petit quart d'heure. Vous venez d'où?
- Et qu'est-ce que vous avez vu chez nous?
- Très bien, bon séjour.

B
- L'arrêt de bus – centre-ville?
- Combien de temps?
- ! (2 détails).
- Visites (3 détails).

You have an accident whilst in France and go to the hospital. Your partner will play the part of the doctor and will begin the conversation.

A
- Alors, qu'est-ce qui ne va pas?
- Oh là là, qu'est-ce qui vous est arrivé?
- Je dois contacter quelqu'un. Vous pouvez me donner un numéro de téléphone?
- Il y a d'autres choses importantes que je devrais savoir?

B
- Symptômes (2 détails).
- Accident – où et quand.
- !
- Allergie.

You often have to refer to the past or the future in these role plays. Make sure you listen carefully to the tense of the question and have something interesting up your sleeve. Be prepared and aim to impress!

2 Prepare a one-minute talk about traffic in your town called 'Trop de voitures?'

Trop de circulation, les embouteillages
Trop de bruit
Trop de pollution

Pas assez de zones piétonnes
Pas assez de pistes cyclables
Pas assez de transports en commun

3 Your examiner may ask …
1 Si tu avais beaucoup d'argent, comment voyagerais-tu?
2 Est-ce que tu penses qu'il y a trop de voitures? Quelle solution vois-tu à ce problème?
3 Décris un voyage que tu as fait.
4 Que penses-tu de l'alcool au volant?

au volant   *at the steering wheel*

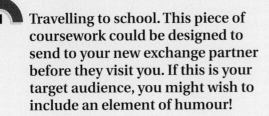

1 Travelling to school. This piece of coursework could be designed to send to your new exchange partner before they visit you. If this is your target audience, you might wish to include an element of humour!

By now you should have a lot of tricks up your sleeve and know what you need to do to get your grade. For your final piece of coursework, pull out all the stops. Here is a reminder of constructions you can use which will be impressive.

Use the perfect and imperfect together (see pages 204 and 206). Also use comparing phrases (see page 213).

Use the present tense, and use time markers (see page 202).

Include sentences using si (see page 18).

Use the immediate future and the future together (see pages 206–207).

<u>Idea 1</u>
Talk about transport you have used in the past, what it was like, and the advantages and disadvantages of this transport.

<u>Idea 2</u>
How you travel now, and the advantages and disadvantages.

<u>Idea 3</u>
Your town
What are traffic conditions like?
What could be done to improve transport in your area?
What is the level of pollution like?

<u>Idea 4</u>
How you would like to travel and why.

<u>Idea 5</u>
How do you intend to travel to work and abroad in the future?

Mots

Le transport	Transport
On peut voyager …	*You can travel …*
en avion	*by plane*
en bateau	*by boat*
en auto/voiture	*by car*
en métro	*by metro*
en taxi	*by taxi*
en train	*by train*
à vélo	*by bike*
à pied	*on foot*

Les directions — *Directions*

Tournez (à droite/gauche).	*Turn (right/left).*
Traversez la rue.	*Cross the road.*
Allez tout droit.	*Go straight ahead.*
Continuez …	*Continue …*
jusqu'aux feux	*until the traffic lights*
juste avant …	*just before …*
le rond-point	*roundabout*
le carrefour	*crossroads*
C'est en face de …	*It's opposite …*
C'est au coin de la rue.	*It's at the corner of the road.*
Montez …	*Go up …*
(un peu) plus loin	*(a little) further on*

Demander des renseignements — *Asking for information/directions*

À quelle heure …?	*What time …?*
Avez-vous …?	*Do you have …?*
C'est combien …?	*How much is …?*
Est-ce qu'il faut …?	*Do I have to …?/Should I …?*
Est-ce qu'on peut …?	*Can I …?/Is it OK if I …?*
Est-ce qu'il y a …?	*Is there …?/Are there …?*
Je voudrais …	*I'd like …*
Où est …?	*Where is …?*
Où sont ..?	*Where are …?*
Pour aller à l'/à la/aux …?	*Which way is it to …?*
C'est près/loin d'ici?	*Is it nearby/far?*
Pour y aller?	*How do I get there?*
Le trajet dure combien de temps?	*How long does the journey last?*
Je peux y aller (en bus)?	*Can I get there (by bus)?*
Je dois descendre où?	*Where do I need to get off?*

Donner des renseignements — *Giving information/directions*

Allez …/Va …	*Go …*
C'est indiqué.	*You'll see a sign for it.*
C'est à votre gauche.	*It's on your left.*
Continue/Continuez …	*Carry on …/Continue …*
Descendez …/Descends …	*Go down …*
Descendez/Descends à l'/à la/aux …	*Get off at …*
Montez …/Monte … jusqu'à/au …	*Go up … until …*
Passez/Passe devant …	*Walk in front of …*
Prenez …/Prends …	*Take …*
Tournez/Tourne à droite.	*Turn right.*

À la gare

Bagages
Buffet
composter (un billet)
Consigne
Entrée
Guichet
Objets Trouvés
Quais
Réservations
Salle d'attente
Sortie de secours

At the station

Luggage
Buffet/Restaurant
to punch your ticket
Left-luggage office
Entrance
Ticket office
Lost Property
Platforms
Reservations
Waiting room
Emergency exit

Acheter un billet

Je voudrais …
un aller-retour
un aller-simple
un billet pour …
fumeurs/non-fumeurs
en première/deuxième
  classe
Le prochain train part à
  quelle heure?
Quel est le numéro du
  quai?
Est-ce qu'il faut changer?

Buying a ticket

I would like …
return ticket
single ticket
a ticket for …
smoking/non-smoking
in first/second class

*What time does the next
  train leave?*
*What is the platform
  number?*
Do you have to change?

Les problèmes sur
la route

J'ai un problème avec …
Je n'ai pas de …
Je suis en panne./Je suis
  tombé(e) en panne.
Pouvez-vous m'aider?
J'ai un pneu crevé.
Pouvez-vous m'envoyer
  quelqu'un?
la batterie
les freins *(mpl)*
les phares *(mpl)*
une roue
la roue de secours
le volant

Breakdowns

I've got a problem with …
I haven't got a/any …
I have broken down.

Can you help me?
I have a puncture.
Can you send someone?

battery
brakes
headlights
a wheel
spare wheel
steering wheel

Décrire un accident

(Une autre voiture) est
  entrée en collision
  avec …
J'ai vu un accident.
Il y a eu un accident.
La route était glissante.
Je roulais vite/lentement.

Le chauffeur était blessé.
Personne n'était blessé.
C'était très dangereux.
un camion
un chien
un lampadaire
une moto
un passage clouté
un piéton/une piétonne
une poussette
un vélo

*Describing an
accident*

*(Another car) collided
  with …*

I saw an accident.
There was an accident.
The road was slippery.
*I was driving quickly/
  slowly.*
The driver was hurt.
No one was hurt.
It was very dangerous.
lorry
dog
lamp post
motorcycle
pedestrian crossing
pedestrian
pushchair/buggy
bicycle

Le transport et
l'environnement

J'en ai marre (des voitures).
Les routes sont bloquées.
Il y avait beaucoup de
  circulation.
Il y a trop de voitures.
l'agressivité au volant
la circulation
un embouteillage
les gaz d'échappement
une piste cyclable
la pollution
le stationnement
les transports en commun
une voie réservée
  aux cyclistes
une zone piétonne

*Transport and the
environment*

I've had enough (of cars).
The roads are gridlocked.
There was a lot of traffic.

There are too many cars.
road rage
traffic
traffic jam
exhaust fumes
cycle lane
pollution
parking
public transport
cycle lane

pedestrianised area

À toi!

Le collège ... chacun en a fait l'expérience, chacun a son opinion ... partout dans le monde

Samuel – Comme j'habite à Basse-Terre à la Guadeloupe, on a le même système qu'en France puisqu'on est un département d'outre-mer. C'est bien, comme ça je peux aller à l'université en France.

Mohamed – Ce qui m'intéresse c'est les vacances. En France, on a deux semaines de vacances à Pâques et à Noël et les grandes vacances sont plus longues. C'est génial. Il y a deux jours fériés en mai. Le premier mai c'est la fête du travail et tout le monde s'offre du muguet.

Louis – Chez nous on va au collège le samedi matin, c'est tout à fait normal, mais les autres européens sont choqués par ce fait. Moi, personnellement, je n'ai rien contre, je m'ennuie le week-end.

Thierry – Ce que je trouve affreux, c'est le système de redoublement. C'est pénible de redoubler une année – il faut éviter ça à tout prix. À vos livres alors!

| le muguet | *lily of the valley* |

1 Lisez l'article et répondez aux questions.

1 Qui ne voudrait pas refaire une année?
2 Qui va étudier en France?
3 Qui préférerait ne pas travailler?
4 Qui n'a rien contre les cours le samedi?

Trouvez les mots dans les textes:

1 It's perfectly normal
2 public holidays
3 what I find awful …
4 you must avoid

2 Lisez ces lettres et répondez aux questions.

Si on faisait plus de voyages scolaires, ce serait une très bonne chose. Si on partait, visitait et faisait l'expérience d'autres pays, je serais beaucoup plus motivée.
Corinne

À mon avis, il faut changer le système. Il y a peu de possibilités de formation professionnelle par exemple. C'est quasiment impossible de trouver un emploi sans avoir le bac. Il faut plus de souplesse.
David

Il faut se sentir en sécurité, être protégé du mal – ça c'est la fonction du collège.
Fodé

C'est l'environnement qui compte pour moi. Quand on va tous les jours au même collège, il faut qu'il y ait un peu de confort – ou bien des arbres, des espaces verts – il faut donner de l'argent aux collèges pour alimenter l'esprit.
Laetitia

1 Qui aimerait voir plus de plantes?
2 Qui veut être sain et sauf?
3 Qui voudrait avoir plus de choix?
4 Qui voudrait voyager plus?

3 Copiez le texte et remplissez les blancs avec les détails qui manquent. Utilisez le tableau pour vous aider.

La vie scolaire en France est très ▬▬▬ de la vie scolaire en ▬▬▬-▬▬▬ . Un élève français de mon âge ▬▬▬ en générale ▬▬▬ heures, tandis que nous ne travaillons que ▬▬▬ heures.

Les Français ▬▬▬ sept ou huit matières jusqu'au ▬▬▬ . Nous ▬▬▬ neuf ou dix ▬▬▬ jusqu'à l'âge de seize ans.

Nous faisons à peu près la même ▬▬▬ de devoirs tous les ▬▬▬ .

Les cours sont distincts. En France, c'est surtout des ▬▬▬ ▬▬▬ , tandis que chez nous, on beaucoup de travail ▬▬▬ ▬▬▬ , et de ▬▬▬ pratique.

Les classes de bac en France sont ▬▬▬ ▬▬▬ que chez nous.

		fait
		six ou sept
		en groupe
		étudient
		travaille
		étudions
		matières
		différente
		Grande-Bretagne
		soirs
		plus grands
		quantité
		travail
		cours magistraux
		cinq
		bac

	Grande-Bretagne	France
Heures de travail par jour	5	6/7
Nombre de matières étudiées	9/10 jusqu'aux GCSE	7/8 jusqu'au bac
Examens passés	à l'âge de 16 – 9/10	à l'âge de 17 – 1 à l'âge de 18 – 6/7
Devoirs par soir	2 heures	2 heures
Genre de cours	travail en groupe/discussion/ travail pratique	cours magistral
Nombre d'élèves en classe	25–30	30 (des classes plus petites après le bac)

un cours magistral   *lecture*

4 Écrivez un article de 100 mots où vous faites une comparaison de votre vie scolaire avec celle d'un(e) élève français(e) de votre âge.

Utilisez des idées de l'activité 3.
Vous pouvez aussi parler
● de l'uniforme
● du système de redoublement
● des cours le samedi

Moi je ...
Un élève français de mon âge ...
Nous, on ...
Normalement ... tandis que ...

À toi!

Thierry

Tant de couples divorcent de nos jours – le mariage n'a plus aucun sens.

Sandrine

Le mariage, c'est vivre avec quelqu'un pour toute la vie – pour moi, c'est l'idéal.

Saïd

À mon avis le mariage a toujours une certaine importance dans la société.

Patricia

Je crois que le mariage joue un rôle de moins en moins important à présent.

Liliane

Le sujet ne m'intéresse pas du tout – je vous assure.

Zoë

Vivre ensemble est de plus en plus accepté par la société et l'église. Vivre en couple avant le mariage c'est donc une bonne chose.

Olivier

À mon avis, les couples homosexuels devraient avoir le droit de se marier. Ils peuvent tomber amoureux comme tout le monde.

Romy

Les familles ont différentes formes – monoparentales etc. – tant mieux à mon avis.

LIRE

1 Lisez les opinions sur le mariage. C'est qui?

1 ⬛⬛⬛ est définitivement pour le mariage.

2 ⬛⬛⬛ pense qu'on devrait vivre ensemble avant le mariage.

3 ⬛⬛⬛ est contre le mariage.

4 ⬛⬛⬛ pense que la diversité en ce qui concerne la famille est une bonne chose.

5 ⬛⬛⬛ croit que le mariage est valable pour les couples homosexuels.

6 ⬛⬛⬛ pense que le mariage est moins important actuellement.

7 ⬛⬛⬛ est plutôt pour le mariage.

8 ⬛⬛⬛ n'a pas d'avis à ce sujet.

2a Complétez les blancs dans ce passage en utilisant les mots ci-dessous.

Je suis jalouse!

Je suis _____ si jamais ma meilleure copine _____ avec d'autres gens. Est-ce normal?

Liliane, 16 ans

La jalousie est tout à fait normale. Tu veux être _____ pour ta meilleure amie. Tout le _____ est un peu égoïste. L'égoïsme _____ à développer le caractère d'une personne. Tu veux être unique, mais c'est important d'avoir beaucoup d'amis, _____ l'exclusivité peut être dangereuse. Si deux _____ n'ont aucun contact avec d'autres jeunes filles, elles risquent de se séparer de leurs camarades de classe et en fin de compte, leur amitié ne durera pas _____.

| aide | longtemps | unique | monde | car | jalouse | parle | copines |

2b Répondez à ces questions en anglais.

1 Why is Liliane writing to the magazine? *(1)*
2 What does the magazine think is normal? *(1)*
3 According to the magazine, what is the function of our egocentric side? *(1)*
4 What happens when two friends isolate themselves from others? *(2)*

3 Faites une interview avec une personne célèbre (vous pourriez faire des recherches sur Internet). Écrivez un dialogue.

Il faut mentionner:
- leur famille
- leur travail
- leurs loisirs
- leur opinion sur le mariage
- ce qu'ils font pour aider à la maison
- ce qu'ils n'aiment pas comme tâche ménagère

4 Vous avez vu cet extrait dans un magazine. Quel genre d'ami êtes-vous? Écrivez en français au magazine.

Décrivez votre personnalité. *(voir pages 28–29)*
Décrivez vos relations avec vos amis. *(voir pages 30–33)*
Dites ce que vous faites avec vos amis – donnez 3 détails.
Dites ce que vous espérez faire avec eux dans l'avenir.
On va voyager un peu/louer un appartement
Dites ce qu'il est important de faire pour avoir de bonnes relations avec des gens.
Il faut écouter/respecter les autres
Il est important de discuter
Il faut être sensible

Comment s'entendre bien avec des amis ...

1a Remplissez les blancs. Choisissez parmi les chiffres à côté.

28

2001

10h

2000

1000m²

22h

> **Une patinoire sur l'esplanade du hangar 5**
> du 1er décembre ▰▰▰ au ▰▰▰ février ▰▰▰! La
> société Axel Véga installera, sur l'esplanade de l'ex-hangar 5, une
> piste de glace de ▰▰▰ en forme de goutte d'eau. Elle sera
> ouverte de ▰▰▰ à ▰▰▰ et des plages horaires seront
> également prévues pour les scolaires.

1b Choisissez les bons mots pour compléter chaque phrase.

> **VOLLEY-BALL Objectif Sydney!**
> *Tous les amateurs de volley ont rendez-vous les 31 août et 1er septembre, à la salle Jean Dauguet.*
> *C'est en effet à ces dates que l'équipe de France sera confrontée à trois des meilleures formations*
> *mondiales dans le cadre du Tournoi de France organisé par la Ligue d'Aquitaine de volley-ball.*
> *L'opposition sera de taille car les sélections présentes ne sont autres que la Russie, championne du*
> *monde 99, l'Italie, 3ème mondiale et vainqueur de l'Euroligue 99 et les États-Unis.*
> *À deux semaines à peine des Jeux Olympiques, cette compétition prendra des allures de répétition*
> *générale car si la Russie, l'Italie et les USA sont déjà qualifiés, l'équipe de France, elle, ne sera*
> *fixée sur son sort qu'après le tournoi de Castelnau-le-Lez les 25, 26 et 27 juillet prochains.*

les amateurs de volley   *volleyball fans*

1 Ceux qui jouent dans le tournoi sont
   a des amateurs   **b** des champions   **c** des débutants

2 Le tournoi de France de volley-ball aura lieu
   a début août   **b** mi-août   **c** fin août

3 Des quatres équipes qui participent, laquelle n'est pas
   qualifiée pour les Jeux Olympiques?
   a Les États-Unis   **b** La France   **c** L'Italie   **d** La Russie

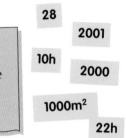
1c Trouvez la fin de chaque phrase.

> **CHAMPIONNATS DE FRANCE**
> **Dragsters en piste**
> Si vous êtes amateurs de sensations fortes
> et de bruit, retenez bien la date du 29 juillet.
> La piste d'accélération de Labarde
> accueillera ce jour-là le Championnat de
> France de dragsters.

> Le Moto Club Bordeaux Accélération entend
> corser le spectacle en organisant les finales
> en nocturne, les qualifications se déroulant,
> quant à elles, dans la journée. Des
> acrobaties moto et une animation musicale
> en fin de compétition sont également au
> programme. 29 juillet – piste d'accélération
> de Labarde – prix d'entrée €10.

1 Si vous aimez le bruit   **a**   voir des acrobaties moto

2 Pendant la journée   **b**   venez à Labarde le 29 juillet

3 Le soir   **c**   se déroulent les qualifications

4 Vous pourrez également   **d**   vous pouvez voir les finales

2 Vous avez vu l'extrait ci-dessous dans un magazine. Écrivez en français au magazine.

Répondez à ces questions:
- Comment passez-vous votre temps libre en général? Où allez-vous d'habitude quand vous sortez? *(voir pages 40–42)*
- Quelle est l'importance des loisirs? *(voir page 47)*
- Faites-vous partie d'une équipe ou d'un club? Est-ce bien de faire partie d'une équipe? Pourquoi, pourquoi pas?
- Que pensez-vous des sports dangereux? *(voir page 47)*
- Qu'est-ce que vous avez fait le week-end dernier? *(voir pages 52–53)*

Comment passez-vous votre temps libre?

3 Traduisez ces phrases en français.

1 Last week I went to the cinema with my girlfriend. We saw a horror film – it was great.
2 Yesterday evening I played with my computer. I won!
3 The day before yesterday I went swimming.
4 She used to play tennis very well.
5 I went skiing every day when I was on holiday.
6 I went horse-riding last year – I love it.
7 I read a fantastic book. I liked it a lot.

You need the past tense in these sentences. Most verbs need the perfect. Those in blue require the imperfect.

À toi!

Le monde du travail à l'avenir: *mythe ou réalité?*

1 Plus de longs trajets pour aller au travail: On restera à la maison pour travailler.

La création du web veut dire qu'on peut rester en contact avec sa compagnie et ses collègues sans quitter sa propre maison. Communiquer, choisir, acheter, vendre, tout peut se faire grâce au courrier électronique et aux sites de web de plus en plus sophistiqués. Beaucoup de Français travaillent déjà à partir de leur propre maison.

2 Le chômage deviendra de pire en pire.

C'est vrai que les industries traditionnelles sont en train de disparaître, mais les machines ne remplaceront jamais les gens dans les hôpitaux, les écoles et les autres domaines de service.

3 On ne fera plus un métier pour la vie.

Les jeunes doivent être prêts à changer, à suivre des formations différentes à des âges différents, et à s'adapter quand c'est nécessaire.

4 On fera moins de travail, et aura plus de loisirs …

Le travail à temps partiel et le partage de poste restent assez populaires, mais surtout chez les femmes. Pour la plupart, en Europe et aux États-Unis, on continuera à travailler pendant les heures traditionnelles.

1a Pour chaque phrase qui suit, indiquez V (vrai) ou F (faux).
Si la phrase est fausse, écrivez une phrase vraie.

1 Dans l'avenir on ne travaillera plus à la maison.
2 Les machines remplaceront les professeurs dans la salle de classe.
3 Les gens suivront moins de formations.
4 Le travail à temps partiel sera favorisé par les hommes.

1b Trouvez le français pour ces expressions.

- thanks to
- for the most part
- job sharing
- in the process of
- more and more
- the other service industries

2 Répondez à ces questions en anglais.

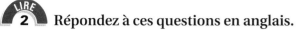

ANTOINE DE CAUNES

saltimbanque au grand cœur

Comédien, ex-animateur et journaliste à Canal+… Antoine de Caunes va changer de casquette les 8 et 9 juillet. Il sera sur scène, entre deux groupes de musique, lors de la deuxième édition du festival Solidays. Deux jours de concerts pour une bonne cause: une collecte de fonds organisée au profit de Solidarité Sida.

Cette association finance la recherche scientifique sur le sida, et aide aussi les malades et leur famille. Antoine de Caunes a accepté d'en être le président d'honneur.

Depuis trois ans, Antoine, 45 ans, révèle d'autres facettes de sa personnalité. Tout d'abord, enfant de la télévision (sa mère, Jacqueline Jouert, a été la première speakerine française, et son père, Georges de Caunes, un journaliste aventurier), il est aujourd'hui acteur de cinéma et réalisateur. Maintenant, quand on lui demande quel est son métier, il répond: saltimbanque, comme ses parents, ou sa fille Emma, actrice. Un saltimbanque, avec un grand cœur…

un saltimbanque	*performer*

1 What five jobs has Antoine de Caunes had? *(5)*
2 What will he be doing on the 8th and 9th of July? *(3)*
3 What is his family background? *(2)*
4 What answer does he give when he is asked his job these days? *(1)*

3 Vous avez un rendez-vous à 15h et ce n'est plus possible. Laissez un message à la personne que vous deviez rencontrer.

Il faut lui dire:
- pourquoi ce n'est plus possible (*Je suis malade/Je dois m'occuper de mon frère/J'ai perdu mes clefs*)
- quand ce sera possible (*Je pourrai vous voir …*)
- comment elle peut vous contacter

4 Écrivez un article de 150 mots où vous décrivez vos projets pour l'avenir.

Il faut mentionner:
- vos projets en ce qui concerne l'éducation (*voir pages 18–19*)
- votre emploi idéal
- les avantages de certains emplois
- les inconvénients d'autres emplois
- l'importance du travail
} (*voir pages 66–69*)

Nous savons maintenant que l'environnement est important et que chacun en est responsable. Les jeunes sont très conscients du recyclage et de l'importance d'emprunter les transports en commun, mais les problèmes globaux sont toujours à résoudre. Il y a des problèmes de la surpopulation par exemple, surtout en Afrique où le problème de la sécheresse existe aussi.

En Amérique du Sud, la destruction des forêts tropicales cause le réchauffement de la planète et aggrave le problème dans la couche d'ozone.

Les grandes industries mondiales ne respectent pas la nature. La pollution et les déchets nucléaires causent la pluie acide, qui détruit l'environnement.

Finalement, c'est l'homme qui est responsable de la disparition des espèces rares. Il les tue pour l'argent – les ours, les tigres, les baleines. L'extinction des espèces rares est une possibilité réelle. Il faut agir, avant qu'il ne soit trop tard …

1a **Lisez l'article et remplissez les blancs.**

Nous avons tous ___(1)___ vis à vis de ___(2)___. Les jeunes sont de plus en plus ___(3)___, mais les problèmes sérieux ___(4)___. Les industries ont un devoir envers la nature, tandis que ___(5)___ a un devoir envers ___(6)___. Chacun a son rôle à jouer.

a l'environnement		**e** persistent
b conscients		**f** une responsabilité
c l'industrie		**g** disent
d l'homme		**h** les animaux

1b **Répondez à ces questions en anglais.**

1 What are young people conscious of? (2)
2 What two problems are mentioned in the context of Africa? (2)
3 What are the consequences of cutting down rainforests? (2)
4 According to the article who does not respect the environment? (1)
5 Why does man kill rare species? (1)

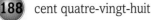

Priorité environnementale – la nature

Lutter contre les menaces à la nature et obtenir des résultats sur le plan de l'environnement

Au Canada, comme ailleurs dans le monde, les espèces disparaissent à un rythme alarmant. Chez nous, plus de 300 d'entre elles sont menacées. Les scientifiques nous disent que la perte des espèces est principalement due à la destruction des habitats, c'est-à-dire la superficie et les éléments naturels dont elles ont besoin pour survivre. Les rapports sont clairs: sans habitats, il n'y a pas d'espèces. Le déclin des espèces et de leurs habitats est inacceptable, et nous devons renverser les tendances. En effet, les pertes ont un impact direct sur notre santé, notre économie et la beauté naturelle de notre pays.

Depuis la Confédération, le Canada a perdu 65% de ses marais côtiers, 70% des terres humides dans certaines parties du bassin des Grands Lacs et du Saint-Laurent, ainsi que quelque 70% des terres humides du delta du Fraser.

L'accroissement démographique, allié au développement urbain et industriel, notamment l'exploitation des ressources minières et forestières, contribuent à la réduction des habitats naturels.

Les autres dangers sont:

- la pollution de l'air et de l'eau;
- les changements climatiques et l'appauvrissement de la couche d'ozone;
- la surutilisation des espèces animales et végétales;
- la consommation et les modes de production tels que la monoculture.

Sans protection contre de tels dangers, l'habitat est menacé et les espèces sauvages du Canada sont en péril ou risquent de disparaître.

2a Trouvez le français pour ces expressions.

1. an alarming rate
2. threatened
3. habitat
4. health
5. climate changes
6. the ozone layer

2b Répondez à ces questions en anglais.

1. How many species are under threat in Canada?
2. To what do scientists attribute this?
3. Give two examples of things which put the environment at risk.

3 Écrivez un article de 100 mots sur les problèmes principaux de l'environnement de nos jours.

Il faut mentionner:
- le réchauffement de la planète
- la disparition des espèces
- le problème de la pollution
- votre opinion

Proposez une solution

Il y a trop de
Il faut recycler/conserver/utiliser
Il ne faut pas gaspiller

4 Écrivez un poème pour encourager les gens à penser plus à leur environnement. Voici du vocabulaire pour vous aider.

les arbres	les oiseaux
les forêts	les espèces rares
les océans	la terre
les animaux	la planète

mourir	persécuter
périr	disparaître
détruire	chanter
souffrir	vivre

Il faut agir, avant qu'il ne soit trop tard ...

À toi!

 1a Lisez le texte et répondez à ces questions.

Victor J'adore les grands magasins et les grandes surfaces. J'aime bien quand il y a beaucoup de choix. J'ai horreur des petites boutiques – qu'elles crèvent.

Jean-Pierre Je suis pour le shopping le dimanche. Si on travaille toute la semaine, c'est bien de pouvoir faire ses achats le dimanche. C'est pratique et pour les gens qui veulent travailler le dimanche c'est bien aussi.

Nicole Moi, je suis très traditionnelle et j'aime bien faire mes courses au marché et dans les petits magasins où je connais tout le monde. Dans les grandes surfaces, vous n'avez pas la même qualité et l'emballage m'énerve.

Max Je suis très pressé et cette révolution on-line m'a libéré. C'est une aubaine – je suis l'internaute numéro un.

1 Qui ne veut pas que les magasins ouvrent 7 jours sur 7?
2 Qui préfère les grandes surfaces?
3 Qui n'aime pas les hypermarchés?
4 Qui pense que le shopping le dimanche serait une bonne idée?
5 Qui fait tous ses achats par Internet?

Céline Moi je suis contre le shopping le dimanche. Le dimanche c'est un jour de repos et même si on n'est pas religieux, il faut se reposer. Si on commence à travailler le dimanche, ça changera tout.

1b Trouvez le français pour ces expressions.

- a lot of choice
- small shops (there are two ways of expressing this)
- the packaging
- a day of rest
- that will change everything

| une aubaine | *a godsend* |

1c Écrivez votre opinion.

LIRE 2 Faites correspondre les annonces et les phrases correctes.

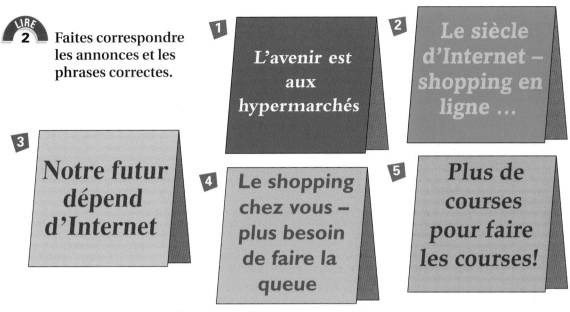

1 L'avenir est aux hypermarchés

2 Le siècle d'Internet – shopping en ligne …

3 Notre futur dépend d'Internet

4 Le shopping chez vous – plus besoin de faire la queue

5 Plus de courses pour faire les courses!

a Le shopping en ligne sera plus rapide
b Nous ne courrons plus pour faire les courses
c Nous ferons notre shopping sur Internet
d Les grandes surfaces existeront toujours
e L'informatique jouera un rôle immense dans l'avenir

ÉCRIRE 3 Vous avez acheté cet article. Écrivez une lettre pour vous plaindre de sa qualité.

€60

Il faut dire:
- où vous avez acheté l'article
- combien vous l'avez payé
- quel est le problème

Demandez un remboursement *(voir pages 98–99)*

ÉCRIRE 4 Vous avez vu cet extrait dans un magazine. Écrivez en français au magazine.

L'argent de poche – une mauvaise habitude

Les jeunes doivent travailler pour gagner leur vie!

Qu'en pensez-vous?

Dites combien d'argent de poche vous recevez.
Qui vous le donne?
Qu'est-ce que vous achetez avec votre argent de poche?
Qu'achètent les jeunes en général?
Est-ce que vous avez un petit boulot?
Quels sont les avantages d'avoir un petit boulot?
Quels en sont les inconvénients?
Est-ce que l'argent est important dans la vie?
Donnez votre opinion!

Je reçois €6 par semaine de mon père
J'achète …
Je fais des économies pour …
Les jeunes achètent …
Je travaille dans un magasin *(voir pages 61–63)*
Si on a un petit boulot on peut …
                    on est plus indépendant
Par contre | il faut …
           | on ne peut pas …
Je pense que

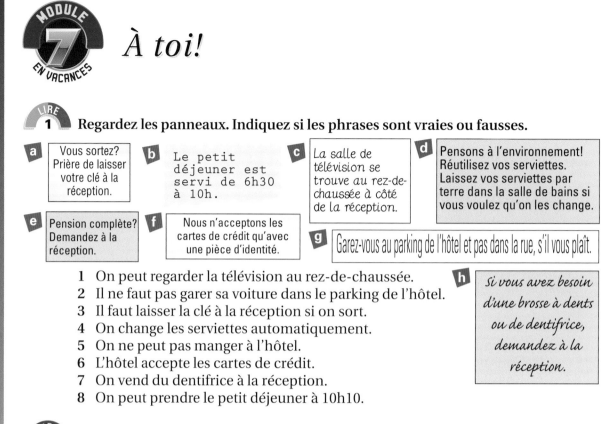

À toi!

LIRE 1 Regardez les panneaux. Indiquez si les phrases sont vraies ou fausses.

a Vous sortez? Prière de laisser votre clé à la réception.

b Le petit déjeuner est servi de 6h30 à 10h.

c La salle de télévision se trouve au rez-de-chaussée à côté de la réception.

d Pensons à l'environnement! Réutilisez vos serviettes. Laissez vos serviettes par terre dans la salle de bains si vous voulez qu'on les change.

e Pension complète? Demandez à la réception.

f Nous n'acceptons les cartes de crédit qu'avec une pièce d'identité.

g Garez-vous au parking de l'hôtel et pas dans la rue, s'il vous plaît.

h si vous avez besoin d'une brosse à dents ou de dentifrice, demandez à la réception.

1 On peut regarder la télévision au rez-de-chaussée.
2 Il ne faut pas garer sa voiture dans le parking de l'hôtel.
3 Il faut laisser la clé à la réception si on sort.
4 On change les serviettes automatiquement.
5 On ne peut pas manger à l'hôtel.
6 L'hôtel accepte les cartes de crédit.
7 On vend du dentifrice à la réception.
8 On peut prendre le petit déjeuner à 10h10.

LIRE 2 Lisez le texte et répondez à ces questions en français.

Faire du camping – plaisir ou catastrophe?

On dit que les campings français sont de première qualité – prises d'électricité, grillades à côté de la tente, bloc sanitaire impeccable, eh bien, moi j'ai dû avoir une mauvaise expérience cette année parce que le plaisir n'y était pas. D'abord, les règlements ... vous arrivez et le monsieur à l'accueil vous informe:

- que vous ne devez pas faire de bruit après 22h ...
- que les chiens sont interdits près de la piscine ...
- qu'on ne doit pas faire la vaisselle dans le bloc sanitaire, mais dans le bloc cuisine ...
- qu'une douche est limitée à trois minutes ...
- qu'il est interdit de faire du feu ...

Oh là là – les interdictions sont nombreuses!

C'est pire qu'au collège!

Le lendemain, j'ai appris que je faisais du footing sur la piste cyclable et que je jouais aux boules sur le terrain de volley – strictement interdit.

Un renard avait détruit le sac poubelle que j'avais mis devant l'entrée de ma tente. Amende de €10. J'avais garé ma voiture où il ne fallait pas stationner ... je n'en pouvais plus et je suis parti à l'hôtel – fini pour moi le camping!

1 En général, quelle est la réputation des campings français? *(1)*
2 Quel règlement vous paraît le plus extrême? Pourquoi? *(2)*
3 Quelles activités sportives sont mentionnées dans le texte? *(4)*
4 Pourquoi est-ce que l'auteur du texte a dû payer une amende de €10? *(1)*
5 Qu'est-ce que l'auteur a décidé de faire après sa mauvaise expérience? *(1)*

3 Vous avez passé quelques jours dans un village de vacances en France. Regardez la publicité et écrivez une lettre en français à votre amie Virginie.

Avec qui êtes-vous allé(e) au Parc de la Vallée?
Qu'est-ce que vous avez fait comme activités? Donnez 3 détails. ← *(voir pages 114–115)*
Qu'est-ce que vous pensez du Parc de la Vallée?
Quand est-ce que vous allez retourner au Parc de la Vallée?
Invitez-la à passer le week-end avec vous dans le parc. ← *(voir pages 48–49)*
Posez-lui une question sur ses passe-temps préférés.

Parc de la Vallée

Chalets loisirs

Activités

Escalade   VTT
Saut à l'élastique Tir à l'arc
Canoë-kayak   Tennis
Minigolf

Restauration

L'auberge Saint-Paul –
Hôtel restaurant

La Bretagne – Crêperie

Le moulin de l'Inthe – café/bar

À toi!

MODULE 8 — BIENVENUE EN FRANCE!

LIRE 1 Répondez à ces questions.

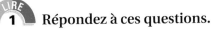

Les films d'horreur tu hurles ou tu te régales?

C'est débile et ça fait peur

" Moi, je trouve que les films d'horreur n'ont aucun sens. C'est débile! Enfin, on a la trouille, c'est tout! "
Julia, 16 ans et demi

J'en ai horreur!

" Les films d'horreur, j'ai horreur de ça! Je fais des cauchemars. J'ai su que je n'aimais pas ça du tout lorsque j'ai vu un passage du film *Copycat*. Il y a beaucoup trop de violence (sans raison). Je connais d'autres films plus intéressants. "
Anonyme

Je me ronge les ongles

" C'est super de regarder un film d'horreur seul sur son canapé, avec un coussin devant les yeux, et de se ronger les ongles jusqu'au sang. "
Louise, 15 ans

Ça me fait hurler!

" Avec mes copains, on se fait des après-midi où on se loue un bon film d'épouvante et on le regarde en hurlant! Mais il ne faut pas en abuser et certains films ne sont pas à voir à 15 ans. "
Laura, 15 ans

| avoir la trouille | *to be scared stiff* |

1 Qui a peur des films d'horreur?
2 Qui pense que les films d'horreur sont nuls?
3 Qui n'aime pas regarder les films seul?
4 Qui préfère regarder les films d'horreur sans ses copains?

LIRE 2 Lisez cet article et remplissez les blancs en utilisant les mots ci-dessous.

YOUSSOU N'DOUR

Origine: sénégalaise. Vient d'une famille de "griots", poètes, musiciens et sorciers africains.

Parcours: a grandi dans le quartier populaire de ▭. À 12 ans, intègre le plus grand orchestre de la ville, le "Star Band" avant de former son propre groupe "Super Étoile".

Musique: ▭ du Mbalax, une musique africaine très ▭ au Sénégal. A confronté sa musique avec celle d'artistes comme Peter Gabriel ou Jacques Higelin, sans jamais ▭ ses racines.

Ambition: a déjà fait construire un studio d'enregistrement parmi les plus performants d'Afrique: le Xippi. Souhaite à présent ▭ toute la diversité des musiques ▭ et sénégalaises.

Actu: Avec son label Jololi (c'est le son d'une clochette que l'on agite), il démontre la réalité du hip hop de Dakar. Une compile ▭ 11 groupes et artistes qui mélangent l'instrument ▭ et le son des machines.
Da Hop, Delabel

| trahir | africaines | traditionnel | classique | Dakar | réunit | Paris | spécialiste | montrer | populaire |

3 Écrivez une lettre en français à votre ami(e).

Décrivez votre chambre
Est-ce vous partagez votre chambre?
Est-ce que vous aimeriez partager votre chambre?
Que faites-vous dans votre chambre?
Comment serait votre chambre idéale?
Posez-lui une question sur sa chambre.

(voir pages 132–133)

Dans ma chambre idéale
  Il y aurait/J'aurais
  les murs seraient
  le plancher serait
  je pourrais (regarder …)
  j'inviterais

4 Vous avez vu cet extrait dans un magazine.
Écrivez en français au magazine.
(voir pages 136–137)

Qu'est-ce que vous regardez à la télé le soir?
Quelle est votre émission préférée? Pourquoi?
Qu'est-ce que vous avez regardé hier soir? *(Use the perfect tense)*
Donnez un avantage ou un inconvénient de la télé.
Est-ce qu'il y a trop de publicité à la télé?

Que pensez-vous de la télé? Écrivez-nous!

1 Lisez cette affiche puis répondez aux questions en français.

SÉCURITÉ AU TRAVAIL

1 Une TROUSSE DE PREMIERS SECOURS doit être disponible dans chaque lieu de travail.

2 Une personne doit être formée en SECOURISME.

3 En cas d'accident ou d'incendie:
  a Alertez vos collègues tout de suite.
  b Composez le 17, 15 ou le 18 pour appeler la police/une ambulance/les sapeurs-pompiers.
  c Restez avec la victime, ou évacuez le lieu en cas d'incendie.

1 Qu'est-ce qu'il faut avoir dans chaque lieu de travail?
2 Combien de personnes au minimum doivent être formées en premiers secours?
3 Qu'est-ce qu'il faut faire d'abord en cas d'accident ou d'incendie?
4 Que faut-il faire après avoir appelé au secours?

2 Lisez ce texte. Faites correspondre les débuts et les fins des phrases.

ALCOOL

CONSEILS POUR UN USAGE SANS DOMMAGE
Lorsqu'on boit de l'alcool, plus on dépasse les limites indiquées (augmentation des quantités et fréquences de consommation), plus le risque est important.

CONSOMMATIONS OCCASIONNELLES
Exceptionnellement, pas plus de 4 verres standard en une seule occasion.

Au-delà du deuxième verre, le taux d'alcoolémie autorisé est dépassé: on ne peut conduire ni voiture, ni machine. Associée à des médicaments ou à des drogues, une seule dose, même faible, peut avoir des conséquences néfastes immédiates.

CONSOMMATIONS RÉGULIÈRES
- pour les femmes: pas plus de 2 verres standard par jour;
- pour les hommes: pas plus de 3 verres standard par jour;
- au moins un jour par semaine sans aucune boisson alcoolisée.

NE PAS CONSOMMER
- pendant l'enfance et la préadolescence;
- pendant une grossesse;
- lorsqu'on conduit un véhicule, ou une machine dangereuse;
- quand on exerce des responsabilités qui nécessitent de la vigilance;
- quand on prend certains médicaments.

INÉGAUX FACE À L'ALCOOL
- Face à la consommation d'alcool, **chacun réagit différemment selon sa corpulence, son état de santé physique et psychique**.
- Si on boit sans manger, l'alcool passe d'un seul coup dans le sang et ses effets sont plus importants.

UNE SEULE DOSE, MÊME FAIBLE,
PEUT AVOIR DES CONSÉQUENCES NÉFASTES IMMÉDIATES.

1	Si on est une femme	a	un jour par semaine sans alcool est recommandé
2	Si on est un homme	b	on ne devrait pas boire plus de deux verres par jour
3	Si une femme est enceinte	c	l'alcool a plus d'effet
4	Si on n'a pas mangé	d	on ne devrait pas boire plus de trois verres par jour
5	Pour les hommes et les femmes	e	qui déterminent l'effet de l'alcool
6	Ce sont la corpulence et l'état de santé physique	f	elle ne devrait pas consommer d'alcool

ÉCRIRE 3 Écrivez une lettre en français à votre ami(e).

(*Voir pages 152–155 pour des idées*)

> Parlez-lui de votre santé.
> Quelles activités faites-vous?
> Mangez-vous sainement? Pourquoi? Pourquoi pas?
> Est-ce que vous mangez de la viande?
> Que pensez-vous des végétariens?
> Dites ce que vous avez fait le week-end dernier et si c'était sain ou pas. (*Use the perfect tense!*)
> Demandez-lui ce qu'il/elle a fait le week-end dernier.

ÉCRIRE 4 Vous avez vu ces chiffres dans un magazine. Écrivez au magazine:

(*Voir pages 158–159 pour vous aider*)

> Pourquoi est-ce que les gens fument?
> Est-ce que vous fumez? Pourquoi? Pourquoi pas?
> Où est-ce que les jeunes fument?
> Est-ce qu'il y a des règlements dans les restaurants pour les fumeurs?
> Si vous êtes sorti(e) le week-end dernier, est-ce qu'il y avait des gens qui fumaient? (*Use the perfect and imperfect tense*)
> Que faut-il faire pour aider les jeunes qui fument?

TABAC
LES CHIFFRES D'UNE RÉALITÉ FRANÇAISE

HOMMES: 42%
FEMMES: 27%

SE DÉCLARAIENT FUMEURS (chiffres 1995)
- 35% des adultes: 42% des hommes – 27% des femmes.
- 47% des jeunes de 18–19 ans

FUME PLUS DE 10 CIGARETTES PAR JOUR (chiffres 1995)
- un peu plus d'un adulte sur cinq (10 millions de personnes environ)

JEUNES SCOLARISÉS DE 5 À 19 ANS

FUME AU MOINS UNE CIGARETTE PAR JOUR (chiffres 1999)
- 31%

FUME PLUS DE 10 FOIS PAR JOUR (chiffres 1999)
- 8%

Âge moyen d'initiation: 13 ANS
- âge moyen de la 1ère cigarette: 13 ans.

MORTALITÉ ANNUELLE DIRECTEMENT IMPUTABLE AU TABAGISME
- 60 000 décès dont 95% chez les hommes.

ADULTES DE 45 À 64 ANS

PREMIÈRE CAUSE DE DÉCÈS PRÉMATURÉS
- 30% chez les hommes;
- 4% chez les femmes.

ACHATS DE TABAC SOUS TOUTES SES FORMES EN 1998
- 79 milliards de francs dépensés par les ménages.

À toi!

LIRE 1 Faites correspondre le français et les images correctes.

a   b   c   d   e   f

1 Comment est-ce qu'on circule? Eh bien, à côté de Nogent sur Marne, pas bien du tout. La A4 est à éviter. Il y a un bouchon énorme. Il s'agit d'un camion renversé. Ça va durer longtemps.

2 Il y a eu un accident grave ce matin à l'entrée de Toulouse sur l'autoroute 61. Un camion est entré en collision avec deux voitures lorsqu'il a voulu les doubler. Deux morts ...

3 Jour noir pour les automobilistes en France. Trois accidents aux alentours de Paris ont fait deux morts et cinq blessés.

4 Blocage sur la Côte d'Azur, les fermiers qui protestent contre l'importation des moutons d'Italie ont arrêté la circulation à Valbonne. Les habitants de la ville étaient furieux, mais la force des fermiers a gagné le tour.

5 De violents orages ont fait tomber des arbres sur plusieurs routes dans les Pyrénées. Ils ne seront pas dégagés avant deux jours.

6 La grève des douaniers a encore affecté le départ des bateaux et des Shuttles de Calais. Deux mille personnes ont dû attendre vingt-quatre heures avant de pouvoir regagner l'Angleterre.

LIRE 2 Regardez l'horaire, et décidez si les phrases sont vraies ou fausses.

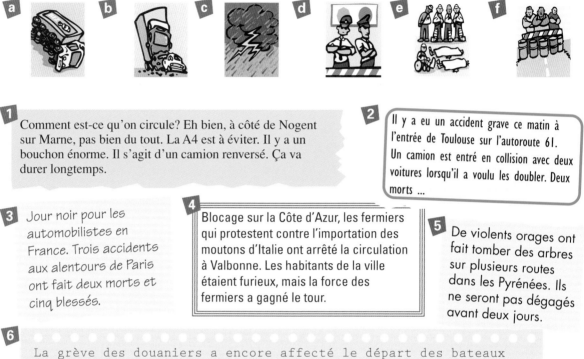

Numéro de TGV		520	851	853	855	9536	857	871	544	873	877	879
Aéroport Charles de Gaulle TGV	Départ	6.56				13.13			17.05			
Marne la Vallée Chessy (Disneyland®)	Départ	7.12							17.19			
Paris gare de Lyon	Départ		8.18	10.29	12.06		13.30	16.42		17.48	18.42	21.49
Satolas TGV	Arrivée					15.11						
Valence	Arrivée	9.53	10.46			15.41	15.59	19.10	19.59	20.17	21.10	
Montélimar	Arrivée									20.39		
Avignon	Arrivée	10.53			15.28	16.40		20.10	20.59		22.10	03.53
Nîmes	Arrivée	11.25	12.12	14.20	15.58	17.10		20.44	21.39	21.47	22.46	04.49
Montpellier	Arrivée	11.53	12.39	14.46	16.25	17.36	17.51	21.10	22.06	22.14	23.12	05.20

1 Le premier train de Paris à Nîmes part à 10h46.
2 Si on part de Paris à 10h29, le voyage jusqu'à Montpellier dure 4 heures 17 minutes.
3 Le train numéro 9536 s'arrête à Disneyland® Paris.
4 On peut voyager directement de l'aéroport Charles de Gaulle à Montpellier à 17h05.
5 Si on rate le train, numéro 873, à 17h48, le prochain train pour Valence part à 21h49.
6 Le dernier train de Paris à Nîmes est à 21h59.

3 Votre correspondant(e) reste chez vous.
Écrivez un message de 30 mots en français.
Dites-lui:

> • qu'il y a une boum ce soir
> • où est la boum et à quelle heure elle commence
> • comment y aller
> • comment rentrer chez vous

4 Écrivez un sondage que vous allez utiliser auprès de vos camarades de classe.

> Vous voulez savoir:
> • comment ils vont au collège
> • combien de temps ils mettent
> • les avantages ou les inconvénients de ce moyen de transport
> • leur moyen de transport idéal pour venir au collège
> • comment ils sont venus ce matin *(Perfect tense!)*
> • s'ils vont rentrer directement après le collège *(Near future tense!)*
> • s'ils sont satisfaits des transports en commun dans votre ville ou village
>
> Formulez les questions correctement. *(Voir pages 210–211)*

5 Vous avez vu cet article dans un journal. Écrivez au journal pour parler de votre moyen de transport préféré.

> ❂ Est-ce que les trains vous agacent?
> ❂ Est-ce que le bus vous casse les pieds?
> ❂ Est-ce que vous aimez mieux aller au collège en roller qu'en car?
> ❂ Écrivez-nous pour nous parler de votre moyen de transport préféré et vous pourriez gagner un week-end à Nice pour deux personnes!

> Comment aimez-vous voyager?
> Pourquoi?
> Quels sont les avantages et les inconvénients d'autres moyens de transport?
> Décrivez un voyage que vous avez fait en vous servant de votre moyen de transport préféré.

Grammaire

1 Nouns
 1.1 Gender
 1.2 Plurals

2 Articles
 2.1 The
 2.2 A
 2.3 Some
 2.4 Expressions of quantity

3 Verbs
 3.1 The infinitive
 3.2 The present tense
 3.3 The perfect tense
 3.4 The perfect infinitive
 3.5 The imperfect tense
 3.6 The near future tense
 3.7 The future tense
 3.8 The conditional tense
 3.9 The pluperfect tense
 3.10 The imperative
 3.11 The passive voice
 3.12 The present participle
 3.13 The subjunctive mood
 3.14 'Depuis'

4 Questions
 4.1 Question words
 4.2 Intonation
 4.3 'Quel'

5 Negatives
 5.1 'Ne … pas'
 5.2 Other negatives
 5.3 'Ne … personne'
 5.4 More than one negative

6 Adjectives
 6.1 Regular adjectives
 6.2 Irregular adjectives
 6.3 'Beau, nouveau, vieux'
 6.4 Position of adjectives
 6.5 Comparative and superlative
 6.6 This and these
 6.7 Possessive adjectives
 6.8 'Chaque' and 'quelque'
 6.9 Adverbs

7 Pronouns
 7.1 Subject pronouns
 7.2 Direct object pronouns
 7.3 Indirect object pronouns
 7.4 'Y'
 7.5 'En'
 7.6 Negatives
 7.7 Order of pronouns
 7.8 Emphatic pronouns
 7.9 'Qui' and 'que'
 7.10 Demonstrative pronouns
 7.11 Possessive pronouns

8 Prepositions
 8.1 Prepositions
 8.2 'À'
 8.3 To or in with names of places

9 Numbers
 9.1 Numbers
 9.2 First, second, third

Verb tables

1 Nouns

Nouns are naming words. They are used to name things (chien *dog*, crayon *pencil*) and people (tante *aunt*).

1.1 Gender

All French nouns are either **masculine** (m) or **feminine** (f).

Genders must be learned by heart and noted when you learn a new word, e.g.:

la table (f), le stylo (m).

1.2 Plurals

Plural means 'more than one'.

Most French nouns add an **s** to show they are plural, e.g.:

des bonbon**s**, deux sœur**s**.

But nouns with the following endings are irregular and change like this.

Ending	Singular	Plural
-al becomes **-aux** in the plural	un cheval	des chev**aux**
-eu or **-eau** add **x** in the plural	un bateau	des bat**eaux**

2 Articles

2.1 The definite article 'the'

The three words for 'the' are **le** (m), **la** (f), **les** (plural).

> le vélo *the bike*, la voiture *the car*, les trains *the trains*

Attention: Le and **la** shorten to **l'** before a vowel or a mute 'h', e.g.: l'autobus *the bus*.

The words for 'the' are used:

- to translate the word 'the', e.g.:
  Le chat est dans le salon.
  The cat is in the sitting-room.

- when talking about likes and dislikes, e.g.:
  J'aime le foot et le tennis.
  I like football and tennis.

- when talking about something in general terms, e.g.:
  Les professeurs sont intelligents.
  Teachers are intelligent.

- before the names of countries, e.g.:
  La France est un beau pays.
  France is a beautiful country.

2.2 The indefinite article 'a'

The word for 'a' or 'one' is either **un** (m) or **une** (f), e.g.:

un vélo *a bike*, une voiture *a car*.

> Un monocycle a une roue.
> *A unicycle has one wheel.*

2.3 The partitive article 'some'

The words for 'some' are **du** (m), **de la** (f), **des** (plural).

Masculine	Feminine	Plural
du	de la	des
de l'	de l'	

> du coca *some cola*, de la salade *some salad*, des bananes *some bananas*, de l'eau *some water*

Attention: Du and **de la** shorten to **de l'** before a vowel or a mute 'h'.

The words for 'some' are used:

- when translating the word 'some', e.g.:
  Donne-moi du papier.
  Give me some paper.

- when there is no article in English, e.g.:
  J'ai acheté du pain et de la glace.
  I bought bread and ice-cream.

Entraînez-vous ▬▬▬▬▬

Choose the correct ending each time. Look carefully at the words: you don't need the glossary!

1 Passe-moi du ... pain/tomates.
2 J'ai mangé de la ... haricots/tarte.
3 Avez-vous des ... stylos/crayon?
4 Dans ma ville il y a des ... magasin/maisons.
5 Il a bu du ... Orangina/coca.

2.4 Expressions of quantity

After expressions of quantity in French, you must always use 'de', e.g.:

beaucoup de gens, un litre de lait, un kilo de cerises, peu d'amis.

Entraînez-vous ▬▬▬▬▬

Make a list of all the expressions of quantity you know.

3 Verbs

3.1 The infinitive

This is the verb in its unchanged form, as you find it in the dictionary, e.g.:

regarder *to watch*, finir *to finish*, être *to be*.

There are some instances where you can use the infinitive form as it is. However, most of the time you need to change the infinitive to agree with the subject and to show the tense (see below).

You use the infinitive:

- after the following expressions:
  Il faut *it is necessary to, you have to*
  E.g.: Il faut changer. *You have to change.*
  Il est interdit de … *It is forbidden to …*
  E.g.: Il est interdit de fumer.
  You are not allowed to smoke.

- after these verbs:
  adorer *to adore*, aimer *to like*, détester
  to hate, préférer *to prefer*

- after modal verbs:
  devoir *to have to*, pouvoir *to be able to*,
  savoir *to know how to*, vouloir *to want to*

infinitive + à

aider à *to help to*
apprendre à *to learn to*
commencer à *to start to*
continuer à *to continue to*
encourager à *to encourage to*

infinitive + de

choisir de *to choose to*
décider de *to decide to*
essayer de *to try to*
proposer de *to suggest*
refuser de *to refuse to*

E.g.: On peut aller à la pêche.
You can go fishing.

J'aime nager. *I like swimming.*

Il a commencé à pleuvoir.
It started to rain.

- after 'pour' *in order to*.
  Je chante pour avoir plus de confiance
  en moi. *I sing in order to have more
  self-confidence.*

Entraînez-vous

Copy the sentences and underline the
infinitive. Then translate them into English:

1 Il faut attendre ici.
2 Il est interdit de fumer.
3 J'adore jouer au foot.
4 On peut visiter le château.
5 J'aide à laver la voiture.

Entraînez-vous

Translate the following sentences into
French.

1 It is necessary to change.
2 It is necessary to reserve.
3 I have to leave.
4 Can I help?
5 Can you give me two kilos of potatoes?
6 I have to do my homework every
  evening.
7 I would like to be a pilot.
8 She continues to hate my
  boyfriend/girlfriend.
9 I am studying a lot in order to get good
  results.
10 I am going to study in France in order
  to perfect my French.

3.2   The present tense

The present tense is used to talk about:

- what is happening now
- what usually happens.

E.g.: je regarde *I watch, I **am** watch**ing*** or
*I **do** watch.*

Regular verbs

The formation of regular verbs follows a pattern.

Take the ending off the
infinitive and add on the
correct ending as shown:

-er verbs (e.g.: regard**er** *to watch*)

je regard**e**	nous regard**ons**
tu regard**es**	vous regard**ez**
il/elle/on regard**e**	ils/elles regard**ent**

-ir verbs
(e.g.: fin**ir** *to finish*)

je fin**is**	nous fin**issons**
tu fin**is**	vous fin**issez**
il/elle/on fin**it**	ils/elles fin**issent**

-re verbs
(e.g.: attend**re** to wait)

j'attend**s**	nous attend**ons**
tu attend**s**	vous attend**ez**
il/elle/on attend	ils/elles attend**ent**

Attention: A common mistake is to translate directly. People think that *I am studying* must include some part of 'être'. This is wrong! French works differently. Try to remember that what might be three words in English is not necessarily going to be three words in French. In fact, French verbs are much easier, you just have to get the right form.

Remember, you always learn verbs in the following order:

I-you-he-she-we-you-they!

Entraînez-vous

With a partner make up three imaginary verbs and conjugate them according to the patterns you have just revised.

---

*Pronunciation of the present tense sometimes causes problems. Bear in mind that with all three types of verbs you will only hear **-ez** which sounds like 'ay' at the end in the 'vous' form. Also, you do not pronounce the **-ent** at the end of the plural form.*

Practise saying these: j'aime, je déteste, j'étudie, je commence, ils durent.

And finally 'on' is a top exam tip. The French often use 'on' instead of 'nous', it takes the same part of the verb as 'il/elle', e.g. on commence, on parle …

Irregular verbs

These verbs have their own unique pattern, and must be learned by heart. See verb tables on page 221.

Entraînez-vous

Refer to the regular verb patterns above, then change these infinitives. Give two present tense meanings for each verb. E.g.: je (ranger) je range *I tidy, I am tidying*

1 je (commencer) 2 tu (aimer)
3 il (finir) 4 elle (aider)
5 on (descendre)

Entraînez-vous

Use the verb tables on page 221 to translate these phrases:

1 I go 2 you have
3 he does 4 she is
5 we take

Entraînez-vous

Translate these sentences into French.

1 I study physics.
2 She speaks German.
3 I find maths boring.
4 They(m) think that PE is great.
5 We like ICT.
6 He hates art.
7 School finishes at 3.15.
8 English lasts for two hours.
9 Do you (vous) hate French too?
10 They(f) find drama extremely difficult.

Reflexive verbs

Reflexive verbs simply add the reflexive pronoun as the action is done to oneself.

A reflexive verb is listed with **se** before the infinitive.

se *coucher to go to bed*

je **me** couche	nous **nous** couchons
tu **te** couches	vous **vous** couchez
il/elle/on **se** couche	ils/elles **se** couchent

Entraînez-vous

Write out each verb, then translate it into English. E.g.: je (se coucher) Je me couche. *I go to bed.*

1 je (se doucher) 2 tu (s'amuser)
3 il (se lever) 4 elle (s'appeler)
5 on (se laver)

Entraînez-vous

Translate these sentences into French.

1 She wakes up.
2 I get dressed.
3 He goes to bed.
4 They brush their teeth.
5 He does his hair.

Entraînez-vous

Put these sentences into the correct order.

1 habite deux Paris elle ans depuis
2 l'italien ans j'apprends trois depuis
3 vous de combien apprenez temps depuis l'espagnol
4 habitons mois depuis Lille nous à six
5 ce elle depuis malade matin est

3.3 The perfect tense

The perfect tense is used to talk about something which happened in the past, e.g.:

> J'ai regardé.
> *I watched, I have watched* or *I did watch.*

Two parts are needed to form the perfect tense:

- the **present tense** of the verb **avoir** or **être**
- the **past participle** of the main verb.

Avoir verbs

The vast majority of verbs form their perfect tense with **avoir**.

Regular verbs

The **past participle** of the main verb is formed as follows:

-er verbs: take off **-er** and add **é**, e.g.: regard**é** *watched*
-ir verbs: take off **-r**, e.g.: fini *finished*
-re verbs: take off **-re** and add **u**, e.g.: attend**u** *waited*

Irregular verbs

The past participle of irregular verbs should be learned by heart.

elle a **appris**	*she learned*
j'ai **bu**	*I drank*
on a **compris**	*we understood*
tu as **connu**	*you knew*
ils ont **conduit**	*they drove*
il a **cru**	*he believed, thought*
elles ont **dû**	*they had to*
elles ont **écrit**	*they wrote*
tu as **été**	*you were*
elle a **eu**	*she had*
il a **fait**	*he made/did*
j'ai **fini**	*I have finished*
on a **lu**	*we read*
vous avez **mis**	*I put*
nous avons **pris**	*we took*
ils ont **pu**	*they could*
nous avons **su**	*we knew*
vous avez **vu**	*you saw*
j'ai **voulu**	*I wanted to*

Être verbs

Fourteen verbs form their perfect tense with **être**.

je suis **allé**	*I went*
je suis **arrivé**	*I arrived*
je suis **descendu**	*I went down*
je suis **entré**	*I entered*
je suis **monté**	*I went up*
je suis **mort**	*I died*
je suis **né**	*I was born*
je suis **parti**	*I left*
je suis **rentré**	*I went back in*
je suis **resté**	*I stayed*
je suis **retourné**	*I returned*
je suis **sorti**	*I went out*
je suis **tombé**	*I fell*
je suis **venu**	*I came*

Try to remember these in the following way:
MRS VANDERTRAMP verbs

monté

  retourné

    sorti

      venu

        arrivé

          né

            descendu

              entré

                resté

                  tombé

                    rentré

                      allé

                        mort

                          parti

Reflexive verbs also use **être**.

> Je me suis couché à minuit.
> *I went to bed at midnight.*

Attention: With **être** verbs in the perfect tense, add **-e** to the past participle for feminine, add **-s** for plural, and add **-es** for feminine and plural, e.g.:

> Elle est parti**e**. *She left.*

> Marie et Laure sont sorti**es**.
> *Marie and Laure went out.*

Entraînez-vous

Write each verb in the perfect tense; then write what it means.

E.g.: je + (regarder) J'ai regardé *I watched, I have watched.*

1 Je + (jouer)	4 Elle + (descendre)
2 Tu + (aider)	5 On + (boire)
3 Il + (finir)	

Entraînez-vous

Complete these perfect tense verbs with the right part of être. then write what they mean. E.g.: Elles … parties. Elles sont parties. *They left.*

1 Je … allé	4 Elle … venue
2 Il … tombé	5 Je … resté
3 Vous … nés	

Entraînez-vous

Translate these sentences into French.

1 she saw	6 she left
2 we helped	7 they(m) arrived
3 they did	8 I went out
4 you have been	9 he died
5 I took	10 I was born

3.4 The perfect infinitive

The perfect infinitive is used to mean 'to have done'. It is formed with the infinitive of **avoir** or **être** and the past participle.

> Je m'excuse d'avoir manqué votre cours, monsieur le professeur.
> *I'm sorry for having missed your lesson, sir.*

The most common use of the perfect infinitive is with **après avoir** or **après être** to mean 'after having …'.

> Après avoir mangé, nous sommes allés nous coucher.
> *After having eaten, we went to bed.*

Attention: Just as **être** verbs show agreement in the perfect tense with a feminine or plural subject, so the perfect infinitive has to agree with whatever might follow it. You can't hear the agreement, but it's very important for higher-level writing.

> Après être rentrés si tard, ils voulaient faire la grasse matinée.
> *After having got back so late, they wanted to have a lie-in.*

Write each past participle correctly, then translate the sentences.

Watch out for agreements.

1 Après avoir (regarder) la télé, nous avons longuement discuté la question de la violence à la télé.

2 Après avoir (acheter) le pullover, j'ai changé d'avis.

3 Après avoir (parler) avec mon père, j'ai pu sortir un peu plus tard le soir.

4 Après être (rentrer) à minuit, elle n'avait plus le droit de sortir.

5 Après s'être (coucher), il n'a pas pu s'endormir.

3.5   The imperfect tense

The imperfect tense is used to:

● describe what things were like in the past
● say what was happening at a given moment
● say what used to happen.

> Je regardais.
> *I was watching* or *I used to watch.*

It is formed from the **nous** part of the present tense, the **-ons** part is taken off.

The following imperfect endings are a sign that the imperfect tense is being used.

Person	*Imperfect ending*
je	**-ais**
tu	**-ais**
il/elle/on	**-ait**
nous	**-ions**
vous	**-iez**
ils/elles	**-aient**

> J'avais un chien. *I used to have a dog.*
> Il faisait beau. *The weather was nice.*

Attention: For **être** (to be), the imperfect endings are added on to the **ét-** stem.

> J'étais triste. *I was sad.*
> C'était chouette. *It was great.*

Entraînez-vous

What were they doing when the murder was committed? Translate the alibis.

E.g.: Je passais l'aspirateur.
I was doing the hoovering.

1 Je lavais la voiture.
2 Je faisais mes devoirs.
3 Je regardais une vidéo.
4 Je jouais aux cartes avec des amis.
5 Je promenais le chien.
6 Je dormais.
7 Je mangeais un hamburger au MacDo.
8 Je parlais au téléphone.
9 Je me douchais.
10 J'étais au cinéma.

Entraînez-vous

Put these sentences into the imperfect, then translate them into English.

1 Il (pleuvoir).
2 Ils (nager) dans la mer.
3 J'(étudier) l'allemand.
4 Il (regarder) le spectacle.
5 J'(avoir) souvent mal à la tête.

Entraînez-vous

Translate these sentences into French.

1 The hotel was great.
2 She had red hair.
3 You were too tired.
4 We were in France.
5 We were staying in a caravan.

3.6   The near future tense

The near future tense is used to talk about what is *going to happen* in the future.

> Je vais regarder. *I am going to watch.*

It is formed from:

● the present tense of the verb **aller**
● the infinitive of the main verb.

Je vais aller au cinéma.
I'm going to go to the cinema.

Elle va avoir un bébé.
She's going to have a baby.

3.7 The future tense

The future tense is used to talk about what *will happen* in the future.

Je regarderai. *I will watch.*

It is formed by adding the future tense endings to the future stem.

Future tense endings

Person	*Future endings*		
je	**-ai**	nous	**-ons**
tu	**-as**	vous	**-ez**
il/elle/on	**-a**	ils/elles	**-ont**

Future tense stems

Regular verbs

For regular **-er** and **-ir** verbs the future tense stem is the same as the infinitive.

For regular **-re** verbs, the future tense is formed by taking off the final **-e**.

Irregular verbs

Verb	*Future tense stem*		
aller	**ir-**	faire	**fer-**
être	**ser-**	pouvoir	**pourr-**
avoir	**aur-**	devoir	**devr-**
savoir	**saur-**	venir	**viendr-**

E.g.: Tu visiteras. *You will visit.*

Nous aurons. *We will have.*

Entraînez-vous ▮▮▮▮▮▮

Translate the fortune teller's predictions.

1 Vous travaillerez en Afrique.
2 Vous jouerez au foot pour l'Angleterre.
3 Vous achèterez une Ferrari.
4 Vous vous marierez à l'âge de 30 ans.
5 Vous tomberez amoureux d'une personne célèbre.

Entraînez-vous ▮▮▮▮▮▮

Put these sentences into the future tense and translate them into English.

1 Vous (se marier) à l'âge de 26 ans.
2 J'(oublier) tout.
3 Je (travailler) très dur afin de prendre ma retraite à un jeune âge.
4 Vous (vivre) jusqu'à l'âge de quatre vingts ans.
5 Il (rencontrer) une très belle femme.

3.8 Conditional tense

The conditional tense is used to say what would happen in the future.

Je regarderais. *I would watch.*

It is formed by adding imperfect endings to the future stem.

Person	*Conditional tense endings*		
je	**-ais**	vous	**-iez**
tu	**-ais**	ils	**-aient**
il/elle/on	**-ait**	elles	**-aient**
nous	**-ions**		

J'**irais** en Amérique, si j'étais riche.
*I **would go** to America if I were rich.*

Elles **voudraient** rester à la maison.
*They **would like** to stay at home.*

This combination of conditional + imperfect is very impressive in exams or coursework.

Entraînez-vous ▮▮▮▮▮▮

What would you do if you won the Lottery? Complete each sentence.

1 J'achèterais ...   4 J'irais ...
2 Je visiterais ...   5 J'aurais ...
3 J'habiterais ...

Entraînez-vous

Put the verbs in brackets into the conditional, then translate the sentences into English.

1 J'(aimer) travailler dehors. Je pense que ce (être) moins ennuyeux.
2 Je (préférer) être hôtesse de l'air. Ce (être) plus amusant.
3 Je(vouloir) être PDG – ce (être) passionnant.
4 Il (aimer) être footballeur. Il (gagner) beaucoup d'argent.
5 Elle (vouloir) voyager autour du monde pour avoir de l'expérience.

3.9   The pluperfect tense

The pluperfect tense is used when talking about actions further back in the past, it is more than perfect:

pluperfect	present perfect	imperfect	near future	future

It is formed with:

● the imperfect tense of avoir or être
● the past participle.
  J'avais vu. *I had seen.*
  J'étais parti(e). *I had gone.*

Entraînez-vous

Translate these sentences into English.

1 Nous avions remarqué le chauffeur.
2 Elle avait dit 'au revoir' pour la dernière fois.
3 Il avait mis le sucre dans sa tasse.
4 J'avais oublié d'acheter le journal.
5 Elle nous a demandé si nous avions déjà visité l'Allemagne.
6 Tu étais déjà partie.
7 J'étais sorti avant ma mère.
8 Elle s'était levée de bonne heure.
9 Vous vous étiez perdu?
10 Il s'était couché tard.

3.10   The imperative

The imperative form of the verb is used to tell somebody what to do. It is a command or an instruction.

  Regarde! Regardez! *Look!*

When speaking to people you would call 'tu', use the 'tu' form of the verb,

e.g.: Lis! *Read!*

For **-er** verbs only, take off the final **–s**, e.g.: Regarde! *Look!*

When speaking to people you would call 'vous', use the 'vous' form of the verb,

e.g.: Regardez! *Look!*

Reflexive verbs need an extra part:

  Lève-**toi!** *Stand up!*
  Levez-**vous!** *Stand up!*

3.11   The passive voice

So far, all tenses you have learnt have been active. The passive form is different.

The passive form of the verb is used to express actions that are **done to** someone or something, hence the name, 'passive', e.g.: *The lawn was mown. The paper is recycled.*

It is formed with the present tense of être and the past participle, which must agree with the subject.

  Le gaz est utilisé. *The gas is used up.*
  L'eau est contaminée.
  The water is contaminated.
  Les déchets sont jetés.
  The rubbish is thrown away.
  Les boîtes sont recyclées.
  The cans are recycled.

Entraînez-vous

Translate these sentences into English.

1 La mer est polluée.
2 Les océans sont contaminés.
3 La forêt est ravagée.
4 Les espèces rares sont menacées.
5 L'air est empoisonné.
6 Les lacs sont pollués.
7 Ma bicyclette est cassée.
8 Tu es fichu!
9 Nous sommes détruits.
10 Elle est fichue.

You need to recognise the passive in other tenses too, with the future of être and the past participle:

La terre sera détruite.
The earth will be destroyed.

With the imperfect of être and the past participle:

Les spectateurs étaient séduits.
The audience was enchanted.

3.12 The present participle

The present participle is like **-ing** endings in English. So, **en + present participle** means 'while you were doing something'.

E.g.: En regardant par la fenêtre j'ai vu Alex.
While I was looking out of the window I saw Alex.

Present participles are formed by adding **-ant** to the end of the verb stem.

Attention: If you put 'tout' in front of the present participle, it gives it more immediacy.

Entraînez-vous

Turn the verb in brackets into a present participle.

1 En (écouter), il a appris beaucoup de choses.
2 Il regardait la télé tout en (faire) ses devoirs.
3 En (rentrer) il a vu son ami Xavier.
4 En (sortir) il a rencontré Vanessa.
5 J'ai pris ma douche en (siffler).

3.13 The subjunctive mood

The subjunctive mood carries an element of subjectivity. It can also mean 'might', 'may' or 'should'. It is called a mood because it is not as obvious as the actions we have met up to this point.

It is used after the following constructions:

pour que *so that*
bien que *although*
il faut que *it is necessary to*
il vaut mieux que *it is better to*
vouloir que *to want to*

It is formed by adding subjunctive endings to the subjunctive stem. To make the subjunctive stem, take the '**ils/elles**' present tense form and take off the **-ent**.

Person	Subjunctive endings
je	regard**e**
tu	regard**es**
il/elle/on	regard**e**
nous	regard**ions**
vous	regard**iez**
ils/elles	regard**ent**

Irregular subjunctives

Verb	Subjunctive form
être	je sois
faire	je fasse
savoir	je sache
avoir	j'aie
aller	j'aille
pouvoir	je puisse

Entraînez-vous

Translate these sentences into English.

1 Je veux qu'il parte.
2 Il faut que je m'en aille.
3 Tu dois étudier pour que tu puisses aller à l'université.
4 Bien que je sois bête, je ne suis pas complètement idiot.
5 Il vaut mieux qu'il redouble.
6 Elle veut que je cesse de voir mon copain.
7 Bien que j'aie dix-huit ans ...
8 Mes parents veulent que je rentre plus tôt.
9 Il faut que j'aille en colonie de vacances.
10 Il veut que je sois reçu pour mes examens.

3.14 Depuis

The word 'depuis' is used to say how long something has been happening.

E.g.: Je regarde la télé depuis cinquante minutes. *I have been watching TV for 50 minutes.*

It is used with the present tense.

E.g.: Je suis membre du club depuis trois ans. *I have been a member of the club for three years.*

Entraînez-vous

Translate these sentences.

1 Je suis membre du club depuis cinq mois.
2 J'apprends le français depuis quatre ans.
3 J'habite ici depuis dix mois.
4 Je joue du piano depuis sept ans.
5 Je sors avec Tom depuis quatre semaines.

This is also used with the imperfect to say how long something had been happening.

E.g.: Je regardais la télé depuis cinquante minutes.

I had been watching TV for 50 minutes.

J'habitais Londres depuis cinq ans, lorsque ma famille a décidé de déménager.

I had been living in London for five years when my family decided to move.

4 Questions

4.1 Question words

Qui? *Who?*
Où? *Where?*
Quand? *When?*
Que? *What?*
Comment? *How?*
À quelle heure? *At what time?*
Combien? *How much? How many?*
Combien de temps? *How long?*
D'où? *From where?*
Pourquoi? *Why?*

To use a question word to ask a question:

● put the question word at the end, raise your voice and add a question mark:
   Il arrive à quelle heure?
   At what time does he arrive?
   Tu voyages comment?
   How are you travelling?

Attention: Don't put 'que' at the end of a sentence.

● put the question word at the beginning, and use **est-ce que** after it:
   À quelle heure est-ce qu'il arrive?
   Comment est-ce que tu voyages?

● put the question word at the beginning, and change the order of the subject and verb:
   À quelle heure arrive-t-il?
   Comment voyages-tu?

Entraînez-vous

Ask your penfriend these questions, using any of the above methods. Write down your questions.

1 where he/she works
2 what time he/she is arriving
3 when he/she is leaving
4 what he/she prefers eating
5 why he/she is going to Paris

These are very useful at higher level:

Est-ce que je peux …? Can I …?
Est-ce que je dois …? Do I have to …?
Est-ce qu'on peut …? Can one …?
Est-ce que vous pourriez …? Could you …?

4.2 Intonation

You can ask questions which don't use a question word by:

- making the statement, raising your voice and adding a question mark:

  Il est malade? *Is he ill?*
  Paris est la capitale de la France?
  Is Paris the capital of France?

- using the phrase **Est-ce que** at the start of the sentence, raising your voice and adding a question mark:

  Est-ce qu'il est malade?
  Est-ce que Paris est la capitale de la France?

- changing the order of the subject and verb:

  Est-il malade?
  Paris est-elle la capitale de la France?

Entraînez-vous

Write these questions using any of the above methods.

1 Do you have a towel?
2 Have you seen 'Superman'?
3 Can you help me?
4 Can I watch TV?
5 Do I have to change?

4.3 Quel

Quel means which/what and comes before a noun.

Quel changes like this:

	Masculine	**Feminine**
Singular	quel	quelle
Plural	quels	quelles

Quelles chaussures est-ce que tu préfères? *Which shoes do you prefer?*
Quelle est la date? *What is the date?*

Entraînez-vous

Choose **quel**, **quelle**, **quels** or **quelles**.

1 … fille?   4 … dames?
2 … garçon?   5 … dame?
3 … livres?

5 Negatives

5.1 Ne … pas

'Ne … pas' forms a sandwich round the main verb and means 'not'.

Elle **ne** regarde **pas**. *She is not watching.*
Je **ne** voudrais **pas** aller en France.
I would not like to go to France.

Attention: Ne becomes **n'** before a vowel or a mute 'h'.

Je **n'**ai **pas** d'animal. *I do not have a pet.*

In the **perfect** and the **pluperfect tenses, ne … pas** forms a sandwich round the part of avoir or être.

Je **n'**ai **pas** visité Le Louvre.
I have not visited the Louvre.

Tu **n'**es **pas** sorti hier soir?
Didn't you go out last night?

After **pas** use **de**.

> Je n'ai **pas de** frères.
> *I haven't got any brothers.*
>
> Il n'y a **pas de** piscine.
> *There is no swimming pool.*

Entraînez-vous

Make these sentences negative using 'ne … pas'.

1 Je loge dans un hôtel.
2 Je partage ma chambre.
3 J'ai une chaîne stéréo dans ma chambre.
4 Je m'entends bien avec mes parents.
5 Les boîtes sont recyclées.

5.2   Other negatives

These work in the same way as 'ne … pas'.

ne … jamais *never*
ne … que *only*
ne … plus *no longer*
ne … rien *nothing*
ne … ni … ni … *neither*
ne … aucun *not a single, none at all*

> Elle **n'**habite **plus** ici.
> *She doesn't live here any more.*
>
> Je **n'**ai **rien** mangé. *I didn't eat anything.*

Entraînez-vous

Translate these sentences into French.

1 I no longer live here.
2 I haven't drunk anything.
3 I don't like the Spice Girls any more.
4 There's neither a cinema nor a swimming pool in town.
5 I have no idea.
6 I never go to the dentist.
7 I have only €10.
8 I didn't see anything.
9 I have never been to Belgium.
10 There's only bread to eat.

5.3   Ne … personne

'Ne … personne' means nobody.

> Je **n'**aime **personne**.
> *I like nobody./I do not like anybody.*

Look out for sentences with **personne** at the start:

> **Personne** n'est venu à la boum.
> *Nobody came to the party.*
>
> Qui est absent? **Personne!**
> *Who is absent? Nobody!*

5.4   More than one negative

You can also use two negatives together.

Entraînez-vous

Translate these sentences into English.

1 Il n'y a plus personne.
2 Je n'ai plus rien.
3 Il n'y a jamais rien dans ce magasin.
4 Je n'ai jamais vu personne dans cette boîte.
5 Rien ne va plus.

6   Adjectives

Adjectives are describing words, e.g.: bleu *blue*, heureux *happy*, ennuyeux *boring*.

6.1   Regular adjectives

Adjectives add endings which agree with the gender and number of the noun(s) being described.

Add **-e** to a feminine noun, e.g.: Ma chambre est grande. *My bedroom is big.*

Add **-s** to a masculine plural noun, e.g.: Mes livres sont intéressants. *My books are interesting.*

Add **-es** to a feminine plural noun, e.g.: Ses chaussures sont vertes. *His shoes are green.*

6.2   Irregular adjectives

Adjectives which already end in **-e** do not add an extra **-e**.

Elle est rouge. *It is red.*

Adjectives with one of these endings change as follows.

Ending(m)	Change(f)	Example
-eux/-eur	-euse	Il est heureux. Elle est heureuse.
-il/-el	-ille/-elle	Il est gentil. Elle est gentille.
-ien	-ienne	Il est italien. Elle est italienne.
-er	-ère	Il est cher. Elle est chère.
-aux	-ausse	Il est faux. Elle est fausse.
-f	-ve	Il est sportif. Elle est sportive.
-s	-sse	Il est gros. Elle est grosse.

These adjectives never change.

chic *smart* cool *cool*

extra *great* super *super*

marron *brown*

6.3 Beau, nouveau, vieux

These adjectives follow a special pattern.

Masculine	Masculine plural	Feminine	Feminine plural
beau	beaux	belle	belles
nouveau	nouveaux	nouvelle	nouvelles
vieux	vieux	vieille	vieilles

Attention: If the noun being described is masculine, singular and begins with a vowel or a mute 'h', use the form **bel**, **nouvel** or **vieil**.

une nouvelle maison *a new house*
les beaux garçons *the handsome boys*
un vieil arbre *an old tree*

Entraînez-vous ▬▬▬▬▬▬

Change the adjective if neccessary.

1 le (beau) garçon 4 les (beau) arbres
2 la (nouveau) maison 5 le (vieux) arbre
3 les (vieux) livres

6.4 Position of adjectives

Most adjectives come after the noun.

une veste bleue *a blue jacket*
un livre allemand *a German book*

These short, common adjectives come before the noun.

petit *small* grand *big*
bon *good* mauvais *bad*
nouveau *new* vieux *old*
beau *nice* ancien *former*
autre *other* jeune *young*

Entraînez-vous ▬▬▬▬▬▬

Put the adjective in the right place.

1 un stylo (rouge)
2 une règle (nouvelle)
3 des garçons (beaux)
4 des filles (intelligentes)
5 un ballon (autre)

Attention: If 'ancien' comes after the noun, it means 'ancient'.

6.5 Comparative and superlative

Adjectives can be used to compare things with each other, e.g.: 'Sara is tall, Anna is taller, Marie is the tallest.'

plus … (que) *more … (than)*
moins … (que) *less … (than)*
aussi … (que) *just as … (as)*

Marie est plus grande que Sara.
Marie is taller than Sara.

Marie est la plus grande.
Marie is the tallest.

C'est le garçon le plus intelligent de la classe. *He's the most intelligent boy in the class.*

Entraînez-vous ▆▆▆▆▆

Translate these sentences into English.

1 Philippe est plus grand que Paul.
2 Thérèse est aussi grande que Marie.
3 Marie est moins grande que Paul.
4 Philippe est le plus grand.
5 Je suis plus cool que Paul.

Entraînez-vous ▆▆▆▆▆

Translate these sentences into French.

1 I am less intelligent than Pierre.
2 Who is the coolest boy in the class?
3 The shark is the most dangerous animal in the sea.
4 Rome is the most beautiful city.
5 This* is the most expensive handbag.

*use voici

Attention: The comparative and superlative are fairly straightforward, with the exceptions of 'better/best' and 'worse/worst'.

bon(-ne)(-s)(-nes) *good*
meilleur(-e)(-s)(-es) *better*
le/la/les meilleur(-e)(-s)(-es) *best*
mauvais(-e)(-es) *bad*
pire *worst*
le/la/les pire(-s) *the worst*

Entraînez-vous ▆▆▆▆▆

Translate these sentences.

1 C'est le meilleur joueur de foot.
2 La pire chose était l'uniforme.
3 Elle est la meilleure des deux.
4 Meilleurs vœux.
5 Je suis en meilleure santé.

6.6 Demonstrative adjectives

'This' and 'these' are demonstrative adfjectives. They come before a noun, and like other adjectives, they agree with the noun.

Masculine	Feminine	Plural
ce cet	cette	ces

Attention: **Ce** changes to **cet** before a vowel or a mute 'h'.

ce garçon *this boy*, cet homme *this man*, cette femme *this woman*, ces chaussures *these shoes*

Entraînez-vous ▆▆▆▆▆

Fill in the gaps with **ce**, **cette**, **cet** or **ces**.

1 J'aime ... garçon.
2 ... chaussures sont belles.
3 Tu aimes .... jean?
4 ...homme est très sympa.
5 ... chaussettes sont à moi.

6.7 Possessive adjectives

Possessive adjectives show who something or someone belongs to. They come before the noun and agree with the noun (not the owner).

	Masculine	Feminine	Plural
my	mon	ma	mes
your (tu)	ton	ta	tes
his/her	son	sa	ses
our	notre	notre	nos
your (vous)	votre	votre	vos
their	leur	leur	leurs

Attention: **Mon**, **ton** or **son** is used before a feminine word starting with a vowel or 'h'.

Où est mon stylo? *Where's my pen?*
Elle adore sa chambre. *She loves her room.*
Il a perdu ses clefs. *He has lost his keys.*

Entraînez-vous ▆▆▆▆▆

Translate the following into French.

1 my sister
2 their parents
3 our father
4 your (tu) parents
5 his sister

6.8 Chaque and quelque

Chaque means each or every, e.g.: chaque fois *every time*.

Quelque means some before a noun and adds an 's' in the plural.

> quelque chose *something*
> quelquefois *sometimes*
> quelqu'un *someone*
>
> Il habite à quelque distance.
> *He lives at some distance.*
>
> quelques bonbons *some sweets*

6.9 Adverbs

Adverbs are used to describe actions, they are often translated in English as -ly, e.g.: slowly, lovingly.

They are formed by taking the feminine form of the adjective and adding **-ment**,

e.g.: lentement *slowly*, généreusement *generously*, heureusement *happily*.

Attention: There are some exceptions: vite *quickly*, bien *well*.

> *Entraînez-vous* ▬▬▬▬
>
> Translate these sentences into English.
>
> 1 Elle écoutait attentivement.
> 2 Malheureusement, il a raté le train.
> 3 On peut y aller plus vite en avion.
> 4 Parlez plus lentement, s'il vous plaît.
> 5 Elle est partie aussi vite que possible.
> 6 Ça m'a plu énormément.
> 7 Elle était gravement blessée.
> 8 Elle avait vaguement compris.
> 9 Nous nous sommes tous très bien concentrés.
> 10 Je suis généralement chez moi après neuf heures.

Adverbs can also be used to compare and the same exception occurs with mieux *better* and le mieux *best*.

> *Entraînez-vous* ▬▬▬▬
>
> Translate these sentences into English.
>
> 1 Je joue mieux au basket qu'au volley.
> 2 Elle aime mieux le français que l'histoire.
> 3 Le mieux serait de partir en vacances.
> 4 Tout est pour le mieux dans le meilleur des mondes.
> 5 Il va mieux aujourd'hui.

7 Pronouns

Pronouns stand in place of a noun, e.g.: it, her, we.

7.1 Subject pronouns

Pronoun	Use
je *I*	becomes j' before a vowel when speaking about yourself
tu *you*	when speaking to a friend, family member, child, young person, animal
il *he/it*	instead of a masculine noun
elle *she/it*	instead of a feminine noun
on *one, we*	to speak about people in general
nous *we*	
vous *you*	when speaking to more than one person, a stranger, an adult you don't know well
ils *they*	for more than one male, masculine nouns or a mixed group
elles *they*	for more than one female or a feminine noun

7.2 Direct object pronouns

An object pronoun stands in place of a noun which is the object of the sentence.

> I like Peter. I like **him.**
> Can you see the plane? Can you see **it?**
> Look at those shoes! Look at **them!**

me *me*	te *you*
le *him/it*	la *her/it*
les *them*	nous *us*
vous *you*	les *them*

The object pronoun comes **before** all parts of the verb:

> Je **la** déteste. *I hate her* or *I hate it.*
>
> Nous **l'**avons mangé. *We ate it.*
>
> Je **les** ai laissés à la maison.
> *I left them at home.*
>
> Je ne **le** respecte pas.
> *I don't respect him.*

Entraînez-vous

Translate these questions and answers into English.

1 Tu aimes Céline Dion? – Non, je la déteste.
2 Où est le gâteau? – Nous l'avons mangé.
3 Tu as tes devoirs? – Non, je les ai laissés à la maison.
4 Tu aimes le fromage? – Oui, je l'adore.
5 Tu as mon stylo? – Oui, je l'ai.
6 Où est ta veste? – Je l'ai perdue.
7 Tu as vu ce film? – Oui, je l'ai vu.
8 Tu as mes clefs? – Non, je les ai données à Marie.
9 Tu t'entends bien avec ta mère? – Oui, je l'aime bien.
10 Tu as vu mon porte-monnaie? – Oui, tu l'as mis dans la cuisine sur le frigo.

Entraînez-vous

Choose the correct option to translate the English.

1 Je les ai perdues/je l'ai perdu. *I have lost them.* (f pl)
2 On l'aime/on les aime. *We love him.*
3 Ils vous mangent régulièrement/ils en mangent régulièrement. *They eat it regularly.*
4 Vous les avez choisi?/Vous les avez choisis? – *Did you choose them?* (m pl)
5 Je les ai changé hier/Je les ai changées hier. *I changed them yesterday.* (f pl)

Entraînez-vous

Translate these sentences into French.

1 I bought it in Paris.(m)
2 He sees them every day.
3 I hate her.
4 I will see her later.
5 Have you seen her? (vous)

7.3 Indirect object pronouns

These are used to mean 'to'. The only two we really need to worry about are **lui** and **leur**.

French is often more precise than English. Sometimes, when we say 'him' or 'her', we often mean 'to him' or 'to her', e.g.: I gave him it. = I gave it to him. In French, you must always make this distinction.

> lui *to him/to her*
> leur *to them*
>
> Je **lui** ai dit de rester à la maison.
> *I told him to stay at home.*
> Elle **leur** donne des devoirs.
> *She gives them homework.*

Entraînez-vous

Translate these into English.

1 Tu as parlé au professeur? – Oui, je lui ai parlé.
2 Est-ce qu'ils ont de l'argent? – Oui, je leur ai donné €30.
3 Tu as discuté avec ta maman? – Oui, je lui ai parlé tout à l'heure.
4 Je leur ai dit d'arriver à huit heures.
5 Elle lui a demandé s'il voulait sortir avec elle.

Put these sentences in the correct order.

1 I give him his pocket money. je donne lui argent son de poche
2 She gives them the tickets. billets elle donne leur les
3 I told him the truth. vérité lui dit je la ai
4 She gave them a present. cadeau un donné elle a leur
5 Did you give him the book? – as lui donné tu livre le?

7.4 Y

Y means 'there'. It comes **before** all parts of the verb.

> J'y suis allé hier. *I went there yesterday.*
> On **y** reste tout l'été.
> *We stay there all summer.*

7.5 En

En means 'some, any, of them'. It comes **before** all parts of the verb.

> Il y **en** a dix. *There are ten of them.*
> Je n'**en** ai pas. *I haven't got any (of them).*

7.6 Negatives

Negatives go between the subject pronouns je, tu, il/elle/on, nous, vous, ils, elles and around the verbs.

In the perfect or the pluperfect tense, they go round the parts of **avoir** or **être**.

> Je ne le vois pas très souvent.
> *I don't see him very often.*
> Il ne l'a pas trouvé agréable.
> *He didn't find it pleasant.*

Entraînez-vous

Translate these sentences into English.

1 Il ne les a pas achetés.
2 Je ne l'ai jamais vue.
3 Elle ne l'avait jamais rencontré.
4 Je n'en mange jamais.
5 Tu ne les reverras plus.
6 Il n'y avait ni soleil ni piscine.
7 Je ne l'avais pas remarqué.
8 Ils ne m'appellent jamais.
9 Je ne peux pas m'en passer.
10 Tu ne voulais pas leur rendre visite?

7.7 Order of pronouns

Subject	Reflexive	Direct object	Indirect object		
je	me	me	me	y	en
tu	te	te	te		
il/elle/on	se	le/la	lui		
nous	nous	nous	nous		
vous	vous	vous	vous		
ils/elles	se	les	leur		

Entraînez-vous

Put these sentences into the correct order, then translate them into English.

1 nous ils rarement appellent
2 régulièrement je lave me
3 leur je dit ai de venir
4 m' il vu a hier
5 aujourd'hui nous tu dis la vérité
6 te va contacter il
7 par la poste te enverrai je l'
8 les vous mangez?
9 nous très peu nous voyons
10 a leur en donné il

7.8 Emphatic pronouns

After words like avec *with*, chez *at the house of*, you need to use:

moi *me*	nous *us*
toi *you*	vous *you*
lui *him*	eux *them* (masc)
elle *her*	elles *them* (fem)

chez toi *at your house*
avec lui *with him*

Entraînez-vous

Translate these phrases using the correct pronouns.

1 with him
2 at your house
3 with her
4 at my house
5 with them (m)

7.9 Relative pronouns qui and que

Relative pronouns mean 'who, which, that', they are used to give details and to make sentences longer.

qui is the subject of a verb
que is the object of a verb
que becomes **qu'** before a vowel

J'ai une sœur qui s'appelle Sarah.
I have a sister who is called Sarah.
Here **qui** is used because it is the subject of the next verb.

J'ai un demi-frère que* je ne connais pas très bien. *I have a half brother that I don't know very well.*
*Here **que** is used because it is the object of the next verb.

Entraînez-vous

Choose qui or que for each sentence.

1 C'est quelqu'un qui/que j'aime bien.
2 Il a trois chiens qui/que aiment jouer dans le jardin.
3 Ce sont les pâtes qui/que étaient dans le placard?
4 Un homme qui/que a traversé l'Atlantique en avion.
5 C'est un garçon qui/qu'il n'aime pas.
6 La dame qui/que porte la robe verte est très gentille.
7 Le sac qui/que j'ai perdu était en cuir.
8 L'homme qui/qu'est monté dans le train n'avait pas de valise.
9 J'ai acheté un ordinateur qui/que est super.
10 J'ai acheté un ordinateur qui/que je n'aime pas du tout.

Attention: Dont

Dont means 'whose', e.g.: C'est le monsieur dont j'aime la fille.
It's the man whose daughter I love.

7.10 Demonstrative pronouns

Demonstrative pronouns are used to distinguish between two items.

They mean 'this one' or 'that one', 'these' or 'those'.

	Masculine	Feminine
Singular	celui	celle
Plural	ceux	celles
Singular	celui-ci	celle-ci
Singular	celui-là	celle-là
Plural	ceux-ci	celles-ci
Plural	ceux-là	celles-là

Ces gâteaux ont l'air délicieux.
These cakes look delicious.

Oui, je voudrais celui-ci.
Yes, I'd like this one.

Et moi je prends celui-là.
And I'll have that one.

Entraînez-vous

Find all the examples of demonstrative pronouns in this dialogue.

A – Et les gants? Tu aimes ceux-ci?

B – Ah non, je préfère ceux-là.

A – Regarde-moi ces bottes! J'adore celles-ci.

B – Non, celles-là sont plus jolies.

A – Ce pullover est bien.

B – J'aime mieux celui-ci …

A – Et cette jupe? Tu ne vas pas l'aimer. Celle-là est sûrement plus à la mode, à ton avis non?

B – Au contraire, j'aime bien celle-ci, je vais l'acheter.

7.11 Possessive pronouns le mien, le tien …

Possessive pronouns mean 'mine', 'yours', etc. These stand in the place of the noun and must agree with the thing they're describing in gender and number.

J'ai perdu mes gants, ce sont les miens?
I have lost my gloves, are these mine?

Non, ce sont les miens. Les tiens sont là-bas. *No they're mine. Yours are over there.*

	Masculine	Feminine	Masculine plural	Feminine plural
mine	le mien	la mienne	les miens	les miennes
yours	le tien	la tienne	les tiens	les tiennes
his/hers	le sien	la sienne	les siens	les siennes
ours	le nôtre	la nôtre	les nôtres	les nôtres
yours	le vôtre	la vôtre	les vôtres	les vôtres
theirs	le leur	la leur	les leurs	les leurs

8 Prepositions

8.1 Prepositions

devant *in front of*	derrière *behind*
dans *in*	contre *against*
entre *between*	sur *on*
sous *under*	vers *towards*
chez *at the house of*	avec *with*

à côté de *next to*
au bout de *at the end of*
au fond de *at the back of*
au milieu de *in the middle of*
autour de *round*
de l'autre côté de *on the other side of*
en face de *opposite*

contre le mur *against the wall*
de l'autre côté de la rue *on the other side of the street*

8.2 À

À means 'to' or 'at'. When **à** comes before **le**, you use **au**.

When **à** comes before **les**, you use **aux**.

I go to the cinema. *Je vais au cinéma.*

Turn left at the lights.
Tournez à gauche aux feux.

8.3 To or in with names of places

● To or in + name of town = **à**
Elle habite à Londres. *She lives in London.*

● To or in + names of region/country = **en**
Il habite en Normandie en France. *He lives in Normandy in France.*

● to/in + name of masculine country = **au**
Je vais au Portugal. *I'm going to Portugal.*

● to/in + name of plural country = **aux**
Je vais aux États-Unis. *I'm going to America.*

Entraînez-vous

Choose the right word for in or to.

1 Je vais … France.

2 J'habite … Normandie.

3 Je passe mes vacances … Portugal.

4 Je vais … Londres.

5 J'habite … Glasgow.

---

9 Numbers

9.1 Numbers

1 un/une	11 onze
2 deux	12 douze
3 trois	13 treize
4 quatre	14 quatorze
5 cinq	15 quinze
6 six	16 seize
7 sept	17 dix-sept
8 huit	18 dix-huit
9 neuf	19 dix-neuf
10 dix	20 vingt

21 vingt et un
22 vingt-deux
30 trente
40 quarante
50 cinquante
60 soixante
70 soixante-dix
80 quatre-vingts
81 quatre-vingt-un
82 quatre-vingt-deux
90 quatre-vingt-dix
91 quatre-vingt-onze
92 quatre-vingt-douze
100 cent
101 cent un
1000 mille

9.2 First, second, third

1$^{er/ère}$ premier (m)/première (f) *first*
2ème deuxième *second*
3ème troisième *third*

Verb tables

Infinitive *Past participle*	Present		Perfect	Imperfect	Future	Conditional	Pluperfect
regarder *to watch* regardé	je regarde tu regardes il/elle/on regarde	nous regardons vous regardez ils/elles regardent	j'ai regardé	je regardais	je regarderai	je regarderais	j'avais regardé
finir *to finish* fini	je finis tu finis il/elle/on finit	nous finissons vous finissez ils/elles finissent	j'ai fini	je finissais	je finirai	je finirais	j'avais fini
attendre *to wait for* attendu	j'attends tu attends il/elle/on attend	nous attendons vous attendez ils/elles attendent	j'ai attendu	j'attendais	j'attendrai	j'attendrais	j'avais attendu

Key irregular verbs

Infinitive *Past participle*	Present		Perfect	Imperfect	Future	Conditional	Pluperfect
avoir *to have* eu	j'ai tu as il/elle/on a	nous avons vous avez ils/elles ont	j'ai eu	j'avais	j'aurai	j'aurais	j'avais eu
être *to be* été	je suis tu es il/elle/on est	nous sommes vous êtes ils/elles sont	j'ai été	j'étais	je serai	je serais	j'avais été
aller *to go* allé(e)	je vais tu vas il/elle/on va	nous allons vous allez ils/elles vont	je suis allé(e)	j'allais	j'irai	j'irais	j'étais allé(e)
faire *to do, to make* fait	je fais tu fais il/elle/on fait	nous faisons vous faites ils/elles font	j'ai fait	je faisais	je ferai	je ferais	j'avais fait

Other irregular verbs

apprendre *to learn* see prendre

Infinitive *Past participle*	Present		Perfect	Imperfect	Future	Conditional	Pluperfect
boire *to drink* bu	je bois tu bois il/elle/on boit	nous buvons vous buvez ils/elles boivent	j'ai bu	je buvais	je boirai	je boirais	j'avais bu

comprendre *to understand* see prendre

Infinitive *Past participle*	Present		Perfect	Imperfect	Future	Conditional	Pluperfect
conduire *to drive* conduit	je conduis tu conduis il/elle/on conduit	nous conduisons vous conduisez ils/elles conduisent	j'ai conduit	je conduisais	je conduirai	je conduirais	j'avais conduit
connaître *to know (a person or place)* connu	je connais tu connais il/elle/on connaît	nous connaissons vous connaissez ils/elles connaissent	j'ai connu	je connaissais	je connaîtrai	je connaîtrais	j'avais connu
croire *to believe* cru	je crois tu crois il/elle/on croit	nous croyons vous croyez ils/elles croient	j'ai cru	je croyais	je croirai	je croirais	j'avais cru
devoir *to have to, to must* dû	je dois tu dois il/elle/on doit nous devons	vous devez ils/elles doivent	j'ai dû	je devais	je devrai	je devrais	j'avais dû
dormir *to sleep* dormi	je dors tu dors il/elle/on dort nous dormons	vous dormez ils/elles dorment	j'ai dormi	je dormais	je dormirai	je dormirais	j'avais dormi

Verb tables (continued)

Infinitive *Past participle*	Present		Perfect	Imperfect	Future	Conditional	Pluperfect
écrire *to write* écrit	j'écris tu écris il/elle/on écrit	nous écrivons vous écrivez ils/elles écrivent	j'ai écrit	j'écrivais	j'écrirai	j'écrirais	j'avais écrit
lire *to read* lu	je lis tu lis il/elle/on lit	nous lisons vous lisez ils/elles lisent	j'ai lu	je lisais	je lirai	je lirais	j'avais lu
mettre *to put* mis	je mets tu mets il/elle/on met	nous mettons vous mettez ils/elles mettent	j'ai mis	je mettais	je mettrai	je mettrais	j'avais mis
partir *to leave* parti(e)	je pars tu pars il/elle/on part	nous partons vous partez ils/elles partent	je suis parti(e)	je partais	je partirai	je partirais	j'étais parti(e)
pouvoir *to be able to, to can* pu	je peux tu peux il/elle/on peut	nous pouvons vous pouvez ils/elles peuvent	j'ai pu	je pouvais = *I could/ was able to*	je pourrai= *I could/ I will be able to*	je pourrais = *I could/ I would be able to*	j'avais pu
prendre *to take* (*and* apprendre, comprendre) pris	je prends tu prends il/elle/on prend nous prenons	vous prenez ils/elles prennent	j'ai pris	je prenais	je prendrai	je prendrais	j'avais pris

revenir *to come back* – see venir

Infinitive *Past participle*	Present		Perfect	Imperfect	Future	Conditional	Pluperfect
savoir *to know* su	je sais tu sais il/elle sait	nous savons vous savez ils/elles savent	j'ai su	je savais	je saurai	je saurais	j'avais su
sentir *to feel, smell* senti	je sens tu sens il/elle/on sent	nous sentons vous sentez ils/elles sentent	j'ai senti	je sentais	je sentirai	je sentirais	j'avais senti
venir *to come* (*and* revenir) venu(e)	je viens tu viens il/elle/on vient nous venons	vous venez ils/elles viennent	je suis venu(e)	je venais	je viendrai	je viendrais	j'étais venu(e)
vouloir *to want* voulu	je veux tu veux il/elle/on veut	nous voulons vous voulez ils/elles veulent	j'ai voulu	je voulais	je voudrai	je voudrais	j'avais voulu

Vocabulaire anglais–français

A

to be able to	pouvoir
it's about …	il s'agit de …
abroad	à l'étranger (m)
afternoon	l'après-midi (m)
after(wards)	après
to be against	être contre
something	quelque chose
all	tout/toute/toutes/ tous
apprenticeship	un apprentissage
area (of a country)	une région
article	un article
authoritarian	autoritaire
to avoid	éviter

B

to be bad at	être faible en
bag	un sac
banknote	un billet
bathroom	une salle de bains
battery	la batterie
beauty tips	les conseils de beauté (mpl)
bedroom	la chambre
to begin	commencer
better	meilleur(e)
bicycle/bike	un vélo
bill	l'addition (f)
a bit	un peu
blanket	une couverture
blocked (up)	bloqué(e)
by boat	en bateau
boat trip	une promenade en bateau
to book	réserver
boring	ennuyeux/-euse
boyfriend	un petit ami
brakes	les freins (mpl)
bread	le pain
to break down	tomber en panne
building	un bâtiment
by bus	en bus
bus stop	l'arrêt d'autobus (m)
to buy	acheter

C

campsite	un camping
Can I …?	Puis-je …?
canteen	la cantine
by car	en voiture
carpet	une moquette
cartoon	un dessin animé
choice	le choix
classroom	une salle de classe
clean	propre
to clean	nettoyer
climate	le climat
clothes	les vêtements (mpl)
coin	une pièce
to be cold	avoir froid
to have a cold	être enrhumé(e)
computer	un ordinateur
computer programmer	programmeur/-euse
computing	l'informatique (f)
to conserve	conserver
continue	continuer
cooking	la cuisine
cotton	en coton
to criticise	critiquer
crossword	les mots croisés

to cry	pleurer
curtains	les rideaux (mpl)
cycle lane	une piste cyclable

D

daily routine	la routine journalière
dairy produce	les produits laitiers
dangerous	dangereux/-euse
the day after tomorrow	le lendemain
dependent	dépendant(e)
detached house	une maison individuelle
detective film	un film policier
to dial	composer le numéro
dialling tone	la tonalité
I did	j'ai fait
dirty	sale
discrimination	la discrimination
dish of the day	le plat du jour
district	un quartier
doctor	un médecin
documentary	un documentaire
dog	un chien
double bed	un grand lit
double room	une chambre pour 2 personnes
to drink	boire

E

to earn	gagner
easy	facile
to eat	manger
empty	vide
to end	finir
energy	l'énergie (f)
the environment	l'environnement (m)
environmentally- friendly	vert(e)
evening	le soir
every	toutes/tous
exam	un examen
exciting	passionnant(e)
exhaust fumes	les gaz (mpl)
(not too) expensive	(pas trop) cher
extrovert	extraverti(e)

F

fantastic	fantastique
fashion	la mode
first class	première classe
flat	un appartement
floor (=storey)	un étage
to have flu	avoir la grippe
fluorescent lamp	une lampe fluo
food	la nourriture
to be for something	être pour quelque chose
to forget	oublier
fork	une fourchette
a fortnight	quinze (15) jours
freedom	la liberté
friend	un(e) ami(e)
to frighten	faire peur
in front of	devant
fruit	les fruits (mpl)
funny	rigolo; amusant(e)
the future	l'avenir (m)

G

game	un jeu
generous	généreux/-euse
to get	recevoir

to get off (at)	descendre (à/à la/ au/aux)
to get on (well) with	s'entendre (bien) avec
to go	aller
to go out	sortir
to be good at	être fort(e) en
it's a good idea	c'est une bonne idée
good for you	bon(ne) pour la santé
it's great	c'est chouette
grown-up	adulte

H

I had	j'ai eu
hanger	un cintre
hard	dur(e)
to have to	il faut/on doit
headlights	les phares (mpl)
health	la santé
healthy	sain(e)
to help	aider
holidays	les vacances (fpl)
at home	à la maison
homework	les devoirs (mpl)
to hope	espérer
horror film	un film d'horreur
to go horseriding	faire de l'équitation
to be hot	avoir chaud
house	une maison
How long …?	Combien de temps … ?
How much is it?	C'est combien?
to be hungry	avoir faim
hurt	blessé(e)
hypermarket	une grande surface

I

ice cream	une glace
ill	malade
independent	indépendant(e)
industry	l'industrie (f)
information	les renseignements (mpl)
inhabitants	les habitants (mpl)

J

jewellery	les bijoux (mpl)
job	un emploi/un boulot (informal)
journey (to and from work)	un trajet

K

to keep fit	garder la forme
knife	un couteau
to know (how to)	savoir

L

lab(oratory)	labo(ratoire)
lamp	une lampe
lamp post	un lampadaire
languages	les langues (fpl)
to last	durer
later	plus tard
to laugh	rire
to learn	apprendre
to leave	partir
to leave a message	laisser un message
on the left	à gauche
less	moins de
lessons	les cours
library	la bibliothèque
to like	aimer

litter	les papiers par terre (mpl)	
a little	un peu	
to live	habiter	
lively	animé(e)	
to look for	chercher	
lorry	un camion	
to lose	perdre	
a lot of	beaucoup de	

M

I made	j'ai fait
main course	le plat principal
make-up	le maquillage
marks (at school)	les notes (fpl)
measures (to deal with)	les mesures (fpl)
mechanic	un(e) mécanicien/-ienne
in a mess	en désordre
mobile phone	un portable
money	l'argent (m)
month	un mois
more	plus de
motorcycle	une moto
mountain bike	un VTT (vélo tout-terrain)
in the mountains	à la montagne
moving	émouvant(e)
I must	je dois

N

near	près de
next	ensuite
next (week/month)	prochain(e)
nice	sympa; gentil(le)
noise	le bruit
noisy	bruyant(e)
nurse	un(e) infirmier/-ière

O

old	vieux/vieille; ancien/-enne
once	une fois

P

to park	garer
parking	le stationnement
pavement	le trottoir
pedestrian	un(e) piéton(ne)
pedestrianised area	zone piétonne
by plane	en avion
plastic	en plastique
platform	un quai
playground	la cour
pocket money	l'argent de poche (m)
policeman	un agent de police
price	le prix
problem page	le courrier du coeur
programme	une émission
to protect	protéger
protein	les protéines (fpl)
public transport	les transports en commun (mpl)
puncture	un pneu crevé
purse	un porte-monnaie
pushchair	une poussette
puzzle	un jeu

Q

to queue up	faire la queue
quick	vite
quiet	calme; tranquille
quite	assez

R

rather	plutôt
to read	lire
recycled	recyclé(e)
relationship	les rapports (mpl)
to relax	se reposer
repetitive	répétitif/-ive
to respect	respecter
to rest	se reposer
return ticket	un aller-retour
on the right	à droite
romantic	romantique
it's rubbish	c'est nul
rush hour	les heures d'affluence (fpl)

S

the same	la même chose
I saw	j'ai vu
(school) rules	le règlement
secondary school	le collège
screen	l'écran (m)
sea	la mer
by the seaside	au bord de la mer
second class	deuxième classe
semi-detached house	une maison jumelée
sensitive	sensible
series	un feuilleton
serious (in character)	sérieux/-euse
serious (problem)	grave
shower	une douche
to be sick	vomir
to feel sick	avoir mal au cœur
silk	en soie
silly	ridicule, idiot(e)
single bed	un petit lit
single room	une chambre pour 1 personne
single ticket	un aller simple
to be situated	se trouver, être situé(e)
skiing	le ski
to smoke	fumer
soap	le savon
spare wheel	une roue de secours
to speak	parler
It's Alan speaking on the phone.	C'est Alan à l'appareil.
spoon	une cuillère
staffroom	la salle des profs
to stay	rester
steering wheel	le volant
straight ahead	tout droit
student	un(e) étudiant(e)
to study	étudier
subject	une matière
to be sunburnt	avoir un coup de soleil
sunny	ensoleillé(e)
survey	un sondage
sweet food	les produits sucrés (mpl)
sweets	les bonbons (mpl)
take an exam	passer un examen

T

tap	un robinet
teacher	un prof(esseur)

team	une équipe
telephone card	une télécarte
telephone number	un numéro de téléphone
to have a temperature	avoir de la fièvre
that one	celui (m) celle (f)
then	puis
there you are	voilà
these	ceux (mpl) celles (fpl)
things to do	les distractions (fpl)
to be thirsty	avoir soif
this one	celui (m) celle (f)
those	ceux (mpl) celles (fpl)
to throw	jeter
ticket	un billet
to tidy (up)	ranger
tired	fatigué(e)
too much	trop de
I took	j'ai pris
toilets	les toilettes (fpl), les W-C (mpl)
tomorrow	demain
tourism	le tourisme
towel	une serviette
town	une ville
town centre	le centre-ville
traffic	la circulation
traffic jam	un embouteillage
by train	en train
training course	un stage
travel	voyager
traveller's cheque	un chèque de voyage
trolley	un caddie
try on	essayer
twice	deux fois

U

umbrella	un parapluie
understanding	compréhensif/-ive
unemployed	au chômage
unemployment	le chômage
uniform	l'uniforme (m)
university	la fac
useful	utile

V

to vacuum	passer l'aspirateur
vegetables	les légumes (mpl)
very	très
vet	un(e) vétérinaire
video recorder	un magnétoscope
to visit	visiter
vitamins	les vitamines (fpl)

W

to walk	aller à pied
wall	un mur
to want	vouloir
to do the washing-up	faire la vaisselle
to waste	gaspiller
water	l'eau (f)
week	une semaine
I went	je suis allé(e)
What size?	Quelle taille?
What time …?	À quelle heure …?
windsurfing	la planche à voile
wool	en laine
work	le travail
to work	travailler
it's not working	il/elle ne marche pas

Vocabulaire français–anglais

Vocabulaire Vocabulaire Vocabulaire Vocabulaire Vocabulaire

A

d' abord — first of all
les accessoires (mpl) — accessories
d' accord — OK/fine
accueillant(e) — welcoming/friendly
accueillir — to welcome
faire les achats — to do the shopping
acheter — to buy
en acrylique — acrylic
les actualités — what's new
l' addition (f) — bill
adorer — to adore
adulte — grown-up
afficher — to put up (a poster/notice)
les heures
d' affluence (fpl) — rush hour
affreux/-euse — awful
l' Afrique (f) — Africa
une agence — agency
un agenda — diary
un agent
d'immobilier — estate agent
un agent de police — police officer
De quoi est-ce
qu'il s'agit? — What is it about?
l' agneau (m) — lamb
agréable — pleasant
je vous
prie d' agréer — yours faithfully (used in letters)
l' agressivité au
volant (f) — road rage
aider — to help
une aile — wing
aimable — nice/kind
aimer — to like/love
aimer bien — to enjoy/like very much
aimer faire/
voyager — to enjoy doing/travelling
aimer mieux — to prefer
l' aîné (m) — the eldest son
l' aînée (f) — the eldest daughter
ainsi que — as well as
l' alcool (m) — alcohol
alentour — around
aux alentours — on the outskirts
l' alimentation (f) — food department
Si on allait au/à la/
aux … — How about going to …?
l' Allemagne (f) — Germany
les Allemands (mpl) — Germans
aller (à/à la/au) — to go (to)
je suis allergique au/
à la/aux — I'm allergic to …
un aller-retour — return ticket
un aller-simple — single ticket
Allez au/à la/
aux … — Go to …
Allez-y! — Go on!/Go for it!
allumer — to switch on
améliorer — to improve
une amende — fine
les Américains (mpl) — Americans
amicalement — best wishes/kind regards
l' amitié (f) — friendship
l' amour (m) — love
s' amuser — to enjoy yourself
ancien(ne) — old/former

l' anglais (m) — English (school subject)
une animation — show
animé(e) — lively
Bonne année! — Happy New Year!
une année sabbatique — sabbatical year
Bon anniversaire! — Happy Birthday!
une annonce — newspaper advertisement
un annuaire — directory
l' anorexie (f) — anorexia
antipathique — unpleasant
l' antiquité (f) — ancient history
antisocial(e) — antisocial
C'est Jean/Marie
à l'appareil — It's Jean/Marie speaking.
un appareil-photo — camera
un appartement — flat/apartment
appartenant à — belonging to
s' appeler — to be called
apporter — to bring
apprendre — to learn
l' apprentissage (m) — apprenticeship
j'ai appris — I learned
après — after(wards)
un arbre — tree
l' argent de
poche (m) — pocket money
un arrêt d'autobus — bus stop
tout s' arrête pour — everything stops for
arriver — to arrive
arriver à — to succeed in
arrogant(e) — arrogant
les articles sur …
(mpl) — articles about …
l' artisanat (m) — craft industry
artistique — artistic
les arts martiaux
(mpl) — martial arts
l' ascenseur (m) — lift
l' aspirateur (m) — vacuum cleaner
assez — quite
Assieds-toi! — Sit down!
l' asthme (m) — asthma
atteindre — to reach
attendre — to wait for
dans l' attente de — hoping to/looking forward to
Attention au/à la/
aux … — Beware of …
à l' attention de — for the attention of
Je suis attiré(e) par — I like the idea of …
attirer — to attract
Les attractions
principales
sont … — The main places of interest are …
un attrait — attraction
une aubaine — windfall
une auberge de
jeunesse — youth hostel
au-delà — beyond
augmenter — to increase
d' aujourd'hui — nowadays
quand j' aurai 18/25/
40 ans — when I'm 18/25/40
aussi … que — as … as
l' Australie (f) — Australia
d' autant que — as much as
un autobus — bus
un autocar — coach
en automne — in autumn
autoritaire — strict

autour (de) — around
autre chose — anything else
à l' avance — in advance
avancer — to move forward
avant — before
avec plaisir — with pleasure
à l' avenir — in the future
une aventure — adventure
aventurier/-ière — adventurous
une averse — (rain) shower
en avion — by plane
un avis — opinion
nous avons — we have

B

bachoter — to cram (for an exam)
Bagages — Luggage
se baigner — to go for a swim
en baisse — decreasing/falling
un bal — dance
se balader — to go for a walk/ride
au balcon — in the dress circle
le balcon — balcony
une baleine — whale
une bande — gang
une bande dessinée — cartoon (in a book/ magazine/ newspaper)
la banlieue — suburb(s)
barbant(e) — deadly boring
une barbe — beard
en bas — downstairs
plus bas — further down
les baskets (mpl) — trainers
en bateau — by boat
un bâtiment — building
la batterie — battery
bavard(e) — talkative
bavarder — to chat
beau — beautiful
il fait beau — it's fine/sunny
il y a beaucoup de — there's/there are a lot of
un beau-père — step-father
belle — beautiful
As-tu besoin de …? — Do you need …?
bête — stupid
une bibliothèque — library
une bicyclette — bicycle
bien — good/well
Tout va bien — Everything's fine.
bien payé(e) — well paid
bien sûr — of course
Bienvenue! — Welcome!
la bijouterie — jewellery
les bijoux (mpl) — jewellery
un billet — bank note
un billet d'entrée — cinema/theatre ticket
un billet pour … — a ticket for …
la biologie — Biology
bizarre — strange
blanc(he) — white
je suis blessé(e) — I'm injured
je me
suis blessé(e)
au/à la … — I've hurt my …
bleu(e) — blue
blond(e) — blonde
bloqué(e) — blocked- up/congested

deux cent vingt-cinq **225**

un blouson	jacket
le bœuf	beef
boire	to drink
un bois	wood
une boisson	drink
une boîte	tin/can or nightclub
une boîte aux lettres	letter box
une boîte de …	a box of … or a tin/can of …
les bonbons (mpl)	sweets
c'est bon(ne) pour la santé	it's good for you
c'est une bonne chose	it's a good thing
être en bonne forme	to be in good shape
de bonne heure	early
quelle bonne idée	what a good idea
au bord de …	on the side of …
au bord de la mer	at/by the seaside
être bordé(e) de …	to be lined/edged with …
la bouche	mouth
un bouchon	traffic jam
cheveux bouclés (mpl)	curly hair
un boulot	job (informal)
une boum	party (informal)
une bouteille de …	a bottle of …
branché	trendy
bref	in short
une bretelle	strap
breton	Breton
la brique	brick
se brosser les dents	to brush your teeth
il y a du brouillard	it's foggy
le bruit	noise
brûler	to burn
il est brumeux	it's misty
bruyant(e)	noisy
j'ai bu	I drank
Buffet	Station buffet
la bulimie	bulimia
un bureau	office

C

une cabine d'essayage	fitting room
une cabine téléphonique	telephone cabin
un caddie	shopping trolley
un cadeau	present/gift
le cadet	the younger/youngest boy
la cadette	the younger/youngest girl
le caféine	caffeine
un cahier	exercise book
la caisse	cashdesk
un(e) caissier/-ère	cashier
calcaire	chalky
le calcium	calcium
calme	quiet
les calories (fpl)	calories
un camion	lorry
campagnard(e)	rural/countrified
à la campagne	in the countryside
une campagne publicitaire	publicity campaign
un camping	camp-site
le Canada	Canada
les Canaries (fpl)	Canaries
un cancer du poumon	lung cancer
une cantine	cantine

la capitale	capital
car	as/because
un carrefour	crossroads
une carte	
d'anniversaire	birthday card
une carte postale	postcard
mon/ton cas	my/your situation
une case	box (on a printed page)
une casquette	cap
casse-pieds	annoying
une cathédrale	cathedral
un cauchemar	nightmare
à cause de	because of
Ça va!	It's all right.
la cave	cellar
un CD	CD
ce	this (masc)
un cèdre	cedar
célèbre	famous
célibataire	single/unmarried
celle	this/that one (fem pl)
celles	these/those (fem)
celui	this/that one (masc)
le centre sportif	sports centre
ces	these
c'est …	it's …
cet	this (masc)
cette	this (fem)
ceux	these/those (masc pl)
chaleureux/-euse	warm/friendly
une chambre	bedroom/hotel room
un champ	field
avoir de la chance	to be lucky
Bonne chance!	Good Luck!
changer	to change
une chanson	song
chanter	to sing
la charcuterie	delicatessen
chargé(e)	full/busy (syllabus)
charmant(e)	charming
un château	castle
il fait chaud	it's hot/warm
un chauffeur	driver
des chaussures (fpl)	shoes
un(e) chef de cuisine	chef
le chemin de fer	railway
un chemisier	shirt
pas (trop)cher	not (too) expensive
un chèque de voyage	traveller's cheque
chercher	to look for
un cheval	horse
faire du cheval	to go horse-riding
des chevaux (mpl)	horses
les cheveux (mpl)	hair
chez moi/toi	at my/your place
un chien	dog
un chiffre	figure
la chimie	Chemistry
chic	smart/sophisticated
des chips (mpl)	crisps
le chocolat chaud	hot chocolate
choisir	to choose
le choix	choice
le cholestérol	cholesterol
le chômage	unemployment
un(e) chômeur/-euse	unemployed person
chouette	great
les cigarettes (fpl)	cigarettes
ci-joint(e)	attached

le cinéma	cinema
le cinoche	cinema (informal)
un cintre	hanger
la circulation	traffic
circuler	to be moving (traffic)
un cirque	circus
une cité	housing estate
classer	to file
une clef	key
le climat	climate
une clochette	a small bell
une clope	cigarette (informal)
un club de danse	dance club
un club d'échecs	chess club
un club de gym	gym club
un club d'informatique	computer club
un club de musique	music club
un club de photographie	photography club
un club de théâtre	theatre club
un cochon d'Inde	guinea pig
un cocotier	coconut tree
le code postal	post code
J'ai mal au cœur	I feel sick
cogner	to bang into
un(e) coiffeur/-euse	hairdresser
au coin	on the corner
le col	hill pass
le colin	hake
le collège	college
entrer en collision avec	to collide with
c'est combien?	How much is it?
Combien de temps?	How long …?
commander	to order
Qu'est-ce que c'est comme …?	What sort of … is it?
commencer	to begin
commentaire	commentary
avoir des choses en commun	to have things in common
complet/-ète	full (hotel; B&B)
compliqué(e)	complicated
être composé(e) de	to be made up of
composer le numéro	to dial the number
composter (un billet de train)	to punch your ticket
compréhensif/-ive	understanding
comprenant	including
comprendre	understand
un comprimé	tablet/pill
comprimer	to press on
compte tenu	given that/bearing in mind that
concernant	with regard to
en ce qui concerne …	as far as the … is concerned
un concert	concert
un concours	competition
conduire	to drive
la confiance	confidence
la confiture	jam
le confort	comfort
confortable	comfortable
un jour de congé	public holiday
perdre connaissance	to lose consciousness

connaître	to know/be acquainted with
les conseils (mpl)	advice/tips
les conseils de beauté (mpl)	beauty tips
conserver	to save
Consigne	Left-luggage office
En quoi consiste …?	What does … consist of?
contenir	to contain
content(e)	happy
continuer	to continue
Je suis contre	I'm against …
par contre	however/on the other hand
contribuer	to contribute
convenir	to suit
être très convoité(e)	to be much sought-after
cool	cool/laid-back
un copain	male friend
une copine	female friend
la corpulence	body weight
un(e) correspondant(e)	penfriend
corser	to liven up
à côté de	near/next to
d'un côté … d'un autre	on the one hand … on the other
côtier/ière	inshore
en coton	cotton
se cotoyer	run alongside
se coucher	to go to bed
prendre un coup de soleil	to get sunburnt
une cour	playground
couramment	fluently
le courrier du cœur	problem page
en cours de	throughout
un cours	lesson
une course	race
court(e)	short
un court (de tennis)	tennis court
un coussin d'air	air cushion
un couteau	knife
coûter cher	to cost a lot/be expensive
il est couvert	it's dull (weather)
une couverture	blanket
un crayon	pencil
créatif/-ive	creative
un crédit	credit note
le crépuscule	dusk
crevé(e)	exhausted
crever	to go bust
critiquer	criticise
je crois	I think
une croisière	cruise
croquer	munch
cru(e)	raw
une cuillère	spoon
des cuillerées (fpl)	spoonfuls
en cuir	leather
la cuisine	kitchen
faire la cuisine	to do the cooking
cuisses de grenouille (fpl)	frog's legs
le cyclisme	cycling

D

dangereux/-euse	dangerous
danser (dansé)	to dance (danced)
la date de naissance	date of birth
débile	stupid
se débrouiller	to manage/get by
décapotable	convertible
être décédé(e)	to be dead
un décès	death
les déchets (mpl)	rubbish/litter
se décider	to make up your mind
découvrir	to discover
dedans	inside
défendre	to forbid
un défi	challenge
un défilé	procession
dégagé	cleared
se déguiser (en …)	to dress up (as …)
une dégustation	tasting session
dehors	outside
déjà	already
le déjeuner	lunch
dans les meilleurs délais	as quickly as possible
délicat(e)	awkward/tricky
demain	tomorrow
demain soir/matin	tomorrow evening/morning
un demi-frère	half-brother
une demi-sœur	half-sister
démodé(e)	old-fashioned
démontrer	demonstrate
le dentifrice	toothpaste
un(e) dentiste	dentist
les dents (fpl)	teeth
dépasser	to go past
dépendant(e)	dependent
dépenser sur	to spend on
un dépliant	leaflet
les ailes déployées	with wings spread out
depuis 2 mois/4 ans	for 2 months/4 years
déraper	to skid
dernier/-ère	last
dès le/la	from … onwards
désagréable	unpleasant
un désastre	disaster
Descendez/Descends …	Go down …
Descendez/Descends à/à la/au/aux …	Get off at …
Vous désirez …?	Would you like …?
je suis désolé(e)	I'm sorry
être en désordre	to be in a mess/untidy
le dessin	Art
un dessin animé	cartoon (on TV/at cinema)
le dessus	upper (on a shoe)
à destination	travelling to …
se détendre	to relax
détester	to hate
deuxième classe	second class
devant	in front of
devenir	to become
se dévoiler	to unveil
devoir	to have to
les devoirs (mpl)	homework
un diable	devil
difficile	difficult
difficilement	with difficulty
le dîner	evening meal
Ça te dirait de …?	How about …?

la discrimination	discrimination
discuter	to talk/discuss
la disponibilité	availability
disponible	available
se disputer	to argue
les distractions (fpl)	entertainments/things to do
Ça ne me dit rien.	I don't want to./I don't feel like it.
distribuer	to distribute
un documentaire	
je dois	I must
on doit	you must
le domaine de l'informatique/l'education	the computer/educational field
C'est dommage.	It's a shame.
donner sur	to look out onto
un douanier	customs officer
le doping	drug-taking
dormir	to sleep
doubler	to overtake
la douceur	mildness
une douche	shower
se doucher	to have a shower
une douzaine de …	a dozen …
la drogue	drugs
on n'a pas le droit de	you aren't allowed to
un droit humain	human right
drôle	funny
j'ai dû	I had to
dur(e)	hard/hard work
durer	to last
dynamique	dynamic

E

l' eau gazeuse (f)	sparkling water
l' eau minérale (f)	mineral water
un échange	school exchange
échanger	to exchange
échapper à	to escape from
une éclaircie	bright interval
l' école maternelle (f)	nursery school
l' école primaire (f)	primary school
faire des économies	to save up
écouter (écouté)	to listen (listened)
l' écran (m)	screen
Comment s'écrit …?	How do you spell …?
les effets spéciaux (mpl)	special effects
efficace	efficient
une église	church
égoïste	selfish
élargir les horizons	widen your horizons
l' électroménager (m)	electrical goods department
un(e) élève	pupil/student
l' emballage (m)	packaging
emballer	to wrap (up)
embêtant(e)	annoying
un embouteillage	traffic jam
s' embraser	to blaze up
une émission de musique/sport	a music/sports programme
émouvant(e)	moving
un emploi	job
un(e) employé(e) de bureau	office worker

deux cent vingt-sept **227**

Vocabulaire

	emprunter le bus	to take the bus
	encore	still more
On peut		Can we have
avoir	encore du/de la …	more …?
	énerver	to annoy
	enneigé	snowy
s'	ennuyer	to get bored
	ennuyeux/-euse	boring
	enregistrer	to register
Je suis	enrhumé(e).	I've got a cold.
	ensemble	together
il est	ensoleillé	it's sunny
	ensuite	then
s'	entendre (bien)	to get on (well)
	avec	with
	enterrer	bury
	entouré(e) de	surrounded by
être	entouré(e) de	to be surrounded by
l'	entraînement (m)	training
s'	entraîner	to train/practise
un(e)	entraîneur/-euse	sports coach/trainer
	entre	between
	Entre!	Come in!
	Entrée	Entrance
l'	entrée (f)	entrance hall
	entreprendre	to undertake
une	entreprise	company/firm
	envahi(e) de	filled with
Tu as	envie de …?	Do you want to?
	épeler	to spell
	épicé(e)	spicy
l'	épicerie (f)	grocer's shop
les	épinards (mpl)	spinach
l'	épouvante (f)	terror
	équilibré(e)	well-balanced
l'	équipe de foot (f)	football team
l'	équipe de	
	hockey (f)	hockey team
l'	équipe de	
	volley (f)	volleyball team
l'	équipement (m)	equipment/school
		things
l'	équitation (f)	horse-riding
l'	escalade (f)	(rock) climbing
l'	escalier (m)	stairs
un	escargot	snail
l'	Espagne (f)	Spain
l'	espagnol (m)	Spanish
	espérer	to hope
	essayer	to try/to try on
l'	essence (f)	petrol;essence
dans l'	est	in the east
il/elle	est allé(e)/parti(e)	he/she went/left
une	esthéticienne	beautician
au 1er/		on the first/
2ème	étage	second floor
une	étagère	shelf
ils/elles	étaient	they were
j'	étais	I was
il/elle	était	he/she was
une	étape	stopover
les	États-Unis	United States
en	été	in summer
	éteindre	to switch off
	étendre le linge	to hang out washing
vous	étiez	you were
nous	étions	we were
à l'	étranger	abroad
	étroit(e)	narrow
un(e)	étudiant(e)	student
	étudier	to study
j'ai	eu	I had

	eux	them (masc pl)
	éventuel(le)	possible
	éviter	to avoid
un	examen	exam
	exceptionnel(le)	unusual
je m'	excuse	I'm sorry
s'	excuser	to apologise
l'	exercice	aerobics
	aérobie (m)	
l'	expérience (f)	experience
faire l'	expérience de	to experience
	extra	fantastic
	extraverti(e)	extrovert

F

Qu'est-ce		
que tu fabriques?		What are you up to?
en	face de	opposite
	facile	easy
	facilement	easily
la	fac(ulté)	university
être	faible en	to be weak at
	faiblir	to get weaker
j'ai	failli	I almost
avoir	faim	to be hungry
	faire (fait)	to do (did)
	faire travailler les	to exercise your
	muscles/	muscles/legs
	jambes	
je	fais du/de la …	I do … (sport)
je	fais du 40/42/44	I'm (a) size
		40/42/44
j'ai	fait	I did/made
être	fanatique de	to be a fan of
	farci(e)(s)	stuffed (food)
se	farder	to make up
	fatigant(e)	tiring
	fatigué(e)	tired
les	faubourgs (mpl)	suburbs
Est-ce		Do I have to …?/
qu'il faut …?		Should I …?
il	faut	you must
il ne	faut pas	you mustn't
c'est	faux	it's not true
être	favorable au/à la/	
	aux	to be in favour of
	féliciter	to congratulate
	femme	woman/wife
une	fenêtre	window
un(e)	fermier/-ière	farmer
les	fesses (fpl)	buttocks
une	fête	festival/celebration
faire la	fête	to celebrate/have a
		party
un	feuilleton	TV series
les	feux (mpl)	traffic lights
les	feux d'artifice	
	(mpl)	fireworks
les	fibres (fpl)	fibre (in diet)
une	fiche	form
s'en	ficher	to not care/give a
		damn about
	fier/fière	proud
J'ai de la	fièvre.	I've got a
		temperature.
au	fil de l'eau	with the current
une	fille	girl/daughter
	fille unique	only daughter
un	film d'horreur	horror film
un	film policier	detective film
un	fils	son
	fils unique	only son

en	fin de compte	in the final analysis/
		at the end of the
		day
la	fin	end
la	Finlande	Finland
	finir	to finish
la	flânerie	stroll
une	fleur	flower
	fleuri(e)	filled with flowers
un	fleuve	major river
des	fois	sometimes
une/deux/		once/twice three
trois	fois	times
au	fond de …	at the back/other
		end of …
le	foot	football
c'est	fondé(e) sur	it's based on
être en	forme	to be in shape
la	forme	shape
	formidable	great
être	fort(e) en	to be good at
le	four	oven
une	fourchette	fork
	fourré	stuffed
	français	French
la	France	France
	francophone(s)	French-speaking
les	freins (mpl)	brakes
cheveux	frisés (mpl)	frizzy hair
les	frites (fpl)	chips
il fait	froid	it's cold
J'ai	froid.	I'm cold.
la	frontière	border
il est	frais	it's chilly
	frôler la mort	to dice with death
le	fromage	cheese
les	fruits (mpl)	fruit
les	fruits de	
	mer (mpl)	seafood
	fumer	to smoke
	fumeurs/	smoking/
	non-fumeurs	non-smoking

G

	gagner de	
	l'argent	to earn money
	garder	to look after
	garder la forme	to keep fit
un	gardien de but	goalkeeper
une	gare	railway station
	garer la voiture	to park the car
le	gaspillage	wasting/
		squandering
	gaspiller	to waste
un	gâteau	biscuit/cake
	gâter	to spoil
les	gaz (mpl)	exhaust fumes
	gêner	to bother
	généreux/-euse	generous
	génial	enjoyable/good fun
un	genre de	a type/kind of
	gentil(le)	kind
	géo	Geography
un	gîte	gite (self-catering
		cottage)
une	glace	ice cream
	glissant(e)	slippery
	glisser	to slide/slip
en	gomme	rubber
la	gorge	throat
le	goût du risque	risk-taking

le goûter	snack (esp. eaten at 4 o'clock)
goûter les produits	to taste the produce
une goutte	drop
100/200 grammes de …	100/200 grams of …
un grand lit	double bed
la Grande-Bretagne	Great Britain
une grande entreprise	big company
une grande surface	hypermarket
une grande ville	city
les grandes vacances (fpl)	summer holidays
un graphique	graph
gratuit(e)	free
grave	serious
la Grèce	Greece
les Grecs (mpl)	Greeks
la grêle	hail
la grève	strike
grièvement	seriously
J'ai la grippe.	I've got flu.
gronder	to shout at
gros(se)	fat
la grossesse	pregnancy
la guerre	war
Guichet	Ticket office
la gym(nastique)	gym(nastics)
le gym(nase)	gym(nasium)

H

s' habiller	to get dressed
à 20 000/100 000 habitants	with 20 000/100 000 inhabitants
habiter (à)	to live (in)
d' habitude	usually
en hausse	increasing/rising
en haut	upstairs
l' hébergement (m)	accommodation
hésiter	to hesitate
À quelle heure …?	What time …?
à l'heure	on time
les heures (fpl)	hours (of work)
une hi-fi	hi-fi
un HLM	council flat
l' histoire (f)	History
une histoire	story
une histoire d'amour	love story
historique	historic
en hiver	in winter
l' Hollande (f)	Holland
un hôpital	hospital
un horaire	timetable
J'ai horreur de	I hate
l' hors-d'oeuvre (m)	starter
être hospitalisé(e)	to be taken to hospital
un hôtel 3/4/ 5 étoiles	3/4/5-star hotel
une hôtesse de l'air	air hostess
les huîtres (fpl)	oysters

I

idiot(e)	silly/stupid
il y a	there is/there are
il n'y a pas de	there isn't/there aren't
l' image (f)	picture
l' imagination (f)	imagination
imbibé	soaked
immaculé	spotless
impatient(e)	impatient
impressionnant(e)	impressive
imputable	attributable
L' inconvénient, c'est …	The drawback is …
indépendant(e)	independent
l' indicatif du pays/ de la ville	country/area code
l' individualité (f)	individuality
Les industries importantes sont …	The main industries are …
industriel(le)	industrial
inédit	new
un(e) infirmier/-ière	nurse
les informations (fpl)	news
l' informatique (f)	computer studies/ computing
l' initiative (f)	initiative
Inscrivez-vous!	Sign up!
un(e) instituteur/-trice	primary school teacher
intelligent(e)	intelligent
être interdit(e)	to be forbidden
intéressant(e)	interesting
intéresser	to interest
s' intéresser	to be interested in
intime	intimate
introduire	to insert
Il/elle ira	he/she will go
J' irai	I will go
l' Italie (f)	Italy
un itinéraire	itinerary

J

ne … jamais	never
le Japon	Japan
les Japonais (mpl)	Japanese people
le jardin	garden
faire le jardinage	to do the gardening
un(e) jardinier/-ière	gardener
le jean	jeans
les jeunes (mpl)	young people
la jeunesse	youth
un jeu télévisé	game show
un jeu-vidéo	video game
les jeux (mpl)	puzzles/games
joli(e)	pretty
je joue au/à la/aux	I play (sport)
jouer (joué)	to play (played)
un jouet	toy
un(e) joueur/-euse	player
un journal	newspaper or news bulletin
journalier/-ère	daily
Bonne journée!	Have a nice day!
de nos jours	nowadays
les jumeaux (mpl)	twins
une jupe	skirt
jusqu'à	until
jusqu'à/à la/au/ aux	as far as
ce n'est pas juste	it's not fair
juste avant	just before

K

2/3 kilos de …	2/3 kilos of …

L

les labos (mpl)	labs
un lac	lake
en laine	wool
laisser	to leave
laisser tomber	to drop sth or to kick a habit
laisser un message	to leave a message
le lait	milk
un lampadaire	lamp post
une lampe (fluo)	(fluorescent) lamp
les langues (fpl)	languages
les langues vivantes (fpl)	modern langauges
un lapin	rabbit
un lave-vaisselle	dishwasher
se laver	to get washed
faire du lèche-vitrines	to go window-shopping
la lecture	reading
légendaire	legendary
léger/légère	light
un légume	vegetable
le lendemain	the following day
les lentilles de contact (fpl)	contact lenses
faire la lessive	to do the washing
se lever	to get up
libéral(e)	liberal
la librairie	bookshop/book department
je ne suis pas libre	I'm not free/ I'm busy
avoir lieu	to take place
le lieu de naissance	date of birth
une ligne	line
lire (lu)	read (read)
aller au lit	to go to bed
un lit	bed
un litre de …	a litre of …
un littoral	coast
un livre	book
livrer	to deliver
location de vélos	bicycle hire
un logement	place to stay
loger	to stay
un peu plus loin	a little further on
loin de	a long way from …/not too close to …
les loisirs (mpl)	leisure activities
long(ue)	long
long(ue) de 30 km/500m	30 km/500m long
lorsque	when
louer	to hire
à louer	for hire
lourd(e)	heavy
j'ai lu	I (have) read
lundi	Monday
les lunettes (fpl)	glasses
le lycée	secondary school

M

un maçon	stonemason
un magasin	shop
une magazine d'ordinateur/ de mode	a computer/ fashion magazine
un magnétoscope	video recorder
un maillot de bain	swimming costume
une maison individuelle	detached house
une maison jumelée	semi-detached house

une maison mitoyenne	terraced house	
faire du mal	to harm	
mal	badly	
j'ai mal au/à la …	I've got a pain in …/ I've got …ache.	
mal payé(e)	poorly paid	
malade	ill	
une maladie	illness	
malchanceux/-euse	unlucky	
malheureusement	unfortunately	
manger	to eat	
une mangue	mango	
manquer	to miss	
le maquillage	make-up	
le marais	marsh	
un marché spécial	special market	
il/elle ne marche pas	it's not working	
faire marcher	to tease	
mardi	Tuesday	
un mari	husband	
marié(e)	married	
se marier	to get married	
un marin	sailor	
les marques (fpl)	brand names	
marrant(e)	funny/good fun	
J'en ai marre (de)	I've had enough (of)	
se marrer	to have a laugh	
marron	brown	
un massif	massif	
le matérialisme	materialism	
les choses matérielles (fpl)	material things	
le matériel	equipment	
les maths (fpl)	maths	
une matière	school subject	
les matières grasses (fpl)	fat (in food)	
il fait mauvais	it's horrible (weather)	
avoir mauvais caractère	to be bad-tempered/ unpleasant	
un(e) mécanicien/-ienne	mechanic	
méchant(e)	horrible	
un médecin	doctor	
meilleur(e)	best	
menaçant	threatening	
mercredi	Wednesday	
une mère	mother	
la messe	mass	
il/elle mesure 1.80m	he's/she's 1.80m tall.	
la mer	sea	
la météo	weather forecast	
un métier	career/profession	
mettre la table	to lay the table	
s'y mettre	to get down to it	
mi-avril/juin/août	mid-April/June/ August	
Le mieux, c'est de …	The best thing is …	
mignon	cute	
mignonne	pretty	
au milieu (de)	in the middle (of)	
mince	slim	
un mini-bar	mini-bar	
mixte	mixed	
à la mode	fashionable	
la modération	moderation	
moderne	modern	
moelleuse	creamy	
moi	me	

chez moi	at home/at my place	
le moins …	the least …	
moins de	less than	
mon/ma/mes	my	
un monde	world	
le monde est à vous	the world's your oyster	
un(e) moniteur/-trice	supervisor	
la monnaie	small change	
monotone	monotonous	
à la montagne	in the mountains	
montagneux/-euse	mountainous	
Montez/Monte	Go up	
une montre	watch	
montrer	to show	
un monument	monument	
se moquer de	to make fun of	
une moquette	carpet	
une moto	motorcycle	
les mots-croisés	crosswords	
un mouton	sheep	
de taille moyenne	medium-sized	
un mur	wall	
la musculation	body-building	
un musée	museum	
la musique	Music	

N

la natation	swimming	
la nature	nature	
ne … pas	not (to form negative sentences)	
être né(e)	to be born	
néfaste	harmful	
il neige	it's snowing	
nettoyer	to clean	
noir(e)	black	
un nom	surname	
un grand nombre de	a large number of	
nommer	to name	
dans le nord	in the north	
dans le nord-est	in the north-east	
normalement	usually	
notamment	especially	
c'est noté	I've written it down	
une note	mark/grade	
la nourriture grasse	fatty food	
il est nuageux	it's cloudy	
nuire à	to harm	
nul(le)	worthless/useless	
le numéro	(telephone) number	

O

Objets Trouvés	Lost Property	
s' occuper de	to look after	
les oeufs (mpl)	eggs	
une offre d'emploi	job offer	
les offres spéciales (fpl)	special offers	
offrir qqch à qqn	to give sth to sb as a present	
un oncle	uncle	
un(e) opérateur/-trice d'ordinateur	keyboard operator	
opposé(e)		
un orage	thunderstorm	
orageux	stormy	
l' orchestre (m)	orchestra	
à l'orchestre	in the stalls	
un ordinateur	computer	
organiser	to organise	

Où est …?	Where is …?	
Où sont …?	Where are …?	
oublier	to forget	
un ours	bear	
ouvert(e)	open	
ouvrir	to open	

P

le pain	bread	
paisible	peaceful	
la paix	peace	
une palmeraie	palm grove	
être/tomber en panne	to break down	
un pantalon	a pair of trousers	
la papeterie	stationery department	
les papiers par terre	litter	
un papillon	butterfly	
un paquet de …	a packet of …	
le parapente	hang-gliding	
un parapluie	umbrella	
par contre	on the other hand	
un parc	park	
parcourir	to explore	
paresseux/-euse	lazy	
la parfumerie	perfume department	
parmi	among	
à son paroxysme	at its height	
partager	to share	
à part ça	apart from that	
C'est de la part de qui?	Who's calling?	
faire partie de	to be a member of	
à partir de …	from …(used with dates and times)	
pas	not	
il n'y a pas de	there isn't/aren't any	
il y a pas mal de	there are quite a few	
un passage clouté	pedestrian crossing	
un passeport	passport	
passer (passé)	to spend (spent) (time)	
passer un bon moment	to have a good time	
passer un examen	to take an exam	
passer l'aspirateur	to vacuum	
un passe-temps	hobby	
Passez/Passe devant …	Walk past …	
passif/-ive	passive	
passionnant(e)	fascinating	
une pastille	throat drop/lozenge	
la pâte	dough	
patient(e)	patient	
le patin à roulettes	roller-skating	
la pause de midi	lunch break	
payer	to pay for	
C'est un pays qui se trouve …	The country is situated …	
un P.D.G.	managing director	
la pêche	fishing	
pêcher à la ligne	to fish	
Ça ne vaut pas la peine	It's not worth the effort.	
la pelouse	lawn	
pendant	for/during	
pénible	difficult/hard work/ exasperating	
Je pense que …	I think that …	

perdre (perdu)	to lose (lost)
perdre votre temps	to waste time
perfectionner	to perfect
donner la permission (à)	to give permission
le personnel	staff
les personnes âgées (fpl)	elderly people
une perte de temps	waste of time
peser	to weigh
un petit ami	boyfriend
le petit déjeuner	breakfast
un petit lit	single bed
une petite amie	girlfriend
une petite annonce	small ad
un peu	a little
peu de	few
il y a très peu de …	there's very little…/ there are very few
faire peur à	to frighten
je ne peux pas	I can't
les phares (mpl)	headlights
une phrase	sentence
la physique	Physics
une pièce	a room or a coin
une pièce d'identité	means of identification
une pierre	stone
un(e) piéton(ne)	pedestrian
Le pire, c'est …	The worst thing is …
une piscine	swimming pool
une piste cyclable	cycle lane
une piste de ski artificielle	artificial ski slope
une place	main square
la plage	beach
se plaindre	to complain
plaire	to please
avec plaisir	with pleasure
un plan	plan (of a town/city)
faire de la planche à voile	to go windsurfing
en plastique	plastic
plat(e)	flat
le plat du jour	dish of the day
le plat principal	main course
en plein air	in the open air
il y a plein de	there are a lot of
plein(e) de vie	full of life
pleurer	to cry
il pleut	it's raining
un plombier	plumber
la plupart	the majority/most of
le plus …	the most …
plus de	more (than)
il n'y a plus de	there isn't/aren't any more …
plutôt	rather/quite
il est pluvieux	it's rainy
un pneu crevé	puncture
une poche	pocket
à pois	spotted
la poitrine	chest
un poivron	pepper (vegetable)
poli(e)	polite
mal poli(e)	impolite
pollué(e)	polluted
la pollution	pollution
une pomme	apple

les pommes de terre (fpl)	potatoes
un pont	bridge
un portable	mobile phone
un porte-monnaie	purse
porter	to wear
porter plainte	to make a complaint
les Portugais (mpl)	Portuguese people
le Portugal	Portugal
un poste	job/position
un pot de …	a pot of …
le potage du jour	soup of the day
une poubelle	dustbin
le poulet	chicken
un poumon	lung
Je suis pour …	I'm for …
Pour aller à/au/ à la…?	Which way is it to …?
Il/elle pourra …	He/she will be able to …
On pourrait …	We could …
une poussette	pushchair
Pouvez-vous …?	Can you …?
pouvoir	to be able to
pratique	practical
c'est pratique	it's convenient
préféré(e)	favourite
première classe	first class
prendre le déjeuner/dîner	to have your lunch/ evening meal
Prenez/Prends …	Take …
un prénom	first name
près de	near/close to
à présent	at the present time
présenter	to introduce
se présenter	to introduce yourself
être pressé(e)	in a rush
la pression	pressure
prétendre que	to claim that
principal(e)	main
au printemps	in the spring
j'ai pris	I took
le prix	price
le prix d'entrée	admission price
il y a un problème avec …	there's a problem with …
prochain(e)	next
lundi/ jeudi prochain	next Monday/ Thursday
la semaine prochaine	next week
les produits recyclés (mpl)	recycled products
les produits verts (mpl)	environmentally-friendly products
un(e) prof(esseur)	teacher
profiter de	to make the most of/ take advantage of
profond(e)	deep
le programme	syllabus
un(e) programmeur/ -euse	computer programmer
une promenade en bateau	boat trip
promener	to walk (an animal)
proposer	to suggest
propre	clean
proprement dit	actual
protecteur/ protectrice	protective
protéger	to protect

les protéines (fpl)	proteins
le bus/ le train	the bus/train
en provenance de …	coming from …
à proximité de	near
j'ai pu	I was able to/could
la publicité	TV adverts
puis	then
Puis-je …?	May I …?
puisque	since/given that
un pull	pullover
Q	
Quais	Platforms
quand même	even so
quant à	according to
un quartier	area/district
Quel?	Which? (masc)
Quelle?	Which? (fem)
Quelles?	Which? (fem pl)
Quels?	Which? (masc pl)
quelquefois	sometimes
qu'est-ce que …?	What …?
faire la queue	to queue (up)
quitter	to leave
quitter la maison	to leave home
R	
la racine	root
raconter	to tell (a story)
une rafale	gust of wind
raisonnable	reasonable
la randonnée	rambling/hiking
faire des randonnées	to go for long walks
ranger	to tidy
rapide	rapid
rappeler	to phone back
le rapport qualité-prix	quality-price ratio
les rapports (mpl)	relationships
rassasier	to satsify
C'était raté.	It was a let-down.
rater un bus/train	to miss a bus/train
un ravin	ravine
ravir	to delight
un rayon	supermarket shelf
les rayons de soleil (mpl)	sun's rays
à rayures	striped
un réalisateur	producer
la réalisation	production
un(e) réceptionniste	receptionist
recevoir	to receive/get
je suis à la recherche de …	I'm looking for …
rechercher	to look for
un récif	reef
la récré(ation)	break-time
un reçu	receipt
reculer	to go back
recyclage	recycling
recycler	to recycle
un/une rédacteur/trice	editor
redoubler	to repeat a year
refuser	to refuse
se régaler	to treat yourself
Je suis au régime	I'm on a diet
dans une région	in a … region
une règle	ruler
le règlement	school rules
regner	to rule
je regrette …	I'm sorry …
rejeter la faute sur	to put the blame on

deux cent trente et un 231

les relations *(fpl)*	relationships
rembourser	to give (sb their) money back
un renard	fox
rencontrer	to meet
se rencontrer	to meet up
Ça me rend malade.	It makes me ill.
prendre rendez-vous	to make an appointment
rendre compte	to realise
rendre visite	to visit someone
une renommée	renown/fame
renseigner	to give sb information
se renseigner	to get information
rentrer	to go back/to go home
un repas	meal
repasser	to iron
répéter	to rehearse
reposant	restful
se reposer	to rest
reprendre ses études	to start studying again
un requin	shark
Réservations	Reservations
réserver	to reserve/book
(se) respecter	to respect (one another)
la respiration	breathing
se ressembler	to look alike
les ressources de la terre *(fpl)*	natural resources
rester au lit	to stay in bed
rester sur place	to stay in one place
un resto	restaurant (informal)
un résultat	result
se retrouver	to meet up
une réunion	meeting
réussir	to succeed
réveiller	to wake someone
réviser	to revise
le rez-de-chaussée	ground floor
les rideaux *(mpl)*	curtains
rigolo	funny
rire	to laugh
risquer de …	to risk doing/having sth
une rivière	river
rocheux/-euse	rocky
le roller	rollerblading
un roman	novel
romantique	romantic
un rond-point	roundabout
une roue (de secours)	(spare) wheel
rouler vite/ lentement	to travel quickly/ slowly
une route	road
cheveux roux *(mpl)*	red hair
une rue	road/street
une ruelle	alley
rural(e)	rural

S

le sable	sand
un sac	bag
un sac de	a bag of …
un sachet de …	a sachet of …
sage	sensible
un salaire	salary
sale	dirty
une salle à manger	dining room

une salle de bains	bathroom
une salle de séjour	living room
la salle des profs	staff room
Salle d'Attente	Waiting Room
un salon	living room
samedi	Saturday
sans	without
sans intérêt	dull/boring
sauf	except
sauter un repas	to skip a meal
savoir	to know (how to)
le savon	soap
savoureux	tasy
les sciences *(fpl)*	science subjects
une séance	performance/ showing
la sécheresse	drought
un(e) secrétaire	secretary
le secrétariat	secretary's office
un séjour	stay
Bon séjour!	Have a pleasant stay!
séjourner	stay over
sélectionner	to choose
selon	according to
en semaine	during the week
sénégalais	Senegalese
je me sens …	I feel …
le sens	meaning
le sens de l'humour	sense of humour
le sens pratique	common sense
sensass	fantastic
sensible	sensitive
être séparé(e)	separated
il/elle sera	he/she will be
je serai	I will be
sérieux/-euse	serious
serrer	to tighten/squeeze
un(e) serveur/-euse	waiter/waitress
le service	service (in a restaurant)
une serviette	towel
seul(e)	alone
sévère	strict
le sexisme	sexism
le shopping le dimanche	Sunday shopping
un siècle	century
un sirop	cough mixture
être situé(e)	to be situated/ located
le skate	skateboarding
faire du ski	to go skiing
faire du ski nautique	to go water skiing
une sœur	sister
en soie	silk
soigner	to look after
le soin	care
une soirée	evening
être solitaire	to be a loner
le sommet	top (of a mountain/hill)
son/sa/ses	his/her/its
un sondage	survey
un sorcier	sorcerer
Si on sortait ensemble à …?	How about going together to …?
la sortie	exit
Sortie de Secours	Emergency Exit
sortir	to go out
sortir avec	to go out with

sortir la poubelle	to put the dustbin out
souffrir	to suffer
la souplesse	flexibility
c'est une source de …	it's/they're a source of …
le sous-sol	basement
souvent	often
ne soyez pas	don't be
un spectacle	show
les sports d'hiver	winter sports
un spot (publicitaire)	TV commercial
le stade	stadium
un stage	training course
un steak haché	beefburger
stressé(e)	stressed out
stricte	strict
un studio	studio flat
un stylo	pen
sucré(e)	sweet/sweetened
dans le sud-ouest	in the south-west
ça ne suffit pas	it's not enough
la Suède	Sweden
les Suédois *(mpl)*	Swedish people
je suis allé(e)/ parti(e)	I went/left
la Suisse	Switzerland
c'est super	it's superb/fantastic
la superficie	surface
un supermarché	supermarket
super-mignon	really cute
surchargé(e)	overloaded (syllabus)
sûr(e)	certain
le surf	surfboarding
surfer sur Internet	to surf the Internet
surnommer	to nickname
surtout	above all
la surutilisation	over-use
un survêtement	track suit
un sweat capuche	hooded sweatshirt
sympa(thique)	nice/friendly/likeable
un syndicat d'initiative	tourist information centre

T

le tabac	tobacco
le tabagisme	tobacco use
la taille	waist
un tambour	drum
Quelle taille?	What size?
tandis que	whereas
tant de	so much/so many
une tante	aunt
tard	late
une tarte au citron	lemon tart
une tartine	slice of bread and butter
le taux de chômage	unemployment rate
le taux de change	rate of exchange
un(e) technicien(ne) de laboratoire	lab technician
technologie	Technology
technophobe	technophobic
une télécarte	telephone card
le temps	time
avoir tendance à	to have a tendency to
tenter ma chance	to try my luck
se terminer	to finish
un terrain de golf	golf course

la Thaïlande	Thailand	
le tiers monde	third world	
un timbre	stamp	
timide	shy	
le tir à l'arc	archery	
les toilettes *(fpl)*	toilets	
ton/ta/tes	your	
la tonalité	dialling tone	
totalement/ complètement	completely	
toucher	to touch/move someone	
faire un tour	to go for a walk/ride	
faire le tour du monde	to go round the world	
le tourisme	tourism	
touristique	tourist/touristy	
tourner (à droite/ à gauche)	to turn (right/left)	
je tousse	I've got a cough	
c'est tout	that's all	
Il y avait tout dedans.	Everything was in it.	
tout/toute/tous	every/all	
tout à fait	totally/quite	
à tout à l'heure	see you soon	
tout de suite	immediately/ straightaway	
tout droit	straight ahead	
trahir	to betray	
en train	by train	
un trajet	journey	
le traitement de texte	word processing	
traiter	to treat	
les transports en commun *(mpl)*	public transport	
le travail pratique	practical work	
travailler	to work	
travailleur/-euse	hard-working	
les travaux manuels *(mpl)*	work with your hands	
traverser	to cross	
très	very	
trier	to sort out (rubbish)	
triste	sad	
trop	too	
trop de	too much/many	
le trottoir	pavement	
avoir la trouille	to be scared to death	
une trousse	kit	
Je trouve que	I think that	
se trouver	to be situated	
une tueuse	professional killer	
typique	typical	

U

l' UE *(f)*	EU (European Union)	
urbain(e)	urban	
en cas d' urgence	in an emergency	
les urgences *(fpl)*	emergency ward	
une usine	factory	

V

Bonnes vacances!	Have a good holiday!	
une vache	cow	
une vague	wave	
je vais au/à la/aux	I go/I'm going to …	
je m'en vais à/à la/aux	I'm going off to …	
faire la vaisselle	to do the washing-up	

une valise	suitcase	
une vallée	valley	
vallonné	full of valleys	
il est variable	it's changeable	
varié(e)	varied	
Ça ne vaut pas la peine.	It's not worth the effort.	
il vaut mieux …	it's better to …/it would be better to …	
une vedette	(film)star	
la veille de	on the eve of	
un vélo	bicycle	
un(e) vendeur/-euse	salesman/ saleswoman	
vendre	to sell	
se vendre	to be sold	
Venez par ici!	Come this way!	
venger	to avenge	
venir	to come	
il fait du vent	it's windy	
le ventre	stomach	
en vérité	in truth	
un verre	glass (for drinking from)	
en version originale	in the original version	
vert(e)	green	
les vêtements *(mpl)*	clothes	
un(e) vétérinaire	vet	
être vêtu(e)	to be dressed	
Veuillez trouver ci-joint …	Please find enclosed/attached …	
quand on veut	when you want (to)	
Tu veux …?	Do you want to …?	
Je veux bien	I'd like to very much.	
la viande	meat	
vide	empty	
la vie de tous les jours	everyday life	
il/elle viendra	he/she will come	
vieux/vieille	old	
vieux jeu	old-fashioned	
un village de vacances	holiday village	
une ville	town	
le vin	wine	
une visite guidée	guided tour	
visiter	to visit (a place/ monument)	
les vitamines *(fpl)*	vitamins	
vite	quick(ly)	
à toute vitesse	at full speed	
vivant(e)	lively	
Voici …	Here is …	
une voie réservée aux cyclistes	cycle lane	
voir (vu)	to see (saw)	
se voir	to meet up/see each other	
un(e) voisin(e)	neighbour	
en voiture	by car	
le volant	steering wheel	
la volée	flight	
le volley	volleyball	
j'ai vomi	I've been sick	
vomir	to be sick	
Tu voudrais …?	Would you like to …?	
Voudriez-vous bien …?	Would you be so kind as to …?	
vouloir (voulu)	to want (wanted)	

Bon voyage!	Have a good journey!	
voyage d'affaires	business trip	
voyager	to travel	
à vrai dire	to tell the truth/to be honest	
vraiment/ extrêmement	really	
un VTT	mountain bike	
vu	past tense of voir	

W

les WC *(mpl)*	toilet	
Bon week-end!	Have a good weekend!	

Y

y compris	including	
le yaourt	yoghurt	
les yeux *(mpl)*	eyes	

Z

zippé(e)	with a zip	
une zone piétonne	pedestrianised area	

deux cent trente-trois **233**

Les instructions

Instructions

À deux.	In pairs.
À trois./À quatre.	In groups of three/four.
Adaptez les phrases.	Adapt the sentences.
Ajoutez les détails.	Add details.
Catégorisez les mots/les phrases.	Categorise the words/expressions.
Cherchez …	Look for … /Find …
Choisissez la bonne réponse.	Choose the right answer.
ci-dessous	below
ci-dessus	above
Classez ces problèmes par ordre d'importance.	Put these problems in order of importance.
Commencez comme ceci.	Begin like this.
Copiez et complétez la grille.	Copy and fill in the grid.
Corrigez les erreurs.	Correct the mistakes.
Décrivez.	Describe.
Demandez auprès de vos amis/votre classe.	Ask your friends/classmates.
Dites si …	Say whether …
Écoutez (bien/attentivement).	Listen (carefully).
Écrivez.	Write.
En groupe.	In a group.
Enregistrez-le.	Make a recording.
Faites correspondre.	Match.
Faites des conversations.	Make up conversations.
Faites deux colonnes.	Draw up two columns.
Faites un débat.	Have a debate.
Faites un entretien.	Make up an interview.
Faites un graphique.	Draw a graph.
Faites une liste.	Make a list.
Faites des phrases.	Make up sentences.
Faites une présentation orale.	Do an oral presentation.
Faites un sondage.	Do a survey.
Identifiez.	Identify.
Improvisez.	Improvise.
Indiquez la bonne réponse.	Tick/Circle the right answer.
Indiquez si …	Say whether …
Insérez.	Insert.
Interviewez-vous.	Interview each other.
Inventez.	Invent.
Jeu de rôle.	Role play.
Joignez les phrases avec …	Link the sentences with …
Jouez.	Play.
Lisez l'article/l'affiche.	Read the article/notice.
Mettez les détails qui manquent.	Write in the missing details.
Mettez les phrases/images dans le bon ordre.	Put the expressions/pictures in the correct order.
Notez.	Write down.

N'oubliez pas de …	*Don't forget to …*
Posez une question.	*Ask a question.*
Prenez des notes.	*Take notes.*
Prenez le rôle de …	*Play the part of …*
Recherchez …	*Look for …*
Regardez …	*Look at …*
Relevez tous les verbes.	*Pick out all the verbs.*
Remplissez la grille/les blancs.	*Fill in the grid/the blanks.*
Répondez aux questions.	*Answer the questions.*
Servez-vous des mots/phrases.	*Use words/expressions.*
Traduisez.	*Translate.*
Trouvez le français pour …	*Find the French word for …*
Utilisez …	*Use …*
Vérifiez.	*Check.*
Vous aurez besoin de …	*You will need …*
Vrai or faux?	*True or false?*